全国高等职业教育规划教材 · 财务会计专业

财务管理实务

（第2版）

邹俊霞　付丽云　主　编

周如美　副主编

U0837850

電子工業出版社

Publishing House of Electronics Industry

北京 · BEIJING

内 容 简 介

本教材由教学一线教师与企业财会专家共同编写，以充分体现教改特色的项目式体例。全书分为 10 个项目，主要包括财务管理基础工作准备、财务管理基本技能、项目投资管理、证券投资管理、流动资产管理、资金筹集方案筹划、利润分配管理、财务预算、成本控制和会计报表分析。每个项目依据工作与教学实际划分成若干任务，以任务活动形式完成知识点与能力点的融合。

本书适宜作为高等职业院校、高等专科院校、成人高校会计专业主干教材，也可作为经济管理类专业选修课教材，还可供社会在职人士用作工作参考。

图书在版编目（CIP）数据

财务管理实务/邹俊霞，付丽云主编. —2 版. —北京：电子工业出版社，2016.6

ISBN 978-7-121-27715-3

Ⅰ. ①财… Ⅱ. ①邹… ②付… Ⅲ. ①财务管理－高等学校－教材 Ⅳ. ①F275

中国版本图书馆 CIP 数据核字（2015）第 286983 号

策划编辑：贾瑞敏
责任编辑：贾瑞敏
特约编辑：许振伍
印　　刷：北京京师印务有限公司
装　　订：北京京师印务有限公司
出版发行：电子工业出版社
　　　　　北京市海淀区万寿路 173 信箱　　邮编　100036
开　　本：787×1 092　1/16　印张：14.5　字数：372 千字
版　　次：2011 年 2 月第 1 版
　　　　　2016 年 6 月第 2 版
印　　次：2016 年 6 月第 1 次印刷
印　　数：3 000 册　　定价：33.00 元

凡所购买电子工业出版社图书有缺损问题，请向购买书店调换。若书店售缺，请与本社发行部联系，联系及邮购电话：（010）88254888，88258888。

质量投诉请发邮件至 zlts@phei.com.cn，盗版侵权举报请发邮件至 dbqq@phei.com.cn。

本书咨询联系方式：（010）88254019，jrm@phei.com.cn。

前　言

财务管理实务是会计类专业的核心课程，同时也是经济类其他专业必修课程，其作用和地位也越来越重要。2011 年 1 月，根据《关于全面提高高等职业教育教学质量的若干意见》（教高［2006］16 号）文件精神，为了适应高等职业教育教学的需要，我们组织编写了《财务管理实务》教材。本教材是以任务驱动教学模式设计组织的理论实训一体化教材，充分体现了新颖性、实践性和启发性三大特点。通过近几年本教材在各高职院校使用情况反馈及销量分析，认为某些项目在内容上比较难，实践技能部分还有待加强。现根据教育部《关于印发〈教育部 2015 年工作要点〉的通知》精神，我们从难易程度满足高职学生现有学习水平需要，突出实践技能的培养，结合 2014 年度全国会计专业技术资格考试辅导教材《财务管理》，对本教材进行了修订。由于目前财务管理实务方面的教材都缺乏模拟实际工作的完整理财实训，为使学生更好地树立理财理念及增加对财务管理活动管理的感性认识，我们在实施财务管理实务课程教学中结合使用了由金蝶软件（中国）有限公司提供的“理财之道——财务管理电子对抗系统”实训软件，收到了良好效果。在此建议各校在该课程的教学中可以合理地运用国内类似财务管理实训软件予以补充，相信会收到更好的效果。

新修订的教材根据财务管理实务教学需要将全书分解成 10 个项目，每个项目分解成若干任务，在任务下根据需要还设有子任务，然后以组织实践活动的形式完成该项任务。每个项目的末尾安排课后自测及沙盘模拟实训，其中课后自测由“基础知识训练”和“实践训练”两个部分组成，从理论、实践两个方面加强学生对学习目标的巩固。总的来说，本教材以完成任务为目的，以组织开展实践活动为手段，贯穿所需要的专业知识，最终完成任务，实现教、学、做的紧密结合。

新修订教材有如下几个主要特点。

一是创新性。真正以任务驱动教学模式设计组织课程教学，突破先讲理论后讲例题的传统体例，将知识与实践真正融合到一起，在完成任务的过程中学会知识，在学习知识的过程中掌握实践技能。

二是实践性。按照分析思路→知识铺垫→任务实施→实践总结→课后自测的结构进行编写。课上，由教师围绕项目所涉及的每个任务要求，通过组织实践活动来完成任务；课外，学生独立完成任务，最后以任务完成效果来考核学生的能力。这体现了职业教材服务于培养技能型人才的目标。

三是启发性。任务驱动的编写模式在教学时采用提问式方法，这对于培养学生分析问题和解决问题的能力有很大的启发性。

另外，新修订教材对项目九做了较大改动，引用了 2014 年度全国会计专业技术资格考试辅导教材《财务管理》的观点，将原来的“财务控制”项目修订为“成本控制”项目，增加了“量本利分析与应用”及“标准成本控制与分析”两个任务，弥补了不少学校由于课程改革精简了管理会计课程带来的局限性。

本教材由长期从事财务管理教学与科研的骨干教师和会计行业实务专家共同编写，重庆航天职业技术学院邹俊霞教授、付丽云副教授担任主编，重庆航天职业技术学院周如美讲师担任副主编。本教材的具体编写分工为：项目一、项目二、项目三由付丽云老师编写，项目四、项目六由周如美老师编写，项目五、项目七、项目十由邹俊霞老师编写，项目八由宋伟老师编写，项目九由林嘉雯老师编写，公司报表和附录资料由邹俊霞老师编写。本教材在修订过程中得到了重庆中和会计师事务所主任刘一蓉注册会计师、中国电信重庆分公司财务主管刘庆高级会计师的大力支持，也得到了电子工业出版社贾瑞敏老师及其他编辑老师的指点，在此深表谢意！

由于编写人员水平有限，书中难免存在不足之处，敬请各位读者批评指正。

另外，本教材为满足高职院校教学需求，配有电子课件和“课后自测”参考答案，可通过登录华信教育资源网（http://www.hxedu.com.cn）免费下载，其他教学资源（课程标准、课时教案、教学方法及手段等）可以通过重庆航天职业技术学院“财务管理实务”院级精品课程查阅。

邹俊霞

目　录

项目一

财务管理基础工作准备

项目引言

许多人都面临这样一些决策：如何买房子，如何投资，怎样才能挣到（节约）更多的钱。同样，在企业经营中也会面临诸如此类的问题，如如何筹资、如何投资等。要解决这些问题，要求我们或企业财务管理人员必须懂得如何理财，而搞好财务管理实务工作，首先必须学习财务管理基本知识。可见，无论是在企事业单位还是个人家庭，财务管理都占有很重要的地位，它可以帮助我们科学合理地进行理财。

项目内容概述

财务管理是企业管理的一个组成部分，是根据财经法规制度，按照财务管理的原则，组织企业财务活动，处理财务关系的一项经济管理工作。

本项目主要包括企业财务管理工作内容的确定、财务管理目标的选择与协调、财务管理环境分析、财务管理组织机构设置等任务。

知识目标

财务管理的含义；财务管理的环节；财务管理的工作内容；财务管理目标的类型及优缺点；财务管理的环境；财务管理的组织机构。

能力目标

能够正确分析、判断企业的财务活动及财务关系的类型；熟悉企业财务管理的内容；能够针对不同企业的情况选择合理的企业财务管理目标并能协调各利益群体间的关系；能够对企业财务管理环境进行正确的分析；能够合理设置企业财务管理的组织机构。

任务一　财务管理工作内容确定

分析思路

财务管理是基于企业再生产过程中客观存在的财务活动和财务关系而产生的，是企业组织财务活动、处理与各方面财务关系的一项经济管理工作。它通过对资金运动和价值形态的管理，像血液一样渗透贯穿到企业的生产、经营等一切管理领域。财务管理工作主要包括筹资管理、投资管理、营运资金管理及利润分配管理，对于生产企业而言，还需要进行生产成本的管理与控制。作为企业的财务管理人员，必须熟悉财务管理的内容。

知识铺垫

（一）企业财务活动

企业财务活动是以现金收支为主的企业资金收支活动的总称。在市场经济条件下，拥有一定数额的资金是进行生产经营活动的必要条件。企业生产经营过程，一方面表现为物资的不断购进和售出；另一方面则表现为资金的支出和收回。企业的经营活动不断进行，也就会不断产生资金的收支。企业资金的收支，构成了企业经济活动的一个独立方面，这便是企业的财务活动。企业财务活动可分为以下4个方面。

1．筹资活动

在商品经济条件下，企业要想从事经营，首先必须筹集一定数量的资金。企业通过发行股票、发行债券、吸收直接投资等方式筹集资金，表现为企业资金的收入；企业偿还借款，支付利息、股利及付出各种筹资费用等，表现为企业资金的支出。这种因为资金筹集而产生的资金收支，便是企业的筹资活动。

2．投资活动

企业筹集资金的目的是为了把资金用于生产经营活动以便取得盈利，不断增加企业价值。企业把筹集到的资金投资于企业内部用于购置固定资产、无形资产等，便形成企业的对内投资；企业把筹集到的资金投资于购买其他企业的股票、债券或与其他企业联营进行投资，便形成企业的对外投资。无论是企业购买内部所需各种资产，还是购买各种证券，都需要支出资金；而当企业变卖其对内投资的各种资产或收回其对外投资时，则会产生资金的收入。这种因企业投资而产生的资金的收支，便是企业的投资活动。

3．资金营运活动

企业在正常的经营过程中，会发生一系列的资金收支。首先，企业要采购材料或商品，以便从事生产和销售活动，同时，还要支付工资和其他营业费用；其次，当企业把产品或商品售出后，便可取得收入，收回资金；再次，如果企业现有资金不能满足企业经营的需要，还要采取短期借款方式来筹集所需资金。上述各种活动都会产生企业资金的收支，这就属于企业经营引起的资金营运活动。

4．利润分配活动

企业在经营过程中会产生利润，也可能会因对外投资而分得利润，这表明企业有了资金的增值或取得了投资报酬。企业的利润要按规定的程序进行分配。首先，要依法纳税；其次要用来弥补亏损，提取公积金、公益金；最后要向投资者分配利润。这种因利润分配而产生的资金收支便属于利润分配活动。

上述财务活动的 4 个方面相互联系、相互依存，共同构成了完整的企业财务活动。其中，资金的筹集是资金运动的起点和条件；资金的投放是资金筹集的目的和运用；资金的运营表明资金运用的日常控制；资金的分配则反映了企业资金运动的状况及其最终成果。

（二）企业财务关系

企业财务关系是指企业在组织财务活动过程中与有关各方面发生的经济利益关系。企业的财务活动表面上看是钱和物的增减变动，其实，钱与物的增减变动离不开人与人之间的经济利益关系，这就是财务关系。财务关系体现着财务活动的本质特征，并影响着财务活动的规模、速度。企业财务关系可以分为以下几个方面。

1．企业与国家之间的财务关系

国家作为社会管理者，担负着维护社会正常秩序、保卫国家安全、组织和管理社会活动等任务，为企业生产经营活动提供公平竞争的经营环境和公共设施等条件，为此所发生的“社会费用”，需从受益企业的生产费用中扣除，从而形成具有强制性的纳税义务。

因此，国家以收缴各种税费的形式，与企业之间产生的财务关系，是一种强制性分配关系。企业应照章纳税。

2．企业与出资者之间的财务关系

这是指投资者向企业投入资金，企业向其支付投资报酬所形成的经济关系。

企业的所有者要按照投资合同、协议、章程的约定履行出资义务以便及时形成企业的资本，同时，拥有参与或监督企业经营、参与企业剩余权益分配的权利，并承担一定的风险；管理企业利用资本进行营运，对出资者有承担资本保值、增值的责任，获取利润后，应该按照出资比或合同、章程的规定，向其所有者支付报酬。一般而言，所有者的出资不同，他们各自对企业承担的责任也不同，相应对企业享有的权利和收益也不相同。

因此，企业与所有者之间的关系是风险与共及以资本保值、增值为核心的剩余权益分配关系，体现着一种经营权与所有权关系。

3．企业与债权人之间的财务关系

这是指企业向债权人借入资金，并按借款合同的规定按时支付利息和归还本金所形成的经济关系。

企业除利用资本进行经营活动外，还要借入一定数量的资金，以便降低企业资金成本，扩大企业经营规模。企业利用债权人的资金，要按约定的利息率及时向债权人支付利息；债务到期时，要合理调度资金，按时向债权人归还本金。企业与债权人之间的关系是建立在契约之上的债务债权关系。

4. 企业与受资者之间的财务关系

这是指企业以购买股票或直接投资的形式向其他企业投资形成的经济利益关系。这是指体现所有权性质的投资与受资的关系。

5. 企业与债务人之间的财务关系

这是指企业将其资金以购买债券、提供借款或商业信用等形式出借给其他单位所形成的经济关系。企业将资金借出后，有权要求其债务人按约定的条件支付利息和归还本金。

企业与债务人之间的关系也就是债权债务关系。

6. 企业内部各单位之间的财务关系

这是指企业内部各单位之间在生产经营各环节中相互提供产品或劳务所形成的经济利益关系。企业在实行厂内经济核算制和企业内部经营责任制的条件下，企业供、产、销各个部门及各个生产单位之间，相互提供劳务和产品要计价结算。

这种在企业内部资金使用中的权责关系、利益分配关系与内部结算关系，体现了企业内部各单位之间的经济利益关系。

7. 企业与职工之间的财务关系

这是指企业在向职工支付劳动报酬过程中所形成的经济关系。

职工是企业的劳动者，他们以自身提供的劳动作为参加企业分配的依据。企业根据经营者的职务能力和经营能力高低，根据一般职工业务能力和劳动业绩大小，用其收入向职工支付工薪、津贴和奖金，并按规定提取公益金等。

企业与职工之间是以权、责、劳、绩为依据的在劳动成果上的分配关系。

8. 企业与董事会、监事会之间的财务关系

董事会决定企业经营计划和投资方案，制定企业年度财务预决算、利润分配、弥补亏损和增减注册资本等方案。企业要为董事会支付董事会经费。因此，企业与董事会之间会发生经济利益关系。监事会负责检查企业财务——企业执行董事会决议的一切财务收支，都要接受监事会的检查监督。同时，企业也要支付一部分监事会经费。因此，监事会也会与企业发生经济利益关系。

（三）财务管理的环节

财务管理的环节是指财务管理工作的各个阶段，包括财务管理的各种业务手段。

财务管理的基本环节有财务预测、财务决策、财务预算、财务控制、财务分析。这些管理环节互相配合，紧密联系，形成周而复始的财务管理循环过程，构成完整的财务管理工作体系。

1. 财务预测

财务预测是根据财务活动的历史资料，考虑现实的要求和条件，对企业未来的财务活动和财务成果做出科学的预计和测算。

财务预测工作的步骤主要包括明确预测目标，搜集和整理有关资料，选择或建立预测模型，实施财务预测。财务预测是财务决策的依据，是编制财务预算的前提。

2．财务决策

财务决策是根据企业经营战略的要求和国家宏观经济政策的要求，从提高企业经济效益的理财目标出发，在若干个可以选择的财务活动方案中选择一个最优方案的过程。

在市场经济条件下，财务管理的核心是财务决策。在财务预测基础上所进行的财务决策是编制财务计划、进行财务控制的基础。决策的成功是最大的成功，决策的失误是最大的失误，决策关系着企业的兴衰成败。

3．财务预算

财务预算是指运用科学的技术手段和数学方法对目标进行综合平衡，制定主要计划指标，拟定增产节约措施，协调各项计划指标。

财务预算是以财务决策确定的方案和财务预测提供的信息为基础来编制的，既是财务预测和财务决策的具体化、系统化，又是控制财务收支活动，分析生产经营成果的依据。

4．财务控制

财务控制是指在生产经营活动的过程中以计划任务和各项定额为依据，对资金的收入、支出、占用、耗费进行日常的核算，利用特定手段对各单位财务活动进行调节，以便实现计划规定的财务目标。财务控制是落实计划任务，保证计划实现的有效措施。

5．财务分析

财务分析是以核算资料为主要依据，对企业财务活动的过程和结果进行评价和剖析的一项工作。借助财务分析，不仅可以掌握各项财务计划指标的完成情况，有利于改善财务预测、决策、预算工作，还可以总结经验，研究和掌握企业财务活动的规律性，不断改进财务管理。企业财务人员要通过财务分析提高业务工作水平，搞好业务工作。

任务实施

工作资料 1-1　大学生创业启示。

大学时，小何在组织班上同学出去旅游时认识了旅行社的经理，从此小何做起了旅行社的校园代理业务。后来，他组织了 60 人游世纪欢乐园，每人 5 元钱提成。这 300 元钱是他赚得的第一桶金，如今他已是郑州一家照明工程公司的总经理。大一暑假，小何进入河南一家网络公司打工。后来，他自己想开家网络公司，但要投入十几万元，还要有懂技术的人。可当时，这两样他都没有。他说他把自己的创业想法告诉了在网站打工时认识的一位老总，希望他能投资，然后又找了位技术人员，两人都答应了。就这样，公司就开起来了。他认为，大学生要用自己的头脑赚取第一笔原始资金，而不是盲目投资，“投资不是我们干的事，我们要做的是让别人给我们投资。”

资料来源：http://www.sunbus.cn/static/a2142877d756.html.

要求：分析小何在创业过程中，会遇到哪些财务问题？

分析　小何在创业过程中不可避免地会遇到下列财务问题。

创业所需要资金从何而来？如何选择投资项目？如何经营管理？最终还要考虑：有了利润如何分配？

大学生创业需要从身边小事做起，寻找商机，通过逐步积累资金或寻找合作伙伴，科学选择投资项目，合理经营管理，才能取得最终成功。

实践总结

该案例涉及如下基本问题：如何筹集创业所需资金，是自筹资金、吸收他人投资还是借贷；资金到位后如何选择合适的投资项目。当然在经营过程中还要涉及营运资金的管理、成本管理，有了利润还要考虑如何进行分配。

1. 财务管理工作内容

（1）筹资管理

筹资管理是指企业根据其生产经营、对外投资和调整资本结构的需要，通过筹资渠道和资本（金）市场，运用筹资方式，经济有效地筹集企业所需的资本（金）的财务行为。这是企业财务管理的一项最原始、最基本的内容，贯穿于企业财务管理的全过程。筹资管理的主要任务是合理选择筹资方式、筹资规模和筹资结构，并对筹资效益、筹资成本和相关风险进行综合分析，进行资本结构的优化选择。有关内容详见项目六。

（2）投资管理

投资管理主要是指企业筹得资金之后，在确定投资方向、投资规模及具体的投资方式等方面的决策，以便取得最佳的投资收益的管理行为。但是，企业的投资必须以财务管理的目标为标准，遵循国家相关的财务管理规定，有效地配置资金，合理地使用资金，强化财务预算和财务监督，使资金的使用既合理又合法。有关内容详见项目三、项目四。

（3）营运资金管理

营运资金是指企业生产经营活动中占用在流动资产上的资金。营运资金管理主要是指流动资产的投资管理、现金管理、应收账款管理、存货管理相关策略及方法等。有关内容详见项目五。

（4）成本管理

成本管理是指企业在生产经营过程中对成本进行规划、核算、分析、控制、考核等一系列科学管理行为的总称。其目的是充分组织企业全体人员对生产经营过程的各个环节进行科学合理的管理，力求以最少的生产耗费取得最多的生产成果。有关内容详见项目九。

（5）利润分配管理

利润分配管理的主要任务是为企业的经营成果选择最佳的财务分配方案，既兼顾国家、集体和个人三者的利益，最大限度地调动各方面的积极性，又保护企业的财产不受侵犯，确保企业的发展后劲和拓展能力。有关内容详见项目七。

2. 财务管理工作内容之间的关系

现代财务管理的内容并不是相互独立的，而是有机地联系在一起来共同实现财务管理总体目标的。其中，筹资决策是现代财务管理的最基本内容，如果企业通过筹资决策能够实现筹资管理的目标，那么企业就可能有较多的机会获得更多的盈利，也就有较多的盈利分配给股东或所有者，从而实现财务管理的总体目标。否则，财务管理的总体目标就有可能难以实现。

不但筹资决策影响财务管理总体目标的实现，投资决策也会影响企业财务管理总体目标的实现。事实上，投资决策一直影响着企业的资金筹集和利润分配。例如，企业做出要求筹集较多资金的投资决策，就必然会影响企业的资金筹集，也可能会让企业扩大留存利润的比例，以实现投资方案设想的规模。而且，如果这个投资决策是正确的，企业就会因为较大规模的投资而获得更多的利润，从而实现企业财务管理的总体目标。

此外，利润分配决策也同筹资决策一样与投资决策紧密相连。例如，企业利润分配时留存利润较多，在投资规模一定的情况下，企业就可以不筹资或少筹资，否则企业就需要筹集较多的资金。当企业留存利润数额过低，而又难以找到筹资的合适渠道和筹集足够的资金时，投资规模就必然会受到限制，从而又影响到了企业的投资决策。

成本管理则贯穿于投资、筹资和营运活动的全过程，渗透在财务管理的每个环节中。因此，筹资管理、投资管理、营运资金管理、成本管理和利润分配管理都是企业价值创造的必要环节，构成了财务管理工作的内容。

企业在进行财务管理的过程中，必须把筹资决策、投资决策、营运资金管理决策、成本管理和利润分配决策有机联系起来加以综合考虑，统筹安排，合理调度，才能取得预期的财务管理目标与效果。

任务二 财务管理目标选择与协调

分析思路

任何管理活动都是为了达到某种目的而进行的，财务管理也不例外。财务管理目标既是财务活动的出发点，也是财务活动的归宿。为了实现财务管理的目的，首要的任务是建立财务管理的总体目标，以指导财务管理行为朝着既定目标发展。

同时，现代企业理论认为企业是一组契约的联合，契约关系人不仅包括股东、债权人，还包括员工、客户、政府乃至社会，在企业经营活动中，各契约关系人都会最大可能地追求自身利益最大化。这样，在财富不变的情况下，强调一方利益，必然会损害另一方利益。因此，企业财务管理目标应该是在契约各方相互博弈中的一种均衡。

知识铺垫

财务管理的目标是企业理财活动所希望实现的结果，是评价企业理财活动是否合理的基本标准。在实践中，关于企业财务管理目标的选择问题众说纷纭，其中较普遍的、影响较大的有以下 4 种观点。

（一）利润最大化

这种观点认为，利润代表了企业的财富，利润越多，说明企业的财富越多。利润最大化目标促使企业加强管理，使资本不断地追逐利润，而企业能获取更多的利润，就会拥有更有利的生存与发展条件。

（二）资本利润率或每股收益最大化

资本利润率（每股收益）是企业实现的利润额与投入资本（普通股股数）的比率。这种观点认为，应当把企业的利润和股东投入的资本联系起来考虑，用每股盈余来概括企业的财务管理目标。

（三）股东财富最大化

这种观点认为，股份制企业主要是由股东出资形成的，股东创办企业的目的是扩大财富，股东作为公司的所有者，承担着公司的全部风险，因而理所当然地，企业的发展应该追求股东财富最大化。在股份制经济条件下，股东财富由其所拥有的股票数量和股票市场价格两方面决定，在股票数量一定的前提下，当股票价格达到最高时，则股东财富也达到最大，所以股东财富最大化又可以表现为股票价格最大化。

（四）企业价值最大化

企业价值是企业全部资产的市场价值，反映了企业潜在的或预期的获利能力和成长能力。该观点认为，财务管理的目标就是通过企业的合理经营，采用最优的财务政策，在考虑资金时间价值和风险报酬的情况下不断增加企业财富，使企业总价值达到最大。

任务实施

子任务一　财务管理目标选择

工作资料 1-2　雷曼兄弟破产对企业财务管理目标选择的启示。

2008年9月15日，拥有158年悠久历史的美国第四大投资银行——雷曼兄弟（Lehman Brothers）公司正式申请依据以重建为前提的美国联邦破产法第11章所规定的程序破产，即所谓破产保护。雷曼兄弟公司，作为曾经在美国金融界中叱咤风云的巨人，在此次爆发的金融危机中也无奈破产，这不仅与过度的金融创新和乏力的金融监管等外部环境有关，也与雷曼公司本身的财务管理目标有着某种内在的联系。

雷曼兄弟公司正式成立于1850年。在成立初期，公司主要从事利润比较丰厚的棉花等商品的贸易，公司性质为家族企业，且规模相对较小，其财务管理目标自然是利润最大化。在雷曼兄弟公司从经营干洗兼营小件寄存的小店逐渐转型为金融投资公司的同时，公司的性质也从一个地道的家族企业逐渐成长为在美国乃至世界都名声显赫的上市公司。由于公司性质的变化，其财务管理目标也随之由利润最大化转变为股东财富最大化。其原因至少有：①美国是一个市场经济比较成熟的国家，建立了完善的市场经济制度和资本市场体系，因此以股东财富最大化为财务管理目标能够获得更好的企业外部环境支持；②与利润最大化的财务管理目标相比，股东财富最大化考虑了不确定性、时间价值和股东资金的成本，无疑更为科学和合理；③与企业价值最大化的财务管理目标相比，股东财富最大化可以直接通过资本市场股价来确定，比较容易量化，操作上显得更为便捷。因此，从某种意义上讲，股东财富最大化是雷曼兄弟公司财务管理目标的现实选择。

资料来源：http://www.mof.gov.cn/preview/czzz/zhongguocaizhengzazhishe_daohanglanmu/zhongguocaizhengzazhishe_kanwudaodu/zhongguocaizhengzazhishe_caiwuyukuaiji/333/444/666/201007/t20100709_327039.html.

要求：（1）分析雷曼兄弟公司财务管理目标的演化。

（2）分析雷曼兄弟破产的内在原因。

分析 （1）从该案例可以得出，雷曼兄弟公司财务管理目标经历了利润最大化、股东财富最大化的演化过程，而没有选择企业价值最大化。

（2）股东财富最大化是通过财务上的合理经营，为股东带来最多的财富。当雷曼兄弟公司选择股东财富最大化为其财务管理目标之后，公司迅速从一个名不见经传的小店发展成闻名世界的华尔街金融巨头，但同时，由于股东财富最大化的财务管理目标利益主体单一（仅强调了股东的利益）、适用范围狭窄（仅适用于上市公司）、目标导向错位（仅关注现实的股价）等原因，雷曼兄弟最终也无法在此次百年一遇的金融危机中幸免于难。股东财富最大化对于雷曼兄弟公司来说，颇有“成也萧何，败也萧何”的意味。

实践总结

企业财务管理目标究竟如何选择？必须通过比较分析不同观点的优缺点，选择最优的目标。

1. 利润最大化目标的优缺点

利润最大化目标的主要优点是：企业追求利润最大化，就必须讲求经济核算，加强管理，改进技术，提高劳动生产率，降低产品成本。这些措施都有利于企业资源的合理配置，有利于企业整体经济效益的提高。在实践中，利润最大化目标作为一个传统观念仍深刻地影响着很多企业，尤其在独资企业中，所有者和经营者集于一身，往往追求利润最大化的财务管理目标。

但是，以利润最大化作为财务管理目标也存在以下一些缺点。

① 没有反映创造的利润与投入的资本之间的关系。利润是一个绝对量，体现不了收益与投入的关系，这一目标不能体现企业经济效益的高低。例如，同样获得 500 万元的利润，一个企业投入资本 4 000 万元，另一个企业投入 5 000 万元，哪一个更符合企业的目标？若不与投入的资本额联系起来，就难以做出正确的判断。

② 利润最大化没有考虑资金的时间价值，往往忽视实现未来收益的时间性。例如，某企业今年实现利润 200 万元，计划明年实现利润 200 万元，如果考虑时间价值因素，两者显然是不等的，而且明年的利润低于今年的利润。

③ 利润最大化没有考虑风险性。市场是企业生存的土壤，是“一只看不见的手”。在这个信息爆炸的时代，企业运行于市场中，既有着前所未有的机遇，也面临着各种风险。追求利润最大化的财务管理目标往往使企业的经营活动集中于一些高风险、高收益的项目，而经营一旦不理想或破产将影响企业的生存与发展。

④ 利润最大化会导致企业经营时的短期行为，导致经营者只顾眼前利益而忽视长远利益。在现代化大型企业中，财产所有权与经营权发生分离，所有者获取的是剩余索取权，经营者获取的是报酬。该目标把利润作为评价经营业绩的标准，容易导致经营者为

了获取报酬、奖励而通过盈余管理的手段片面追求短期利润，忽视企业长远利益，甚至不顾员工的生活福利推卸本应履行的社会责任。

2. 资本利润率或每股收益最大化目标的优缺点

资本利润率或每股收益最大化目标的主要优点就是避免了利润最大化目标中没有把获取利润和资本投入进行比较的缺陷，可以说明企业的盈利水平，可以在不同资本规模的企业或同一企业资本投入不同的期间进行对比，揭示其盈利水平的差异。

但是，以资本利润率或每股收益最大化作为财务管理目标仍然存在缺陷：没有考虑资金的时间价值因素；没有考虑风险；不能避免企业的短期行为。

3. 股东财富最大化目标的优缺点

股东财富最大化目标与利润最大化目标相比，主要优点如下。

① 考虑了资金的时间价值和投资的风险因素，因为资金的时间价值因素和风险因素的高低会对股价产生重要的影响。例如，银行存款利率的高低直接影响股票市场。

② 在一定程度上能避免企业追求短期行为，因为不仅目前的利润会影响股票价格，预期未来的利润同样会对股价产生重要影响。

③ 对上市公司而言，股东财富最大化目标比较容易量化，便于考核和奖惩。

以股东财富最大化作为财务管理目标存在的缺点如下。

① 通常只适用于上市公司，非上市公司难于应用，因为非上市公司无法像上市公司一样随时准确获得公司股价。

② 股价受众多因素影响，特别是企业外部的因素，有些还可能是非正常因素。股价不能完全准确反映企业财务管理状况，如有的上市公司处于破产的边缘，但由于可能存在某些机会，其股票价格可能还在走高。

③ 它更多强调的是股东利益，而对其他相关者的利益重视不够。该观点认为，企业的经营活动应按出资人的意愿进行，财务管理的目标就是使股东财富得到最大幅度的增长，出资人的利益高于一切。

4. 企业价值最大化目标的优缺点

企业发展从“以利润为中心”到“追求价值最大化”是一个质的飞跃，它标志着企业在更高层次上的一种新的价值取向。“追求价值最大化”看重的不仅仅是实现利润，更看重的是实现利润的能力；看重的不仅仅是有形资产，更看重的是企业品牌效应；看重的不仅仅是经济价值，更重要的是它的社会价值；看重的不仅仅是企业自身价值，更看重的是与企业生息相关的其他利益群体的价值。

与股东财富最大化目标相比，企业价值最大化的优点主要表现在：考虑了资金的时间价值和投资的风险；反映了对企业资产保值增值的要求；有利于克服管理上的片面性和短期行为；有利于社会资源合理配置。

其主要缺点是：企业价值很难客观确定；对于上市公司而言，衡量公司价值的指标是所有股票的市价，但是股价受很多因素影响，在短期内与企业价值可能不一致；对非上市公司而言，由于没有股价，企业价值不易衡量；要确定企业价值必须进行资产评估，而由于受评估标准和评估方式的影响，估价很难做到客观准确。

子任务二 财务管理目标的协调

工作资料 1-3 是所有者无情还是经营者无义——新东方高层出走大事记。

2004 年 11 月 4 日，原新东方董事、北京新东方学校执行副校长江博正式签约加盟北京巨人学校，担任巨人教育集团首席执行官兼北京巨人学校校长。

江博于 1998 年加盟新东方，从普通教师做起，直至担任新东方教育集团董事、北京新东方学校执行副校长等职务。2004 年 4 月，江博向新东方提出了辞职。提到辞职原因，江博说，新东方发展中出现了一些他“不能理解”的问题，但他并没有解释这些问题是什么。

2004 年 4 月，原新东方副董事长胡敏离开新东方创办新航道培训学校。学校于 9 月底开始大规模招生，招收的学员对象与新东方完全一致。

胡敏于 1995 年来到新东方，曾为新东方开创了利润较大的英语四级、六级、考研、雅思 4 项培训项目。新东方出版的 70%的图书，也都是由胡敏策划完成的。胡敏也是由一名兼职教师一直做到集团总裁的职位上的。2004 年 10 月，由于业绩问题，他辞去总裁和校长职位，并接受集团副董事长的职务。“没有话语权”，胡敏这样解释他从新东方的离开。

2003 年，新东方学校主管国际合作的副校长、著名 TSE（英语口语测试）教学专家杜子华离开了管理层，现在为华诚研修学院院长。

2002 年，新东方 IT 培训创始人周怀军在离开新东方后，创办了北京新科海学校。

要求：分析新东方高管辞职的原因。

分析 三家村成员之一，《人力资本》月刊执行主编孙虹钢分析其原因可能有这样几个方面：

第一，个人的职业成长速度与企业的发展速度不和谐。个人期望高或企业觉得经营者掉队，都可能是高管离开——无论是主动还是被动的原因。

第二，作为经营者和高管，个人希望拥有的话语权同企业所有者愿意授予的权力之间不和谐。经营者、高管希望得到更多的权力空间，而企业所有者担心这些高管“功高盖主”，正想削弱他们的权力。

第三，企业在一个行业当中达到领先水平，下一步如何发展？经营者与所有者在企业发展方向上产生分歧，所以道不同不相与谋。

作为连接所有者和执行者的经营者，胡敏没有掌握好平衡。

资料来源：http://finance.sina.com.cn/leadership/cjzh/20050117/17191299998.shtml.

实践总结

新东方高层出走大事集中体现了企业所有者与经营者的矛盾，而导致这些矛盾进一步激化的原因是所有者与经营者之间没有很好地沟通与协调。财务管理目标是企业进行理财活动所希望实现的结果。然而，企业的不同财务主体在企业的财力分配与配置上会有不同的预期。财务活动所涉及的不同利益主体之间如何协调才能更好地为财务管理目标服务，是财务管理必须解决的问题。

1. 所有者与经营者的矛盾与协调

现代企业中两权分离，企业所有者和经营者是两个相对独立的行为主体。所有者追求的是最大的投资回报，他的一切利益都来自企业的发展；而经营者的行为目标是多元的，除了个人的经济利益目标外，还有名誉、社会地位、权势、自我价值的实现等个人目标。经营者对其经济利益及其他个人目标的追求有可能损害所有者的资本收益。因此，在现代企业中构建一种所有者利益和经营者利益相容的经营者行为的激励与约束机制是至关重要的。为了协调这一矛盾，所有者往往采用解聘、激励等内部措施来约束经营者更好地为自己服务。

（1）解聘、

这是一种所有者约束经营者的办法。所有者对经营者予以监督，如果经营者未能使企业价值达到其要求的目标，就解聘经营者。为此，经营者会因为害怕被解聘而努力实现财务管理目标。

（2）激励

这也是所有者对经营者采取的积极有效的管理办法，是指将经营者的报酬与其绩效挂钩，以使经营者自觉采取能满足企业价值最大化的措施。对经营者进行有效的激励，防止经营者偷懒和经营者在经营范围内利用职务的便利，以损害投资者的利益为代价追求其个人目标，是保证所有者的资本收益的重要举措。激励有两种基本方式：①“股票选择权”方式，是允许经营者以固定的价格购买一定数量的公司股票，当股票的价格越高于固定价格时，经营者所得的报酬就越多，经营者为了获取更大的股票涨价益处，就必然主动采取能够提高股价的行动；②“绩效股”形式，是公司运用每股利润、资产收益率等指标来评价经营者的业绩，视其业绩大小给予经营者数量不等的股票作为报酬，如果公司的经营业绩未能达到规定目标，经营者将部分丧失原先持有的“绩效股”。这种方式使经营者不仅为了多得“绩效股”而不断采取措施提高公司的经营业绩，而且为了使每股市价最大化，也会采取各种措施使股票市价稳定上升。

（3）接收

这是一种通过市场约束经营者的办法。如果经营者经营决策失误、经营不力，未能采取一切有效措施使企业价值提高，该公司就可能被其他公司强行接收或吞并，相应经营者也会被解聘。为此，经营者为了避免这种接收，必须采取一切措施提高股票市价。

2. 所有者与债权人的矛盾与协调

（1）所有者与债权人的矛盾

所有者为了自身的利益，可以通过经营者损害债权人的利益。其常用的方式有以下两种。

① 所有者不经债权人的同意，投资于比债权人预期风险要高的新项目，倘若高风险的项目成功，超额利润由所有者独享；倘若投资失败，企业无力偿债，债权人与所有者将共同承担由此而造成的损失，这对债权人来说风险与收益是不对称的。

② 所有者在未征得债权人同意的情况下，发行新债券或举借新债。这样，使企业的负债比率增大，并增加企业破产的可能性，降低旧债的偿还保障程度。如果企业破产，新债权人将会与旧债权人一起分配破产后的财产。因此，这将降低旧债的相对价值。

（2）所有者与债权人之间矛盾的协调方法

① 限制性借债。在借款合同中，加入限制性条款。例如，规定资金的用途，规定在还本付息之前，不得发行新债券与举借新债，或者限制发行新债的数额等。

② 收回借款。这是指当债权人发现公司有侵蚀其债权价值的意图时，采取收回债权和不给予公司重新放款的措施来保护自身的权益。

③ 债转股。即通过合约方式，将部分债务转为股本，从而使债权人角色置换为股东角色，以实现两者利益目标的协同。

3. 企业履行社会责任的目标与股东利益的协调

企业的目标与社会目标在很多方面是一致的。企业在追求自身利益时，自然会使社会受益。例如，企业的产品满足了人民日益丰富的物质、精神、文化方面的需求，企业用工解决了社会就业问题，尤其是我国当前较突出的残疾人、下岗再就业人群、农民工和应届毕业生等就业群体。

企业缴纳利税，为国家的经济做出贡献；企业在国家遇到自然灾难时会有积极捐款、捐物、捐设备、输送人才等各个方面的体现。但是，企业在社会中生存，为了追逐利润，其行为有时会跟社会利益发生冲突。例如，生产假冒、伪劣产品损害顾客的利益，加班加点损害工人健康，污染环境，不正当竞争损害其他企业利益等。对此，除了通过国家制定的法律法规来强制企业承担社会责任外，企业自身不能单纯以“追求利润最大化”为唯一目的，而必须对人负责，对企业信誉负责，对环境负责，对应做的社会贡献负责，对构建和谐社会承担自己应尽的责任。

任务三 财务管理环境分析

分析思路

企业财务活动是在一定的环境下进行的，必然受到环境的影响。企业的资金的取得、运用和收益的分配会受到环境的影响，资金的配置和利用效率会受到环境的影响，企业成本的高低、利润的多少、资本需求量的大小也会受到环境的影响，企业的兼并、破产、重整与环境的变化仍然有着千丝万缕的联系。因此，财务管理要获得成功，必须深刻认识和认真研究自己所面临的各种环境。

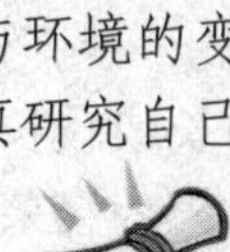

知识铺垫

（一）财务管理环境概念

任何事物都是在一定的环境条件下存在和发展的，是一个与其环境相互作用、相互依存的系统，作为人类重要实践活动之一的财务管理活动也不例外。财务管理环境，或称理财环境，是对企业财务活动和财务管理产生影响作用的企业内外各种条件和因素的统称。

（二）财务管理环境类型

财务管理环境包括内部环境与外部环境。内部环境又称微观环境，是指存在于企业内部的影响企业财务管理活动的条件和因素，如领导者素质、组织机构类型、生产与销售、财务管理制度、企业文化、员工素质等；外部环境又称宏观环境，是指影响企业财务管理活动的外部因素，如经济环境、法律环境、金融市场环境等。

在财务管理活动中，财务管理主体需要不断地对财务管理环境进行审视和评估，并根据其所处的具体财务管理环境的特点采取与之相适应的财务管理手段和管理方法，以实现财务管理的目标。

任务实施

工作资料 1-4 2008 年 10 月，全球最大玩具代工商之一——合俊集团旗下两工厂倒闭，6 500 名员工面临失业！有专家分析指出："合俊集团东莞樟木头工厂的产品主要销往美国，其倒闭显然是受金融风暴和次贷冲击，从影响和知名度来看，这可以说是美国金融危机波及中国实体经济企业关闭的第一案。"世界玩具五大品牌中，合俊已是其中 3 个品牌的制造商，如此大型公司的工厂，为何走上倒闭之路？

要求：分析合俊集团两工厂倒闭的原因。

分析 一份被公开的中国海关报告指出，玩具属传统劳动密集型产品，受金融危机影响，国内原材料和人力成本上涨、人民币加速升值、融资困难、出口退税率下调，加上国外检测费用增加，都是导致中国玩具企业大规模倒闭的原因。

资料来源：http://www.pcpop.com/doc/0/337/337032.shtml.

实践总结

尽管该企业技术和规模在业内都处领先地位，但企业发展除了自身因素外，还要受到多种外部环境的影响。财务管理的外部环境包括的内容十分复杂，如经济环境、法律环境、金融市场、社会文化因素、自然资源因素等。下面概要介绍对企业财务管理有重要影响的几个因素。

1. 经济环境

财务管理的经济环境是指影响企业财务管理的各种经济因素，如经济周期、经济发展水平、宏观经济政策等。

① 经济周期。在市场经济条件下，经济通常不会出现较长时间的持续增长或较长时间的衰退，而是在波动中前进。这种循环叫经济周期。通常把一个经济周期分为繁荣、衰退、萧条和复苏 4 个阶段。

经济运行的复苏、繁荣、衰退与萧条的周期，显然影响着企业的财务管理活动。复苏期间，企业往往奉行为扩张做准备的财务策略；繁荣时，企业实施扩张的财务策略；衰退时企业停止扩张；萧条时企业实施收缩的策略。

② 经济发展水平。财务管理的发展水平是同经济发展水平密切相关的，经济发展水平越高，财务管理水平也越高，经济发展水平较低，财务管理水平也较低。

经济快速发展阶段，投资机会相对较多，而成熟的经济体投资机会相对不足。因此，不同的经济发展水平，也深刻地影响着企业的财务管理策略。

③ 宏观经济政策。经济政策是国家或政府为了达到充分就业、价格水平稳定、经济快速增长、国际收支平衡等宏观经济政策的目标，为增进经济福利而制定的解决经济问

题的指导原则和措施。

我国经济体制改革的目标是建立社会主义市场经济体制，以进一步解放和发展生产力。在这个总目标的指导下，我国已经并正在进行财税体制、金融体制、外汇体制、外贸体制、价格体制、投资体制、社会保障制度等一系列的改革。所有这些改革措施，深刻影响着我国的经济，也深刻影响着我国企业的发展和财务活动的进行。例如，金融政策中货币的发行量、信贷规模都影响着企业投资的资金来源和投资的预期收益；财税政策会影响企业的资金结构和投资项目的选择；价格政策能影响资金的投向和投资的回收期和预期收益。企业财务人员必须准确把握经济政策，更好地进行财务管理活动，实现企业财务管理的目标。

2. 法律环境

财务管理的法律环境是指企业同外部发生经济关系时所应遵守的各种法律、法规和规章。对企业财务管理产生重要影响的法律环境主要有企业组织法规、企业税法和财务法规等。

（1）企业组织法规

企业组织形式通常有 3 类：独资企业、合伙企业和公司企业。企业组织必须依法成立，组建不同的企业要依照不同的法规。这些法规主要有：《中华人民共和国公司法》（以下简称《公司法》）、《中华人民共和国个人独资企业法》、《中华人民共和国合伙企业法》等。这些法规既是企业的组织法，又是企业的行为法。例如，《公司法》对法定资本最低限额的规定影响了企业的筹资数量，对利润分配的有关规定影响了企业的收益分配和再筹资活动。《公司法》是公司财务管理最重要的强制性规范，公司的理财活动不能违反该法律。

（2）企业税法

税法即税收法律制度，是调整税收关系的法律规范的总称，是国家法律的重要组成部分。税收是国家财政收入的主要来源，也是国家进行宏观调控的一个重要经济杠杆，具有调节收入分配、促进资源配置、促进经济增长的作用。目前，我国的税收分类及税种主要有流转税、所得税、资源税、财产税、行为税及其他税（如农林特产税、耕地占用税、契税）等。

纳税是企业应尽的法定义务，对企业财务管理有着重要的影响。因为税负是企业的一种费用，企业希望在不违反税法规定的前提下减少纳税负担，这就只能依靠投资、筹资和利润分配等财务决策进行精心安排和筹划，而不允许偷税、漏税行为出现。

（3）财务法规

财务法规是规范企业财务行为的法律规范，包括《中华人民共和国会计法》（以下简称《会计法》）、《企业财务通则》、《企业会计准则》等。

《会计法》是我国会计工作的根本大法，是进行会计工作的基本依据。由于财务工作与会计工作的关联性，每个财务人员必须熟悉《会计法》，并以此来指导自己的工作。

《企业财务通则》是各类企事业从事财务活动，实施财务管理和监督必须统一遵守的基本原则和规范，它对建立资本金制度、固定资产的折旧、成本的开支范围、利润的分配等事项做出了规定。

《企业会计准则》是为了规范企业会计确认、计量和报告行为，保证会计信息质量，根据《会计法》和其他有关法律法规制定的。它适用于在我国境内设立的企业。

另外，作为财务管理人员，还需高度关注国家的财政政策。国家采取紧缩的财政政策时，会使企业纯收入留归企业的部分减少，企业现金流出增加，这样必然增加企业资金的紧缺程度。与此相适应，企业应控制投资规模、增收节支，积极寻找新的资金来源渠道，以适当增加留存比例。国家采取扩张的财政政策时，会使企业纯收入留归企业的部分增加，企业现金流入增加，这样必然使企业现金出现盈余。与此相适应，企业应积极寻找新的投资领域，扩大投资规模，减少对外筹资数量，适当扩大股利分配比例。

3. 金融环境

企业从事投资和经营活动总是需要资金的，而资金的取得，除了自有资金外，主要从金融机构或金融市场获得。金融政策的变化必然影响企业筹资、投资、资金运营及分配活动。因此，金融环境是企业最为主要的环境因素。影响企业财务管理的金融环境主要包括金融机构、金融市场和利率等几方面。

（1）金融机构

金融机构，是指专门从事货币信用活动的中介组织。我国的金融机构主要包括银行和非银行金融机构。

我国银行按地位和功能可分为：第一类，中央银行，即中国人民银行，代表政府管理全国的金融机构和金融活动，管理国库；第二类，政策性银行，一般是指由政府设立，以贯彻国家产业政策、区域发展政策为目的的，不以营利为目标的金融银行，国家开发银行、中国进出口银行和中国农业发展银行都是我国的政策型银行；第三类，商业银行，是以经营存、放款，办理转账结算为主要业务，以营利为主要经营目标的金融企业，我国现有5家国有商业银行（中、农、工、建、邮政储蓄银行）、12家股份制商业银行（中信、华夏、招商、光大、民生、浦东发展、深圳发展、渤海、广发、兴业、浙商及交通银行）、110家城市商业银行。

非银行金融机构主要包括国有及股份制的保险公司、信托投资公司、证券机构、财务公司和金融租赁公司等。

（2）金融市场

金融市场是指资金的供应者与资金的需求者通过金融工具进行交易而融通资金的场所，即它是实现货币借贷和资金融通、办理各种票据和有价证券交易活动的市场，是联结筹资人和投资人的桥梁。

金融市场对于商品经济的运行，具有充当金融中介、调节资金余缺的功能。从财务管理角度来看，金融市场作为资金融通的场所，是企业向社会筹集资金必不可少的条件，财务管理人员必须熟悉金融市场的各种类型和管理规则，有效地利用金融市场来组织资金的筹措和进行资金投资活动。

（3）利率

利率也称利息率，是资金的增值额与投入资金价值的比率，是衡量资金增值幅度的量化指标。从资金的借贷关系看，利率是一定时期运用资金资源的交易价格。资金作为一种特殊的商品，以利率作为其价格，其融通的实质是资源通过利率这个价格标准实行再分配，因此利率在企业筹资、投资、分配等财务决策中起着重要的作用。

任何商品的价格主要由供求双方决定，资金这个特殊商品的价格——利率也不例外，主要取决于资金供求状况。但除了这两个因素外，经济周期、通货膨胀、货币政策、财政政策、国际经济政治关系、国家利率管制程度等对利率的变动也有不同程度的影响。因此，资金的利率通常由纯利率、通货膨胀补偿率和风险收益率 3 部分构成。利率的一般计算公式可表示如下。

利率=纯利率+通货膨胀补偿率+风险收益率

纯利率是指在没有风险和通货膨胀情况下的均衡点利率；通货膨胀补偿率是指由于持续的通货膨胀会不断降低货币的实际购买力，为补偿其购买力损失而要求提高的利率；风险收益率包括违约风险收益率、流动性风险收益率和期限风险收益率。其中，违约风险收益率是指为了弥补因债务人无法按时还本付息而带来的风险，由债权人要求提高的利率；流动性风险收益率是指为了弥补因债务人流动不好而带来的风险，由债权人要求提高的利率；期限风险收益率是指为了弥补因偿债期长而带来的风险，由债权人要求提高的利率。

任务四　财务管理组织机构设置

分析思路

企业财务管理的组织机构是指企业处理同各有关方面财务关系、实施财务管理的机构。企业应根据企业自身的特点，合理设置财务管理的组织机构，才能有效地促进企业财务管理目标的实现，使企业发展壮大。

知识铺垫

根据国内外企业的实际情况，企业财务管理组织机构常见的组织形式主要有财务与会计一体化的组织形式（合设）、与会计机构分立的平行组织形式（分设）两种。

（一）财务与会计一体化的组织形式

在这种组织结构中，财务管理工作只作为会计工作的一部分来进行，其工作重点是利用商业信用筹资和收回企业的应收账款，而很少关心筹资和投资问题。在这种情况下，企业一般设置一个财会科室，由总会计师或主管副经理来领导。

财务与会计一体化的组织机构如图 1.1 所示。

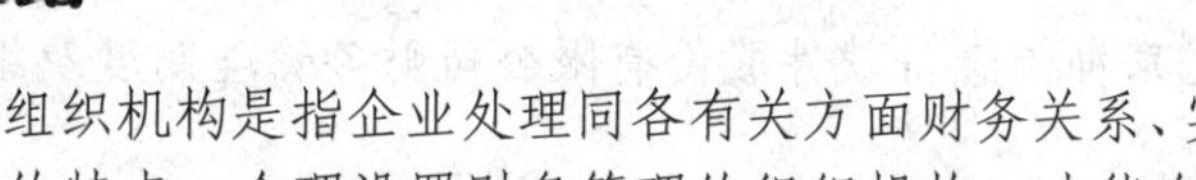

图 1.1　财务与会计一体化的组织机构

（二）与会计机构分立的平行组织形式

企业分别设置会计部门和财务部门，二者各司其职。在这种情况下，企业财务工作的主要负责人是财务副总经理，他直接向总经理报告，而会计处主管和财务处主管共同接受财务副总经理的领导。财务处主要负责资金的筹资、使用、股利的分配及现金、应收账款的管理，并负责协调各种财务关系。会计处则主要负责核算、成本计算、税务、信息处理等工作。

与会计机构分立的平行组织结构如图 1.2 所示。

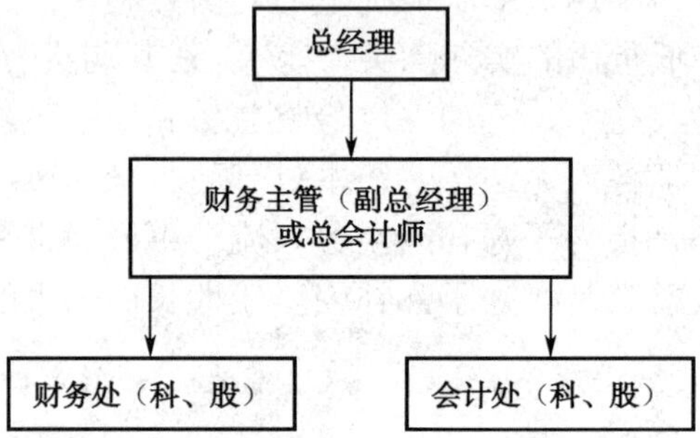

图 1.2　与会计机构分立的平行组织形式

任务实施

工作资料 1-5　北京神州泰岳软件股份有限公司财务管理制度及组织机构设置。

……

第四条　公司成立财务部，负责对公司经济活动进行财务核算、财务管理和财务监督。

第五条　公司实行董事会领导下的总经理负责制。总经理负责（设财务负责人）组织和领导公司的财务管理工作。财务部是公司财务管理的职能部门，在总经理的领导下，开展财务管理工作。

第六条　财务部是公司的资产与资本营运中心，负责公司重大财务活动的决策和组织实施。

第七条　总经理在财务管理中的权责是：

（一）具体确定公司财务管理机构的设置，直接领导财务部门的工作。

（二）组织拟定批准公司财务管理制度。

（三）审核公司财务预算、决算等重要财务事项。

（四）执行董事会的重大财务决策（如投资决策、资本运营等）。

（五）协调公司各职能部门、基层单位与财务部门的关系。

第八条　遵守、宣传、贯彻国家法律、法规，组织制定公司财务预算。根据财务预算方案组织公司的生产经营。

第九条　接受内部审计机构（如监事会、内审部）及财政、税务、审计等机关的财务检查和财务监督。

第十条 经董事会同意聘任财务负责人。

……

资料来源：http://quotes.money.163.com/f10/ggmx_300002_992896.html.

要求： 分析北京神州泰岳软件股份有限公司财务管理组织机构的设置情况。

分析 从该资料可知，北京神州泰岳软件股份有限公司重视财务管理工作，财务管理组织体系自上而下依次是：董事会或总裁→总经理→财务部负责人（财务主管）→财务人员，属于财务与会计一体化的组织形式。

实践总结

财务与会计一体化的组织形式的特点是会计与财务和管理合二为一，具有核算与监督两种职能。其优点是关系简明，便于集中管理，并能提高工作效率。这种类型的组织机构一般适用于小型企业。

与会计机构分立的平行组织形式的特点是将一体化的财务、会计分开设置机构，实行核算职能与财务管理职能的分离。其优点是能充分发挥财务与会计部门各自的作用，权限清楚，责任明确，适用于大中型企业。

从目前西方的发展来看，财务副总经理的工作范围常常超过财务的范围，他们除了领导好财务与会计工作外，还经常参与公司经营全过程的管理，制定企业的战略规划，关注企业业绩增长，领导公司变革，已经从总经理的参谋转化为商业伙伴。但从我国目前来看，财务副总经理的工作内容仍然停留在传统的会计与财务管理的职能上。

课后自测

基础知识训练

一、单项选择题

1．企业财务管理的对象是（　　）。

A．资金运动及其体现的财务关系　　B．资金的数量增减变动

C．资金的循环与周转　　D．资金的投入、退出与周转

2．企业财务活动是指企业的（　　）。

A．货币资金收支活动　　B．资金分配活动

C．资本金的投入和回收　　D．资金的筹集、运用、收回及分配

3．企业与债权人的财务关系在性质上是一种（　　）。

A．经营权与所有权关系　　B．投资与被投资关系

C．委托代理关系　　D．债权债务关系

4．下列关系属于企业购买商品或接受劳务形成的财务关系的是（　　）。

A．企业与供应商之间的财务关系　　B．企业与债务人之间的财务关系

C．企业客户之间的财务关系　　D．企业与受资者之间的财务关系

5．在企业财务管理的目标中，通常被认为比较合理的是（　　）。

A．利润最大化　　B．每股利润最大化

C．企业价值最大化　　D．资本利润率最大化

6．通过市场约束经营者的办法的是（　　）。

A．解聘　　B．接收

C．激励　　D．“股票期权”的方法和“绩效股”形式

7．能够用于协调企业所有者与企业债权人矛盾的方法是（　　）。

A．解聘　　B．接收　　C．激励　　D．停止借款

8．不能协调所有者与债权人之间矛盾的方式是（　　）。

A．市场对公司强行接收或吞并　　B．债权人通过合同实施限制性借款

C．债权人停止借款　　D．债权人收回借款

9．财务管理最为主要的环境因素是（　　）。

A．财税环境　　B．法制环境　　C．体制环境　　D．金融环境

10．利率作为资金资源的交易价格，主要取决于（　　）。

A．资金供给方　　B．资金需求方　　C．资金供求双方　　D．通货膨胀

二、多项选择题

1．企业价值最大化的缺点包括（　　）。

A．股价很难反映企业所有者权益的价值

B．法人股东对股票价值的增加没有足够的兴趣

C．片面追求利润最大化，可能导致企业短期行为

D．对于非股票上市企业的估价不易做到客观和准确，导致企业价值确定困难

2．假定甲公司向乙公司赊销产品，并持有丙公司债券和丁公司的股票，且向戊公司支付公司债利息。假定不考虑其他条件，从甲公司的角度看，属于本企业与债务人之间财务关系的是（　　）。

A．甲公司与乙公司之间的关系　　B．甲公司与丁公司之间的关系

C．甲公司与丙公司之间的关系　　D．甲公司与戊公司之间的关系

3．属于所有者与债权人的矛盾协调措施的是（　　）。

A．限制性借款　　B．接收

C．“股票选择权”方式　　D．收回借款或停止借款

4．为确保企业财务目标的实现，可用于协调所有者与经营者矛盾的措施有（　　）。

A．所有者解聘经营者　　B．所有者向企业派遣财务总监

C．公司被其他公司接收或吞并　　D．所有者给经营者以“股票选择权”

5．属于财务管理经济环境的有（　　）。

A．经济周期　　B．公司治理和财务监控

C．宏观经济政策　　D．经济发展水平

6．在不存在通货膨胀的情况下，利率的组成因素包括（　　）。

A．纯利率　　B．违约风险收益率

C．流动性风险收益率　　D．期限风险收益率

三、判断题

1．企业财务活动的内容，也是企业财务管理的基本内容。（　）

2．企业与投资者之间的财务关系，主要是指企业以购买股票或直接投资的形式向其他企业投资所形成的经济关系。（　）

3．财务管理目标中，社会资金通常流向每股利润最大化的企业或行业，有利于实现社会效益最大化。（　）

4．股东财富最大化目标考虑了众多相关利益主体的不同利益。（　）

5．利润最大化考虑了资金的时间价值和风险价值。（　）

6．企业所有者、经营者在财务管理工作中的目标是完全一致的，他们之间不存在利益冲突。（　）

7．解聘是一种通过市场约束经营者的办法。（　）

8．以企业价值最大化作为理财目标，有利于社会资源的合理配置。（　）

四、问答题

1．什么是财务活动？企业财务活动的内容是什么？

2．什么是财务关系？企业财务关系包括哪些方面？

3．企业财务管理目标主要有哪几种表现形式？它们各自的优缺点分别是什么？

4．如何协调企业所有者与其经营者、债权人的目标？

模拟沙盘实训

划分学习小组，以小组为单位选择金蝶软件（中国）有限公司“理财之道——财务管理电子对抗系统”实训软件或类似财务管理实训软件开展沙盘模拟演练。

1．了解该企业面临的理财环境。

2．了解该企业财务管理的目标。

3．了解该企业财务管理组织机构的设置特点，分析其合理性。

项目二

财务管理基本技能

项目引言

张先生准备购买一套新房，现价 50 万元，他准备首付 30 万元，贷款 20 万元。假设贷款利率为 6.55%，贷款期限 20 年，请为张先生算算月供是多少。

现实中，开发商会提供两种月供核算方式：等额本息或等额本金。但无论哪种方法，都渗透着资金时间价值的计算和可行性的衡量比较。学习完本项目知识，可以解决这个问题。

项目内容概述

资金的时间价值和风险价值是财务管理工作中的两大基本观念，贯穿于筹资管理、投资管理、营运资金管理及利润分配管理内容中，是财务管理工作必备的基本技能。

本项目主要包括资金的时间价值观念的运用和风险价值观念的运用等任务。

知识目标

资金时间价值的含义；复利终值、复利现值、年金终值及年金现值的含义及计算；风险的概念及衡量。

能力目标

能够利用资金时间价值和风险价值观念处理相关的理财问题。

任务一　资金时间价值观念的运用

分析思路

资金是财产物资的货币表现。资金的时间价值反映了资金的周转效果。重视资金的时间价值，是加强资金管理的客观要求。在“时间就是金钱”、“效率就是生命”的今天，明确树立资金的时间价值观念，并把它运用于资金筹集、运用、分配等各个方面，是提高企业财务管理水平，搞好筹资、投资、分配决策的有效保证。

知识铺垫

（一）资金的时间价值

在商品经济环境中，资金的时间价值是客观存在的。例如，将资金存入银行可以获得利息，将资金运用于公司的经营活动可以获得利润，将资金用于对外投资可以获得投资收益。这种由于资金运用实现的利息、利润或投资收益表现为资金的时间价值。由此可见，资金的时间价值是指资金经历一定时间的投资和再投资所增加的价值，也称为货币的时间价值。由于货币的时间价值，今天的 100 元与一年后的 100 元是不等值的。今天将 100 元存入银行，在银行利息率 10%的情况下，一年以后会得到 110 元，多出的 10 元利息就是 100 元经过一年时间的投资所增加的价值，即货币的时间价值，显然，今天的 100 元与一年后的 110 元相等。由于不同时间的资金价值不同，所以在进行价值大小对比时，必须将不同时间的资金折算到同一时间点后才能进行比较。

资金的时间价值概念有 3 个要点：一是货币的时间价值反映了一定量的资金在不同时点上的价值量的差额，其实质是资金周转使用后的增值额；二是货币的价值增值是在其被当作投资资本的运用过程中实现的；三是货币的时间价值量与时间的长短同方向变动。货币的时间价值涉及 5 个要素，即现值、终值、时间长度、利率及计息方式。

资金时间价值可以用绝对数表示，也可以用相对数表示，即以利息额或利息率来表示。但是在实际工作中，对这两种表示方法并不做严格区别，通常以利息率进行计量。利息率的实际内容是社会资金利润率。各种形式的利息率（贷款利率、债券利率等）的水平，就是根据社会资金利润率确定的。但是，一般的利息率除了包括资金时间价值因素以外，还要包括风险价值和通货膨胀因素。资金时间价值通常被认为是没有风险和没有通货膨胀条件下的社会平均利润率，这是利润平均化规律作用的结果。

（二）资金的类型

资金时间价值的计算是财务管理的基础，要想掌握资金时间价值的计算方法和计算技巧，首先要学会区分资金的两种基本类型——一次性收付款项和年金，这是掌握资金时间价值计算的关键所在。

1．一次性收付款项

一次性收付款项是指在某一特定时点上一次性支付（或收取），经过一段时间后再相应地一次性收取（或支付）的款项。一次性收付款项的特点是资金的收入或付出都是一次性发生的。

2．年金

年金是指在一定时期内每期等额收付的款项。例如，折旧、租金、保险金、等额分期付款、等额分期收款、零存整取储蓄等，都属于年金问题。

年金的特点是资金的收入或付出不是一次性发生的，而是分次等额发生，且每次发生的间隔期都是相等的。年金有两个基本特征：一是连续性；二是等额性。不符合年金特征的款项不能按年金计算，只能用复利的方法计算。

根据定期等额的系列款项发生的时点不同，年金可以分为4种：普通年金、预付年金、递延年金和永续年金。

① 普通年金。这是指从第一期开始，在一定时期内每期期末等额收付的系列款项，又称为后付年金。

② 预付年金。这是指从第一期开始，在一定时期内每期期初等额收付的系列款项，又称为先付年金。

③ 递延年金。这是指从第一期以后开始的，在一定时期内每期期末等额收付的系列款项。这是普通年金的特殊形式，凡不是从第一期开始的普通年金都是递延年金。

④ 永续年金。这是指从第一期开始，无限期每期期末等额收付的系列款项。

（三）资金的现值和终值

为了计算资金的时间价值量，一般用“现值”和“终值”两个概念表示不同时期的资金的时间价值。按照资金的类型及计息方式，资金的终值与现值有以下3种。

1. 单利终值与现值

单利是指只对借贷的原始金额或本金支付（收取）的利息的方式。我国银行一般是按照单利计算利息的。

单利终值是指一定量资金若干期后按单利计算时间价值的本利和。

单利现值是指未来某一定时间点上的一定量资金按单利折算的现在的价值。

2. 复利终值与现值

复利就是不仅本金要计算利息，本金所生的利息在下期也要加入本金一起计算利息，即通常所说的“利上加利”。

复利终值是指一定量资金若干期后按复利法计算的时间价值的本利和。

复利现值是指未来一定时间的特定价值按复利折算的现在的价值，即为取得未来一定的本利和所需要的现在的本金。

3. 年金终值与现值

年金终值是一定时期内每期期末（或期初）发生的等额收付款项的复利终值之和。计算年金终值，实际上就是求各期复利终值的总计金额。

年金现值是指一定时期内每期期末（或期初）发生的等额收付款项的复利现值之和。计算年金现值，实际上就是求各期复利现值的总计金额。

任务实施

子任务一　单利终值与现值的计算

工作资料2-1　小张将1 000元存入银行，假设银行存款的年利率为10%。

要求：计算一年后、两年后、三年后，小张分别能得到多少。

分析 根据前述知识铺垫，本任务是计算单利终值。

一年后终值：$F_1 = 1\,000 + 1\,000 \times 10\% = 1\,000 \times (1 + 10\%) = 1100$（元）

两年后终值：$F_2 = 1\,000 + 1\,000 \times 10\% \times 2 = 1\,000 \times (1 + 10\% \times 2) = 1\,200$（元）

三年后终值：$F_3 = 1\,000 + 1\,000 \times 10\% \times 3 = 1\,000 \times (1 + 10\% \times 3) = 1\,300$（元）

工作资料 2-2 假设银行存款的年利率为 5%，为了 3 年后能收到 1 000 元。

要求：小张现在需要将多少钱存进银行？

分析 本任务是已知单利终值，计算单利现值。

由单利终值的计算公式$1\,000 = P(1 + 3 \times 5\%)$，得$P = \dfrac{1\,000}{1 + 3 \times 5\%} = 870$（元）

实践总结

1. 单利终值的计算

单利终值计算公式可以总结为

$$F = P + I = P + P \times i \times n = P(1 + ni)$$

式中，P 为本金（现值）；i 为每期利率；I 为利息；F 为本利和（终值）；n 为计算利息的期数。

2. 单利现值的计算

单利现值通常根据单利终值来计算，即单利现值是单利终值的逆运算。单利现值的计算公式为

$$P = \frac{F}{1 + ni}$$

子任务二 复利计算在财务管理实务中的运用

工作资料 2-3 小张将年终奖金 10 000 元存入银行，存期 3 年，假定存款年复利率为 5%。

要求：计算存款到期时的本利和。

分析 本任务是已知本金计算其复利终值。

存期一年的终值为$F_1 = 10\,000 + 10\,000 \times 5\% = 10\,000 \times (1 + 5\%) = 10\,500$（元）

存期二年的终值为$F_2 = 10\,500 + 10\,500 \times 5\% = 10\,000 \times (1 + 5\%)^2 = 11\,025$（元）

存期三年的终值为$F_3 = 11\,025 + 11\,025 \times 5\% = 10\,000 \times (1 + 5\%)^3 = 11\,576$（元）

工作资料 2-4 某钢铁公司计划 4 年后进行技术改造，需要资金 120 万元，假定按年利率 5%的复利计算。

要求：计算现在应一次存入多少钱。

分析 本任务是已知终值求现值。

由复利终值计算公式得$120 = P(1 + i)^4$，从而$P = 120 \times \dfrac{1}{(1 + 5\%)^4} = 987\,240$（元）

实践总结

1. 复利终值的计算

复利终值的计算公式可总结为 $F = P(1+i)^n$ 。

上述公式中，$(1+i)^n$ 称为复利终值系数或一元的复利终值，用符号 $(F/P,i,n)$ 表示，如 $(F/P,10\%,3)$ 表示年利率 10%，3 年期的复利终值系数。复利终值系数可以通过查复利终值系数表（见本书附录的附表 A）获得，如通过查表可得 $(F/P,5\%,3) = 1.157\,6$ 。

根据复利终值系数的定义，复利终值计算公式又可表示为 $F = P(F/P,i,n)$ 。

利用该公式，可简化计算过程，因而工作资料 2-3 中，存款到期时的终值为 $F = P(F/P,5\%,3) = 10\,000 \times 1.157\,6 = 11576$ （元）。

另外，通过复利终值系数表，不仅可以在已知 i 和 n 的情况下，查找到 1 元的复利终值，而且可在已知 1 元的复利终值和 n 的情况下，查找到 i，或者已知 1 元的复利终值和 i 的情况下，查找并估算出 n 。

2. 复利现值的计算

复利现值是复利终值的逆运算，计算公式为

$$P = F \times \frac{1}{(1+i)^n}$$

上述公式中，$\frac{1}{(1+i)^n}$ 称为复利现值系数或一元的复利现值，用符号 $(P/F,i,n)$ 表示。例如，$(P/F,10\%,3)$ 表示利率 10%，3 年期的复利现值系数。复利现值系数可以通过查复利现值系数表（见本书附录的附表 B）获得，如查复利现值系数表可得 $(P/F,5\%,4) = 0.822\,7$ 。

根据复利现值系数的定义，复利现值计算公式又可表示为 $P = F(P/F,i,n)$ 。

同样，利用该公式，可简化工作资料 2-4 中所求现值的计算过程为 $P = 120(P/F,5\%,4) = 120 \times 0.822\,7 = 987\,240$ （元）。

同理，与复利终值系数表相似，通过复利现值系数表，不仅可以在已知 i 和 n 的情况下查找到 1 元的复利现值，而且可在已知 1 元的复利现值和 n 的情况下，查找到 i，或者已知 1 元的复利现值和 i 的情况下，查找并估算出 n 。

子任务三　年金计算在财务管理实务中的运用

（一）普通年金计算在财务管理实务中的运用

工作资料 2-5　某钢铁公司在某项目的 5 年建设期内，每年年末从银行借款 100 万元，假定借款年利率为 10%。

要求：计算该企业在 5 年后的项目竣工时应支付银行多少钱。

分析　根据前述知识铺垫，本任务就是求普通年金的终值。

$$F = 100 \times (1+10\%)^4 + 100 \times (1+10\%)^3 + 100 \times (1+10\%)^2 + 100 \times (1+10\%) + 100$$

根据等比数列的求和公式，可得

$$F = 100 \times \frac{(1+10\%)^5 - 1}{10\%} = 610.51（万元）$$

工作资料 2-6　小王拟在银行存入一笔款项，想在今后的 5 年内每年年末取出 1 000 元，假设年复利率 10%。

要求：计算现在应一次存入的金额为多少。

分析　根据普通年金现值的定义，本任务是已知年金求现值。

$$P = 1\,000 \times (1+10\%)^{-1} + 1\,000 \times (1+10\%)^{-2} + 1\,000 \times (1+10\%)^{-3} + 1\,000 \times (1+10\%)^{-4} + 1\,000 \times (1+10\%)^{-5}$$

根据等比数列的求和公式，可得 $P = 1\,000 \times \frac{1-(1+10\%)^{-5}}{10\%} = 3\,790.8$（元）。

实践总结

1. 普通年金终值计算

如果用 A 表示年金，其余符号含义同上，则普通年金的终值计算公式可总结为

$$F = A\frac{(1+i)^n - 1}{i}$$

上式中，分式 $\frac{(1+i)^n - 1}{i}$ 称为普通年金终值系数，记作 $(F/A,i,n)$，其含义为：当利率为 i、期数为 n 时，年金为 1 元的普通年金终值，如 $(F/A,10\%,5)$ 表示 1 元的普通年金当利率为 10% 时，经过 5 年期后的终值。针对不同的利率 i 及期数 n，可通过普通年金终值系数表（见本书附录的附录 C）查出具体的系数值。例如，经过查表可得 $(F/A,10\%,5) = 6.1051$。

因此，普通年金终值的计算公式可表示为 $F = A\frac{(1+i)^n - 1}{i} = A(F/A,i,n)$。

根据该公式，工作资料 2-5 中的 $F = 100(F/A,10\%,5) = 100 \times 6.1051 = 610.51$（万元）。

显然，利用普通年金的终值系数可大大简化计算过程。

另外，也可以已知年金终值求年金。这时的年金称为偿债基金，即为偿还若干期后到期的一笔债务，现在每期末的准备金。偿债基金的计算是普通年金终值的逆运算，其计算公式为

$$A = F\frac{1}{(F/A,i,n)}$$

式中，$\frac{1}{(F/A,i,n)}$ 为偿债基金系数。显然，偿债基金系数与普通年金终值系数互为倒数。

2. 普通年金现值计算

期利率为 i，期数为 n，普通年金的现值计算公式为

$$P = A\frac{1-(1+i)^{-n}}{i}$$

同理，上式中，分式 $\frac{1-(1+i)^{-n}}{i}$ 称为年金现值系数，记作 $(P/A,i,n)$。针对不同的利率 i 及期数 n，可通过普通年金现值系数表（见本书附录的附表 D）查出具体的系数值，

如 $(P/A,10\%,5)=3.7908$。

因此，普通年金现值的计算公式为 $P=A\dfrac{1-(1+i)^{-n}}{i}=A(P/A,i,n)$。

根据该公式，工作资料 2-6 中所求的年金现值计算可简化为 $P=1000(P/A,10\%,5)=1000\times3.7908=3790.8$（元）。

显然，也可以已知年金现值求年金。此时的年金称为投资回收额，即指一定时期内等额收回所投入资本或清偿所欠债务的价值。投资回收额的计算是年金现值计算的逆运算。投资回收额的计算公式为

$$A=P\frac{1}{(P/A,i,n)}$$

式中，$\dfrac{1}{(P/A,i,n)}$ 为投资回收系数。显然，投资回收系数与普通年金现值系数互为倒数。

（二）其他年金计算在财务管理实务中的运用

工作资料 2-7 小张在每年年初将奖金 10 000 元存入银行，假设存款年利率为 5%。

要求：计算第 5 年年末小张应该取出多少钱。

分析 根据前述知识铺垫，本任务是计算预付年金的终值。

方法一 由于预付年金的付款时间在每期的始点，而普通年金的付款时间在每期的终点，所以预付年金比对应的普通年金多计算一期利息。因此，预付年金终值可由对应的普通年金终值再乘以 1+5%得到。即

$F=10000(F/A,5\%,5)(1+5\%)=10000\times5.5256\times1.05=58019$（元）

方法二 在第 5 年年末（终值点）添加一个 10 000 元，然后先计算 6 期普通年金的终值，再减去终值点上添加的 10 000 元即可。即

$$\begin{aligned}F&=10000(F/A,5\%,6)-10000\\&=10000[(F/A,5\%,6)-1]\\&=10000\times(6.8019-1)=58019\text{（元）}\end{aligned}$$

工作资料 2-8 某企业投资一项目，每年年初投入 100 万元。假定利息率为 10%，3 年建设期。

要求：计算该项目投资的总现值。

分析 本任务是计算预付年金的现值。

方法一 与预付年金的终值类似，预付年金各期的现值比对应的普通年金各期的现值多一期利息。或者说，按照普通年金现值公式计算预付年金的现值时，将其折算到了现值点的前一期，因而再乘以 1+10%就是预付年金的现值。即

$$\begin{aligned}P&=100(P/A,10\%,3)(1+10\%)\\&=100\times2.4689\times1.10=273.6\text{（万元）}\end{aligned}$$

方法二 去掉现值点上的年金 100 万元，然后先计算两期普通年金的现值，再加上现值点上去掉的 100 万元即可。即

$P=100(P/A,10\%,2)+100=100[(P/A,10\%,2)+1]=100\times(1.7355+1)=273.6$（万元）

工作资料 2-9 现有一递延年金，期限为 7 年，利率为 10%。该递延年金前 3 期都没有发生，即递延期数为 3，第 1 次支付在第 4 期期末，连续支付 4 次，即支付期数为 4，每次支付 100 万元。

要求：计算该递延年金的终值。

分析 该递延年金的终值等同于期数为 4 的普通年金的终值，所以所求的递延年金的终值 $F = 100(F/A,10\%,4) = 100 \times 4.641 = 464.1$（万元）。

工作资料 2-10 小张年初存入银行一笔款项，想要从第 5 年开始每年年末取出 1 000 元，至第 10 年取完。假定年利率为 10%。

要求：计算小张年初应存入的金额为多少。

分析 本递延年金共发生支付 6 次，递延期数为 4。

方法一 计算可分两步走，先计算 6 期普通年金的现值，再按 4 期的复利现值进行折算。即

$P = A(P/A,10\%,6)(P/F,10\%,4) = 1\,000 \times 4.355\,3 \times 0.683 = 2\,975$（元）

方法二 假设递延期也有年金。先按 10 期的普通年金计算现值，再扣除递延期内的年金的现值。即

$P = A[(P/A,10\%,10) - (P/A,10\%,4)] = 1\,000 \times (6.144\,6 - 3.169\,9) = 2\,975$（元）

方法三 先计算递延年金终值，再按复利计算现值。即

$P = A(F/A,10\%,6)(P/F,10\%,10) = 1\,000 \times 7.715\,6 \times 0.385\,5 = 2\,975$（元）

工作资料 2-11 王某持有某公司优先股股票，每年每股股利 5 元，利率 10%。王某想长期持有该股票。

要求：计算现在该股票每股价值为多少。

分析 根据永续年金现值的含义，永续年金的现值可以通过前面普通年金现值的计算公式推导得到。

由于 n 年期的普通年金的现值 $P = 5\dfrac{1-(1+10\%)^{-n}}{10\%}$，当 $n \to \infty$ 时，$(1+10\%)^{-n} \to 0$，所以，永续年金现值 $P = \dfrac{5}{10\%} = 50$（元）。

实践总结

1. 预付年金终值与现值计算

预付年金终值的计算可通过普通年金终值的计算转化后求得。假设预付年金与普通年金付款次数相同，则预付年金终值计算公式为

$$F = A(F/A,i,n)(1+i) \text{ 或 } F = A[(F/A,i,n+1)-1]$$

式中，$(F/A,i,n)(1+i)$ 或 $(F/A,i,n+1)-1$ 为预付年金终值系数，可通过查 n 期的普通年金终值系数之后再乘以 $1+i$ 得到，或通过查 $n+1$ 期的普通年金终值系数之后再减 1 得到。

预付年金现值的计算可通过普通年金现值的计算转化后求得。假设预付年金与普通年金付款次数相同，则预付年金现值的计算公式为

$$P = A(P/A,i,n)(1+i) \text{ 或 } P = A[(P/A,i,n-1)+1]$$

式中，$(P/A,i,n)(1+i)$ 或 $(P/A,i,n-1)+1$ 为预付年金现值系数，可通过查 n 期普通年金现

值系数之后再乘以$1+i$得到，或者通过查$n-1$期普通年金现值系数之后再加 1 得到。

2. 递延年金的终值与现值计算

递延年金的终值实际上是普通年金终值的特殊情况，其计算公式为$F = A(F/A,i,n)$。这里的n是指递延年金中实际发生支付的期数。

假设没有年金的期限为m期$(m>1)$，有年金的期限为n期$(n>m)$，则递延年金现值的计算公式为

$$P = A(P/A,i,n)(P/F,i,m)$$

或

$$P = A[(P/A,i,m+n)-(P/A,i,m)]$$

或

$$P = A(F/A,i,n)(P/F,i,m+n)$$

3. 永续年金的现值

由于永续年金持续期无限，没有终止的时间，所以没有终值，只能计算现值。

永续年金现值的计算公式为

$$P=\frac{A}{i}$$

任务二　风险价值观念的运用

分析思路

风险无处不在，企业财务活动同样是在有风险的情况下进行的。企业要想冒着风险进行投资得到相应的额外报酬即风险报酬，就必须研究风险，计量或评估风险，设法规避或控制风险，以求获得最大的收益，增加企业财富。

知识铺垫

（一）风险的含义

在早期的运用中，风险是指客观的危险，体现为自然灾害或航海遇到礁石、风暴等事件。随着人类活动的复杂性和深刻性的日益深化，风险的含义也在不断演化。现代意义上的风险一词，已经大大超越了“遇到危险”的狭义含义，而被赋予更广泛、更深层次的含义，且与人类的决策和行为后果联系越来越紧密。风险一词也成为人们生活中出现频率很高的词汇。

目前，学术界对风险还没有统一的定义，但总的来说大致有以下两种观点。

一种定义强调风险表现为不确定性。例如，用摇奖机摇出中奖号码，哪个号码组合能中奖确实不能事先准确预知。如果风险表现为不确定性，说明风险只能表现出损失，而没有从风险中获利的可能性。

另一种定义则强调风险表现为损失的不确定性。如果风险表现为损失的不确定性，说明风险产生的结果可能带来损失、获利或是无损失也无获利。金融风险属于此类。

（二）风险的类别

1. 按投资主体分类

按投资主体的不同，风险可分为市场风险和公司特有风险。

① 市场风险。市场风险是指由对所有企业都发生影响的因素引起的风险，如战争、通货膨胀、高利率、经济衰退等。市场风险涉及的是企业所处的宏观环境，企业无法通过有效的投资组合来分散或消除这类风险，所以又称为不可分散风险或系统风险。

② 公司特有风险。公司特有风险是指由发生在个别企业的特有事件所造成的风险，如诉讼失败、研发新产品失败、失去销售市场等。这类风险涉及的是企业所处的微观环境，并非所有企业都会发生，有较大的随机性，可以通过多元化的投资来分散或消除，故此类风险称为可分散风险或非系统风险。

2. 按形成原因分类

按形成原因的不同，公司特有风险又分为经营风险和财务风险。

① 经营风险。经营风险是指企业因经营上的原因，如经营环境的变化、经营方式的改变或经营决策失误等所产生的不利影响，也称为商业风险。经营风险可通过加强市场调查，提高企业各方面素质来降低。

② 财务风险。财务风险是指公司财务结构不合理、融资不当使公司可能丧失偿债能力而导致投资者预期收益下降的风险。财务风险表现为两方面：一是因负债而产生的丧失偿债能力的可能性；二是因借款而使企业所有者收益下降的可能性。财务风险是企业在财务管理过程中必须面对的一个现实问题，是客观存在的。企业管理者对财务风险只有采取有效措施来降低，而不可能完全消除风险。

（三）风险报酬

风险报酬是投资者因冒风险进行投资而要求的超过资金时间价值那部分的额外报酬。风险报酬有两种表示方法：一种是风险报酬额，是指投资者因冒风险进行投资而获得的超过时间价值的那部分额外报酬，具体体现为投资收益与预期收益的差额，是绝对量；另一种是风险报酬率，即投资者因承担风险而获得的超过时间价值率的那部分额外报酬率，即风险报酬额与原投资额的比率，是相对量。

在财务管理中，风险报酬通常用相对数——风险报酬率来表示。讲到风险报酬，一般是指风险报酬率。例如，N 股份公司投资报酬率为 15.59%，资金时间价值为 8%，则风险报酬率为 7.59%。如果 A 公司持 N 公司股票 200 万元，则 A 公司从 N 公司获得的风险报酬额为 200×7.59%=15.18（万元）。

风险报酬率是投资项目报酬率的一个重要组成部分，如果不考虑通货膨胀因素，投资报酬率就是资金的时间价值率与风险报酬率之和。风险和报酬的基本关系是风险越大，要求的报酬率越高。

（四）风险的计量

风险是客观存在的，它广泛影响着企业的财务和经营活动，因此正视风险并将风险程度予以量化，进行较为准确的衡量，便成为企业财务管理中的一项重要工作。风险的衡量需要使用概率与统计方法，通常用到的有概率、期望、离散程度等概念。

1. 概率及其分布

自然界中存在两种常见的现象：一种是确定性现象，如电荷之间同性相斥异性相吸、上抛物体会下落等；另一种是随机现象，即在一定的条件下具有多种可能发生的结果的现象，如掷硬币、掷骰子等。我们把随机现象中的每个结果称为随机事件，如掷硬币发生的“正面向上”的结果就是一种随机事件。

某一事件的概率是指这一事件可能发生的机会，一般用百分数或小数来表示。通常将必然发生的事件的概率定为 1，把不可能发生的事件的概率定为 0，显然，随机事件发生的概率是介于 0 和 1 之间的某个数值。概率的数值越大，发生的可能性越大。

假设某随机现象共有 n 种可能的结果，将其中第 i 种结果用 X_i 表示，发生的概率记为 p_i，则随机事件概率应符合以下两个条件。

① 所有概率（p_i）都在 0 和 1 之间，即 $0\leqslant p_i\leqslant 1$。

② 所有结果的概率之和等于 1，即 $\sum_{i=1}^{n} P_i=1$。

将随机现象中的各种结果按一定规则进行排列，同时列出其对应的概率，这一完整的描述就称为随机事件的概率分布。如表 2.1 所示就是长江化工股份有限公司 2014 年两个投资项目预期报酬的概率分布。

表 2.1　项目 A、B 预期报酬的概率分布

经济情况	概　率	A 项目预期报酬	B 项目预期报酬
较好	0.3	40%	16%
一般	0.5	10%	15%
较差	0.2	−10%	13.5%

2. 期望

期望是概率分布中所有可能的结果，以其各自的概率为权数计算的加权平均值。其计算公式为

$$\overline{E}=\sum_{i=1}^{n} X_i \cdot P_i$$

3. 离散程度

离散程度是用以衡量风险大小的统计指标。反映随机变量离散程度的常用指标主要有方差、标准离差、标准离差率 3 项。

（1）方差

方差是用来表示随机变量与期望值之间离散程度的一个量。其计算公式为

$$\sigma^2=\sum_{i=1}^{n}(X_i-\overline{E})^2\cdot P_i$$

（2）标准离差

标准离差也是用来表示随机变量的预期值偏离期望值的程度的。标准离差也叫标准差或均方差，是方差的平方根。其计算公式为

$$\sigma=\sqrt{\sum_{i=1}^{n}(X_i-\overline{E})^2\cdot P_i}$$

（3）标准离差率

标准离差率是标准离差与期望值的比值，是用相对数表示的离散程度，即风险大小。其计算公式为

$$q=\frac{\sigma}{\overline{E}}$$

任务实施

工作资料 2-12　长江化工股份有限公司 2015 年两个投资项目预期报酬的概率分布如表 2.1 所示。

要求：（1）分别计算 A、B 投资项目的期望报酬率。

（2）分别计算 A、B 投资项目的标准离差。

（3）分别计算两个投资项目的标准离差率。

（4）运用期望报酬率、标准离差和标准离差率等指标综合比较分析 A、B 投资项目的风险大小。

分析　根据前述知识铺垫，投资项目风险大小可以利用期望、标准离差和标准离差率等指标综合比较分析。

（1）投资项目的期望报酬率 $\overline{E}=\sum_{i=1}^{n}X_i\cdot P_i$

A 项目的期望报酬率=0.3×40%+0.5×10%+0.2×(−10%)=15%

B 项目的期望报酬率=0.3×16%+0.5×15%+0.2×13.5%=15%

（2）投资项目的标准离差 $\sigma=\sqrt{\sum_{i=1}^{n}(X_i-\overline{E})^2\cdot P_i}$

A 项目的标准离差=$\sqrt{(40\%-15\%)^2\times0.3+(10\%-15\%)^2\times0.5+(-10\%-15\%)^2\times0.2}$

=18.03%

B 项目的标准离差=$\sqrt{(16\%-15\%)^2\times0.3+(15\%-15\%)^2\times0.5+(13.5\%-15\%)^2\times0.2}$

=0.87%

（3）投资项目的标准离差率 $q=\frac{\sigma}{\overline{E}}$

A 项目标准离差率=σ/E=18.03%÷15%=1.202

B 项目标准离差率=σ/E=0.87%÷15%=0.058

（4）从（1）的计算结果可知 A、B 两项目的期望值相同，仅从期望值上看，难以判断项目 A、B 的好坏；从（2）的计算结果可知 A 项目的标准离差远大于 B 项目的标准离差，说明 A 项目的风险比 B 项目的风险大；从（3）的计算结果可知 A 项目的标准离差率比 B 项目大，说明 A 项目比 B 项目风险大。

实践总结

投资项目风险大小可以利用期望、标准离差和标准离差率等指标综合比较分析，但需要注意以下几点。

① 期望收益反映预计收益的平均化，在各种不确定因素的影响下，它代表着投资者的合理预期。一般情况下，如果仅从期望值上判断，期望值大的项目要优于期望值小的项目。然而，项目的好坏除了考虑期望收益外，还需要用离散程度来衡量其风险大小才能较全面、准确地判断。

② 在期望值相同的情况下，标准离差（或方差）越大，说明分散程度越大，其风险也就越大；标准离差（或方差）越小，其风险也就越小。但标准离差（或方差）是一个绝对数，只能用于比较期望值相同的各个投资项目的风险程度。如果各项目的期望值不同，还要进一步计算标准离差率，才能准确比较其风险程度的大小。

③ 在期望值相同或不同的情况下，标准离差率越大，风险越大；标准离差率越小，风险越小。

通过上述方法将决策方案的风险进行量化后，决策者便可以据此作出决策。对于多个方案择优，决策者应选择低风险、高收益的方案，即选择标准离差（率）最低、期望收益最高的方案。然而，在实践中高收益往往伴随着高风险，究竟选择哪种方案，还要看决策者对待风险的态度。一般情况下，对风险比较敏感的人可能会选择期望收益较低同时风险也较低的方案，而喜欢冒险的人则可能选择风险较高同时收益也较高的方案。

课后自测

基础知识训练

一、单项选择题

1．在其他条件相同的情况下（期数>1），单利现值比复利现值（　　）。

A．大　　B．小　　C．相等　　D．无法肯定

2．某人将 1 000 元存入银行，银行的年利率为 6%，按复利计算，则 4 年后此人可从银行取出（　　）。

A．1 200 元　　B．1 464 元　　C．1 262 元　　D．1 400 元

3．某人拟在 3 年后用 20 000 元购买电脑，银行年复利率为 6%，此人现应存入银行（　　）。

A．12 000 元　　B．13 432 元　　C．16 800 元　　D．11 349 元

4．一定时期内每期期初等额收付的系列款项称为（　　）。

A．先付年金　　B．后付年金　　C．递延年金　　D．永续年金

5．与年金终值系数互为倒数的是（　　）。

A．年终现值系数　　B．资本回收系数

C．复利现值系数　　D．偿债基金系数

6．距今若干期以后发生的系列等额收付款项称为（　　）。

A．后付年金　　B．预付年金　　C．递延年金　　D．永续年金

7．某人出国 3 年，请你代付房租，每年租金 10 000 元，假设银行存款复利率为 10%，则他应当现在给你在银行存入（　　）。

A．30 000 元　　B．24 870 元　　C．27 000 元　　D．39 930 元

8．某公司准备设立奖金，现在存入一笔现金，预计以后无限期地在每年年末支取利息 20 000 元。在存款年利率为 4%的条件下，现在应存款（　　）。

A．250 000 元　　B．500 000 元　　C．216 000 元　　D．225 000 元

9．从财务的角度来看，风险主要是指（　　）。

A．生产经营风险　　B．举债经营产生的风险

C．不可分散的市场风险　　D．无法达到预期报酬率的可能性

10．甲方案的标准离差是 1.42，乙方案的标准离差是 1.06，如甲、乙两方案的期望值相同，则甲方案的风险与乙方案的风险相比（　　）。

A．甲方案大于乙方案　　B．甲方案小于乙方案

C．相等　　D．无法确定

二、多项选择题

1．对于资金的时间价值来说，表述正确的是（　　）。

A．资金的时间价值不可能由时间创造，而只能由劳动创造

B．只有把货币作为资金投入生产经营才能产生时间价值，即时间价值是在生产经营中产生的

C．资金时间价值的相对数是扣除风险报酬和通货膨胀贴水后的平均利润率

D．资金时间价值的绝对数是资金在生产经营过程中带来的真实增值额

E．资金时间价值是对投资者推迟消费的耐心给予的报酬

2．在利率一定的条件下，随着期限的增加，表达正确的是（　　）。

A．复利现值系数变小　　B．复利终值系数变大

C．普通年金现值系数变大　　D．普通年金终值系数变大

3．属于年金的是（　　）。

A．定期发放的固定养老金　　B．每月的固定工资

C．按直线法计算的折旧额　　D．每年固定的租金

4．企业要做好财务工作，必须认真考虑（　　）因素。

A．资金时间价值　　B．风险报酬

C．利息率　　D．企业内、外部环境

5．某项目从现在开始投资，2 年内没有回报，从第 3 年年末开始每年获利额为 A，获利年限为 5 年，则该项目利润的现值为（　　）。

A．$A\times(P/A,i,5)\times(P/F,i,3)$　　B．$A\times(P/A,i,5)\times(P/F,i,2)$

C．$A\times(P/A,i,7)-A\times(P/A,i,2)$　　D．$A\times(P/A,i,7)-A\times(P/A,i,3)$

6．企业经营风险是（　）。

A．销售量变动引起的风险　　B．外部环境变化造成的风险

C．筹资决策带来的风险　　D．借款带来的风险

7．企业因借款而增加的风险称为（　　）。

A．经营风险　B．财务风险　C．市场风险　D．筹资风险

8．关于风险报酬，表述正确的有（　　）。

A．风险报酬有风险报酬额和风险报酬率两种表示方法

B．风险越大，获得的风险报酬一定越高

C．风险报酬额是指投资者因冒风险进行投资所获得的超过时间价值的那部分额外报酬

D．风险报酬率是风险报酬与原投资额的比率

E．在财务管理中，风险报酬通常用相对数即风险报酬率来加以计量

9．在财务管理中，衡量风险大小的指标有（　　）。

A．标准离差　B．标准离差率　C．期望值　D．平均报酬率

10．下列说法正确的是（　）。

A．资金风险价值有两种表示方法：风险收益额和风险收益率

B．预期收益越大，该方案越值得选择

C．标准离差越大，风险越小

D．标准离差越小，风险越小

三、判断题

1．货币的时间价值是由时间创造的，因此所有货币都有时间价值。（　）

2．通常情况下，资金时间价值相当于没有风险和通货膨胀条件下社会平均资金利润率。（　）

3．企业每月初支付的等额工资叫预付年金。（　）

4．年金现值系数与年金终值系数互为倒数。（　）

5．永续年金与其他年金一样，既有现值也有终值。（　）

6．在终值和计息期数一定情况下，贴现率越低，复利现值也越大。（　）

7．递延年金的现值，计算方法与普通年金现值相同。（　）

8．风险和报酬率的关系是风险越大，报酬率也就一定会越高。（　）

9．预期收益相同的情况下，概率分布越集中，实际可能的结果就会越接近预期收益，风险程度就越小。（　）

10．单利和复利是两种不同的计息方法，所以单利终值和复利终值在任何情况下都不可能相同。（　）

四、问答题

1．什么是资金的时间价值？怎样理解资金的时间价值？

2．举例说明复利终值与年金终值、复利现值与年金现值的区别。

3．年金有哪几种类型？先付年金和普通年金之间具有怎样的关系？

4．如何衡量风险的大小？风险与报酬关系如何？

实践训练

1．小张目前准备购房。同样的房子，两个方案可供选择：一是现价 28 万元期房（一年期），二是一年后 30 万元现房。假设当时资金报酬率为 10%，在其他条件一样的情况下，他应选择哪个购房方案。

2．某人拟在 2 年后去旅游，需要 10 000 元，如果银行复利率为 3%，他现在应存入多少钱？

3．甲企业欲在 5 年后购买某设备，设备款为 50 000 元。从现在起每年年末存入银行 8 600 元，银行复利率为 4%。问甲企业 5 年后能否用银行存款购买该设备？又，甲企业每年年末至少应存入多少钱，才能在 5 年后购买该设备？

4．李老师想买一辆轿车。假设年利率为 12%，请你帮他计算一下，他是花 10 万元现金一次性购买合算，还是分期付款，每月付 5 000 元，共付 2 年合算？（提示：月利率=年利率/12）

5．乙公司于 2016 年年初投资一生产线，投资额为 4 000 万元。投产后预计每年年末产生的净收益为 900 万元，共 6 年。如果投资额全部由借款形成，借款利率为 7%，在考虑时间价值的情况下，试求：投产后各年产生的净收益能否回收资本？如果回收资本，至少每年年末应产生多少净收益？

6．王某拟投资某公司股票，预计一年期收益率如表 2.2 所示。

表 2.2　预计收益及概率分布

发生的概率	0.1	0.2	0.4	0.2	0.1
可能的收益率	−10%	5%	20%	35%	50%

要求：确定该股票投资的期望收益率和标准差？

7．某公司在下一会计年度准备将现有闲置资金对外投资。现有甲、乙、丙 3 家公司可供选择，这 3 家公司的年报酬率及概率的资料如表 2.3 所示。

表 2.3　甲、乙、丙 3 家公司的年报酬率及概率分布

市场状况	发生概率	投资报酬率		
		甲公司	乙公司	丙公司
繁荣	0.3	40%	50%	60%
一般	0.5	20%	20%	20%
较差	0.2	0	−15%	−30%

要求：作为该公司的财务经理，希望投资于期望报酬率较高而风险较低的公司，应如何选择？

模拟沙盘实训

划分学习小组，以小组为单位选择金蝶软件（中国）有限公司“理财之道——财务管理电子对抗系统”实训软件或类似财务管理实训软件开展沙盘模拟演练。

1．初步了解资金时间价值在企业各项财务活动中的运用。

2．明确资金时间价值和投资风险价值在企业经营管理中的重要性。

3．了解经营风险和财务风险的特点及区别。

项目三

项目投资管理

项目引言

随着社会经济的不断发展，现代社会到处充满了投资机会，我们都希望通过一个投资项目来获取利润。大学毕业的你是否想通过投资一个项目来进行创业呢？不同的投资项目投资额不同，项目时间长短不同，是不是只要收回的利润额高于投资额，就可以判定这是一个可行的项目呢？是不是还应该考虑在上一个项目中学过的资金时间价值呢？那么，企业是如何衡量一个投资项目是否可行呢？本项目将为你介绍评价项目投资常用的评价方法。

项目内容概述

所谓项目投资，是指以特定建设项目为投资对象的一种长期投资行为。项目投资具有投资内容独特、投资数额多、影响时间长、发生频率低、变现能力差和投资风险大的特点，对企业的稳定与发展、未来盈利能力和长期偿债能力都具有重大影响。

工业企业的项目主要分为以新增生产能力为目的新建项目和以恢复或改善生产能力为目的的更新改造项目两大类。新建项目按其涉及内容还可以进一步细分为单纯固定资产投资项目和完整工业企业投资项目。单纯固定资产投资项目简称固定资产投资；完整工业企业投资项目不仅是对固定资产的投资，还包括流动资产、其他长期项目（如无形资产）的投资。因此，不能将项目投资简单地视为固定资产投资。

本项目主要包括投资现金流量的估算和项目投资决策分析等任务。

知识目标

现金流量的含义及估算方法；投资项目决策方案的评价指标及计算。

能力目标

能够对投资项目的现金流量进行估算；能够运用投资利润率、投资回收期、净现值法、现值指数和内含报酬率等指标评价某个具体项目投资的可行性。

任务一　项目投资现金流量估算

分析思路

判断一个项目是否可行，通常先考虑到利润，而在整个投资有效年限内，利润总额与现金流量总计是相等的，因此现金流量可以替代利润作为评价投资盈利性的指标。利润在各年的分布受折旧方法等人为因素的影响，而现金流量的分布不受这些人为因素的影响，可以保证评价的客观性。在投资分析中，现金流动状况比盈亏状况更重要，因此，在项目投资评价中多采用现金流量进行分析。

知识铺垫

所谓现金流量，在投资决策中是指一个投资项目引起的企业现金支出和现金收入增加的数量。对投资项目的现金流量进行估算，首先要了解关于项目投资的一些相关概念。

（一）项目投资的相关概念

1．项目计算期（或寿命期）

项目计算期是指投资项目从投资建设（建设起点）开始到最终清理（终结点）结束整个过程的全部时间，包括建设期和生产经营期。其中，建设期的第 1 年年初称为建设起点，建设期的最后一年年末称为投产日，从建设起点至投产日之间的时间间隔称为建设期；终结点是指项目计算期的最后一年年末，从投产日到终结点之间的时间间隔称为生产经营期。

项目计算期=项目建设期+生产经营期

为方便计算，用公式表示如下。

$$n=s+p$$

式中，n 为项目计算期；s 为项目建设期；p 为生产经营期。

2．原始投资额（原始总投资）

原始投资额是指企业为使项目完全达到设计生产能力、开展正常生产经营而投入的全部现实资金。其计算公式如下。

原始投资额=建设投资+流动资金投资

式中，建设投资=固定资产投资+无形资产投资+开办费。

3．投资总额

投资总额是反映项目投资总体规模的价值指标，包括原始投资额和建设期资本化利息。其计算公式如下。

投资总额=原始投资额+建设期资本化利息

4．资金投入方式

原始总投资的投入方式一般包括一次投入和分次投入两种形式。一次投入是投资行为集中一次发生在项目计算期第 1 个年度的年初或年末；分次投入是投资行为涉及两个或两个以上年度，或虽然只涉及一个年度但同时在该年的年初和年末发生。

（二）现金流量的假设

1．投资项目类型假设

假设投资项目只包括单纯固定资产投资项目、完整工业投资项目和更新改造项目 3 种类型。

2．财务可行性分析假设

假设投资项目除财务可行性有待进一步分析外，其他方面是可行的。

3．全投资假设

项目投资的主体可以是所有者，也可以是债权人。假设全部投资均为自有资金，即投资者投入资金。

4．建设期投入全部资金假设

无论项目的原始总投资是一次投入还是分次投入，除个别情况外，假设它们都是在建设期内投入的。

5．经营期与折旧年限一致假设

假设项目主要固定资产的折旧年限或使用年限与经营期相同。

6．时点现金流量假设

假设投资额均发生在建设期有关年度的年初；流动资金投资则在建设期末发生；经营期内有关收入、成本、折旧、摊销、利润税金等项目的确认均在年末发生；项目最终报废或清理均发生在终结点（但更新改造项目除外）。

（三）现金流量的内容

项目投资的现金流量主要包括现金流入量、现金流出量和净现金流量。

1．现金流入量

现金流入量是指能够使投资方案的现实货币资金增加的项目，简称现金流入量。它主要包括以下几项。

① 营业收入。这是指项目投产后每年实现的全部销售收入或业务收入。营业收入是经营期主要的现金流入量项目。

② 回收的固定资产残值。这是指投资项目的固定资产在报废清理时所收回的价值。这项现金流入一般发生在项目计算期最后一年的年末，即发生在项目计算期的终结点。

③ 回收的流动资产。这是指生产经营期结束时回收的原垫付的全部流动资金投资额。这项现金流入一般发生在项目计算期的终结点。

④ 其他现金流入量。这是指以上 3 项之外的现金流入项目。

2．现金流出量

现金流出量是指能够使投资方案的现实货币资金减少或需要动用现金的项目，简称现金流出量。它主要包括以下几项。

① 建设投资。这是指在建设期内按一定生产经营规模和建设内容所进行的固定资产、无形资产和开办费等各项投资的总和。它是建设期内发生的主要现金流出量。固定资产投资加建设期资本化利息应作为固定资产原值，但建设期的利息不作为现金流出量。

② 流动资产投资。这是指在项目投产后前后分次或一次投放于建设期、生产经营周转使用的营运资金。垫支的流动资金一般假定发生在建设期期末（或发生在生产经营期的期初）。

③ 付现的经营成本。这是指项目投产后在经营期内为满足正常生产经营活动而用现实货币资金支付的成本费用，是生产经营期最主要的现金流出费用。它是当年的总成本费用（不含财务费用）扣除该年折旧额、无形资产和开办费的摊销额等项目后的余额。这是因为总成本费用中包含了一部分非现金流出的内容，这些内容虽然也是成本，但不需动用现实的货币资金支出，所以不属于付现的经营成本。

值得注意的是，在计算项目投资的付现成本时是不扣除财务费用的，因为财务费用属于筹资范畴。

④ 经营期相关税金。这是指项目投产后依法缴纳并单独列示的各种税款，包括营业税金及附加和调整所得税等。

⑤ 其他现金流出。这是指不包括在以上各内容中的现金流出项目。

3．净现金流量（或称现金净流量）

投资项目的净现金流量（NCF），是指在项目计算期内由建设项目每年现金流入量与同年现金流出量之间的差额所形成的序列指标。它是计算项目投资决策评价指标的重要依据。其计算公式如下。

净现金流量（NCF）=该年现金流入量-该年现金流出量

一个项目从项目投资到项目结束，经历了项目建设期、生产经营期。经营期内若不追加投资，各期净现金流量的简化计算公式如下。

建设期内某年净现金流量=-该年发生的原始投资额

经营期内某年净现金流量=该年利润+该年折旧+该年摊销+该年利息+该年回收额

备注：按照我国现行制度规定，在项目的财务可行性研究中，该公式中的利润一般指净利润。

任务实施

工作资料 3-1 长江化工股份有限责任公司在2016年拟投资某长期项目A，需要固定资产投资500万元，开办费投资30万元，流动资金投资100万元。建设期为1年，建设期发生的与购建固定资产有关的资本化利息30万元。固定资产投资和开办费投资于建设起点一次性投入，流动资金于完工时（即第1年年末）投入，于终结点一次性回收。该项目的寿命期为10年，固定资产采用直线法计提折旧，期满有50万元净残值，开办费于投产年一次摊销完毕，在经营的前3年中，每年归还借款利息30万元，预计投产后各年的利润分别为68万元、110万元、130万元、120万元、140万元、180万元、200万元、220万元、210万元、200万元。

要求：对该项目各年的净现金流量进行估算。

分析　根据工作资料可知，这是一个新建项目，建设期 1 年，生产经营期 10 年，可知项目计算期为 11 年。计算净现金流量的关键是经营期的净现金流量，资料中已经预计了经营期每年的利润，找出每年的折旧额、开办费摊销额等便可计算出经营期每年的净现金流量。计算有关指标如下。

（1）项目的计算期=1+10=11（年）

（2）固定资产原值=固定资产投资+资本化利息

=500+30=530（万元）

（3）固定资产的年折旧$=\dfrac{\text{固定资产原值}-\text{净残值}}{\text{使用年限}}$

$=\dfrac{530-50}{10}=48$（万元）

（4）终结点年回收额=固定资产的净残值+流动资金回收额

=50+100=150（万元）

（5）项目建设期内某年的净现金流量=−该年发生的原始投资额

NCF0=−(500+30)=−530（万元）

NCF1=−100（万元）

（6）经营期内某年净现金流量=该年利润+该年折旧+该年摊销+该年利息+该年回收额

NCF2= 68+48+30+30+0=176（万元）

NCF3=110+48+0+30+0−188（万元）

NCF4=130+48+0+30+0=208（万元）

NCF5=120+48+0+0+0=168（万元）

NCF6=140+48+0+0+0=188（万元）

NCF7=180+48+0+0+0=228（万元）

NCF8=200+48+0+0+0=248（万元）

NCF9=220+48+0+0+0=268（万元）

NCF10=210+48+0+0+150=408（万元）

实践总结

现金流量是投资项目进行决策评价的重要指标，在运用不同的项目投资评价指标之前，都需要对该项目的现金流量进行估算。不同于我们在会计利润中采用的权责发生制，现金流量是根据收付实现制来计算的。

在估算现金流量时，除了要掌握具体方法外，还要理解现金流量的概念，主要把握以下 3 个要点。

① 投资决策中使用的现金流量，是投资项目的现金流量，是特定项目引起的。

② 现金流量计算遵循的最基本的原则是：只有“增量”现金流量才是与项目相关的现金流量。

③ 这里的“现金”是广义的现金，不仅包括各种货币资金，而且包括项目需要投入企业拥有的非货币资源的变现价值（或重置成本）。

任务二　项目投资决策分析

分析思路

项目投资决策分析通常是用投资决策评价指标来进行的，是据以进行方案决策的定量化标准与尺度。它是由一系列综合反映长期投资的效益和项目投入与产出关系的量化指标构成的指标体系。通过具体的投资项目，运用不同的评价指标，可以对投资项目的可行性优劣进行有效的衡量和比较。

知识铺垫

项目投资决策分析方法按是否考虑资金时间价值可以分为非折现评价指标和折现评价指标两大类。

① 所谓非折现指标就是没有考虑资金时间价值，也称静态投资评价指标。其计算简单，便于理解，包括投资利润率和投资回收期等。

② 所谓折现评价指标就是考虑了资金时间价值，也称动态投资评价指标。虽然它的计算稍微复杂，但是更贴近实际，更为科学合理，包括净现值、净现值率、现值指数、内含报酬率等。

（一）非折现评价指标

1．投资利润率法

投资利润率又称投资报酬率（记作 ROI），是指生产经营期正常年份的年均息税前利润占项目总投资的百分比。其计算公式如下。

$$投资利润率=\frac{年均息税前利润}{投资总额}\times100\%$$

注意：投资总额包含资本化利息，不是原始总投资。

它的决策标准是：采用投资利润率进行决策分析时，首先应确定企业希望达到的预期收益率，再计算投资项目的投资利润率，如果投资项目的投资利润率达到或超过预期收益率，则该投资项目可行，反之，则该项目不可行。当有多个投资项目决策时，在均超过预期收益率的条件下，项目投资的利润率越高越好，选择投资利润率最高的项目。

2．投资回收期法

投资回收期，又称静态投资回收期（简称回收期），是指收回原始投资额所需要的时间。该指标以年为单位。显然，在其他条件相同的情况下，回收期越短，方案越有利。投资回收期的计算公式如下。

$$投资回收期（PP）=累计净现金流量出现正值的年份-1+\frac{该年年初尚未收回的投资额}{该年现金净流量}$$

特例　若经营期各年净现金流量相等，其计算公式可简化为：

$$投资回收期（PP）=建设期（年）+\frac{原始投资额}{经营期年现金净流量}$$

它的决策标准是：采用投资回收期进行决策分析时，首先应确定企业主观上希望达到的既定的预期回收期，再计算投资项目的投资回收期，如果投资项目的投资回收期小于预期回收期，则该投资项目可行，反之，则该项目不可行。当有多个投资项目决策时，在均超过小于预期回收期的条件下，项目投资的回收期越短越好，选择投资回收期最短的项目。

（二）折现评价指标

1．净现值法

净现值法包括净现值和净现值率两个指标。

（1）净现值

净现值（记作 NPV），是指在项目计算期内，按设定折现率或基准收益率计算的各年净现金流量现值的代数和。其计算公式如下。

$$\begin{aligned}\text{NPV}&=各年净现金流量现值的代数和\\&=\sum_{t=0}^{n}\text{NCF}_t(P/F,i,n)\end{aligned}$$

式中，i 为该项目设定的折现率；（$P/F,i,n$）为第 n 年折现率 i 的复利现值系数。

它的评价标准如下。

① 对独立投资项目进行采纳与否决策时，如果净现值大于或等于 0，说明该项目贴现以后的现金流入大于或等于贴现以后的现金流出，说明该投资项目的投资报酬率大于或等于预定的贴现率，该方案可行；如果净现值小于 0，说明该项目贴现后的现金流入小于贴现后的现金流出，该项目的投资报酬率小于预定的贴现率，该方案不可行。

② 在互斥项目选择的决策中，应采用净现值是正值中的最大者。

③ 在资本无限量、多个不相关项目的选择中，应选择净现值为正的所有投资项目；在资本有限量、多个不相关项目的选择中，应以净现值为基础，结合现值指数来进行项目投资组合的决策。

（2）净现值率

净现值率（记作 NPVR），是指投资项目的净现值占建设期投资现值总和的比率。也可将其理解为单位投资现值所创造的净现值。其计算公式如下。

$$净现值率（\text{NPVR}）=\frac{净现值(\text{NPV})}{建设期各年投资额的现值和}\times 100\%$$

它的决策标准如下。

① 在独立投资项目是否采纳的决策中，净现值率大于或等于 0 的方案，其净现值必定大于或等于 0，该方案可行；反之，净现值率小于 0 的方案，其净现值必定小于 0，该方案不可行。

② 在进行不同方案的比较时，净现值率高的方案，说明其单位投资获取净现值的能力较强，方案较优；反之，净现值率低的项目，说明其单位投资获取净现值的能力较低，方案较差。

2. 现值指数法

现值指数（记作PI）也称获利指数，是指按行业基准折现率或设定折现率折算的经营期各年现金净流量的现值和与建设期各年投资现值和的比率。其计算公式如下。

$$\text{现值指数（PI）}=\frac{\text{经营期各年现金净流量现值的代数和}}{\text{建设期各年投资额的现值和}}$$

由上面公式可知：现值指数（PI）=1+净现值率（NPVR）。

它的决策标准如下。

① 对于独立投资项目采纳的决策，如果投资项目的现值指数大于或等于1，表明该方案贴现的收支相比较，收益大于或等于投资，该方案可行；反之，如果投资项目的现值指数小于1，表明该方案贴现的收支相比较，收益小于投资，该方案不可行。

② 如果几个方案的现值指数均大于1，那么现值指数越大，投资方案越好。

3. 内含报酬率法

内含报酬率（记作IRR），是指项目投资实际可望达到的收益率。实际上，它是能使项目的净现值等于0时的折现率。显然，内含报酬率应满足下列等式。

$$\text{NPV}=\sum_{t=0}^{n}\left[\text{NCF}_t(P/F,\text{IRR},t)\right]=0$$

内含报酬率的计算有以下两种情况。

（1）如果全部投资均于建设起点一次投入，建设期为0，并且投产后每年的净现金流量相等。内含报酬率按下面的过程计算。

第一，计算年金现值系数。

$$\text{年金现值系数}=\frac{\text{原始投资额}}{\text{每年净现金流量}}$$

即 $(P/A,\ \text{IRR},\ n)=\dfrac{I}{\text{NCF}}$

式中，I为原始投资额。

第二，根据计算出来的年金现值系数，查年金现值系数表，如果能直接查到上面所计算的年金现值系数，其对应的折现率即为内含报酬率；如果在年金现值系数表上不能直接查出上面计算出来的折现率，则可以利用年金现值系数表上同期略大和略小的两个年金现值系数及对应的折现率（按照有关规定，两个折现率之间的差不得大于5%），然后利用插值法（具体计算方法将在后面的子任务中做介绍）求出投资项目的内含报酬率。

（2）如果每年净现金流量不等，需采用逐次测试法

① 先设定一个折现率i_1，用该折现率计算投资项目的净现值。如果该折现率能使项目净现值等于0，该折现率就是投资项目的内含报酬率。

② 如果计算出的净现值大于0，说明设定的折现率小于内含报酬率，应提高折现率继续测试。

③ 如果计算的投资项目的净现值小于0，说明设定折现率大于内含报酬率，应降低折现率继续测试。

内含报酬率法的决策标准如下。

① 如果单一投资项目的内含报酬率大于资金成本率，则该项目可行；反之，该项目不可行。

② 多个内含报酬率均大于资金成本的项目比较，如果投资额相同，那么内含报酬率和资金成本率相差最大的方案最好；如果是原始投资额不同的项目，则应比较其“剩余收益”——即“投资额×(内含报酬率-资金成本率)”。剩余收益最大者为最优方案。

（三）折现率的确定

在财务可行性评价中，折现率（ic）是指计算动态评价指标所依据的一个重要参数。财务可行性评价中的折现率可以按以下方法确定。

① 以拟投资项目所在行业(而不是单个投资项目)的权益资本必要收益率作为折现率，适用于资金来源单一的项目。

② 以拟投资项目所在行业（而不是单个投资项目）的加权平均资金成本作为折现率，适用于相关数据齐备的行业。

③ 以社会的投资机会成本作为折现率，适用于已经持有投资所需资金的项目。

④ 以国家或行业主管部门定期发布的行业基准资金收益率作为折现率，适用于投资项目的财务可行性研究和建设项目评估中的净现值及净现值率指标的计算。

⑤ 完全人为主观确定折现率，适用于按逐次测试法计算内含报酬率指标。

本项目中使用的折现率，按第④种方法或第⑤种方法确定。

任务实施

子任务一　投资利润率法的运用

工作资料 3-2　长江化工股份有限责任公司在 2016 年拟投资一条生产线，经公司研究现有两个方案可供选择，经营期都是 5 年，预期收益率为 10%。投资与预计息税前利润如表 3.1 所示。

表 3.1　投资项目的投资与息税前利润情况　　万元

方案名称	固定资产投资	资本化利息	建设期	预计经营期 1～5 年息税前利润				
甲	50	0	0	6.5	7.8	8.6	8	6.6
乙	100	24	2 年	20	20	20	20	20

要求：分别计算甲、乙方案的投资利润率，并在两个方案中进行决策。

分析　根据工作资料 3-2，分别计算甲、乙方案的投资利润率。根据计算公式，需要找出年平均息税前利润额和投资总额两个数值。对于甲方案，预计利润每年不一样，所以先要求出一个年平均息税前利润额。计算如下。

甲方案的年平均息税前利润额=$\frac{(6.5+7.8+8.6+8+6.6)}{5}$=7.5（万元）

甲方案的投资利润率=$\frac{7.5}{50}\times 100\%$=15%

对于乙方案，虽然预计年息税前利润相同，但是该方案有建设期，包括资本化利息，所以首先要计算出投资总额。计算如下。

乙方案的投资总额=100+24=124（万元）

乙方案的投资利润率=$\frac{20}{124}\times 100\%$=16.13%

计算结果表明：甲方案和乙方案的投资利润率均超过了预期收益率，均可行，其中乙方案的投资利润率高于甲方案，所以应该选择乙方案。

实践总结

采用投资利润率指标进行评价时该指标越高越好，低于无风险报酬率或基准回收率的方案为不可行方案。

1. 投资利润率指标的优点

① 投资利润率指标计算简单，便于掌握，容易理解。

② 投资利润率是个相对数的指标，能够对不同投资额的方案进行比较，比我们常用的会计利润这个指标具有客观性。

2. 投资利润率指标的缺点

① 投资利润率没有考虑资金时间价值，没有考虑利润和现金流量实现的时间。即便是对于投资额不同的两个方案，也是用利润除以投资额，但是利润是没有考虑时间的，所以无法从动态角度反映真实的投入产出关系。

② 在该指标中，分子、分母计算口径的可比性较差，所以该指标只能作为辅助指标。

子任务二 投资回收期法的运用

工作资料 3-3 长江化工股份有限责任公司拟在 2016 年投资某项目，计划原始投资额都是 1 000 万元。经讨论有两个备选方案：A 方案建设期为 1 年，经营期为 5 年，原始投资额为 1 000 万元，不考虑其资金时间价值因素，未来净现金流量合计为 1 750 万元；B 方案建设期为 1 年，经营期为 5 年，原始投资额为 1 000 万元，不考虑其资金时间价值因素，未来净现金流量合计为 1 950 万元。A、B 方案产生的所得税前净现金流量如表 3.2 所示。

表 3.2 投资项目各年所得税前净现金流量 万元

项目名称	0	1	2	3	4	5	6	经营期合计
A 方案净现金流量	−1 000	0	350	350	350	350	350	1 750
累计净现金流量	−1 000	−1 000	−650	−300	50	400	750	—
B 方案净现金流量	−1 000	0	300	350	400	450	450	1 950
累计净现金流量	−1 000	−1 000	−700	−350	50	500	950	—

要求：计算 A、B 方案的投资回收期，并在两个方案中进行决策。（计算结果保留两位小数）

分析　根据资料，A 方案每年的净现金流量相等，根据数据计算得出：

A 方案的投资回收期（PP）$=1+\dfrac{1000}{350}=3.86$（年）

B 方案每年的净现金流量不相等，但是根据累计净现金流量，可知回收期在第 3 年至第 4 年之间，根据数据计算得出：

B 方案的投资回收期（PP）$=3+\dfrac{1000-300-350}{400}=3.88$（年）

如果不考虑资金时间价值或其他因素，在投资额、计算期相同的情况下，B 方案未来产生的净现金流量的合计高于 A 方案，但是采用投资回收期法，我们是分析哪个方案能更快收回投资，可见，方案 B 的投资回收期 3.88 年高于 A 方案 3.86 年，因此，应选择 A 方案。

实践总结

采用投资回收期来评价投资项目，主要看项目每年的净现金流量，如果每年净现金流量相等，或者在项目计算期内，经营期的大多数期间都是连续相等的，就可以用原始投资额除以年净现金流量直接得到投资回收期，但是这样计算出来的结果一般是不含建设期的投资回收期，如 A 方案。如果每年的净现金流量不相等，或者在经营期的大多数期间不是连续相等的，只能采用先计算累计净现金流量，当累计净现金流量为 0 时，此年限为投资回收期；当累计净现金流量无法直接找到 0 时，可利用相邻的正值和负值，用插值法计算得到投资回收期，如 B 方案。对投资回收期法的优、缺点总结如下。

1. 投资回收期法的优点

① 投资回收期的概念容易理解，计算也比较简便。

② 投资回收期在一定程度上反映了投资项目的风险程度，因为一般来说，投资回收期越短，投资项目的风险越小。

2. 投资回收期法的缺点

① 同投资利润率一样，投资回收期指标也没有考虑资金的时间价值。

② 投资回收期也没有考虑投资回收期满后的现金流量，忽视了投资项目的获利能力。事实上，有战略意义的长期投资往往早期收益较低，而中后期收益很高，该指标容易导致先考虑急功近利的项目，而放弃长期有利的方案。

因而，该指标不能作为决策的主要指标，而只能做辅助指标。

子任务三　净现值法的运用

工作资料 3-4　长江化工股份有限责任公司 2016 年拟建设一条生产线。有 3 个投资方案可供选择，假设贴现率为 10%（该贴现率为企业预期的最低报酬率）。假设该公司除本项目投资外，还有其他的投资项目。该生产线各年产生的所得税前净现金流量如表 3.3 所示。

表 3.3　投资项目各年的所得税前净现金流量　　万元

年　份	A 方案	B 方案	C 方案
	净现金流量	净现金流量	净现金流量
0	-200	-90	-120
1	118	12	46
2	132.4	60	46
3	—	60	46
合　计	50.4	42	18

要求：根据该公司净现金流量，采用净现值法选择最优方案。（计算结果保留两位小数）

分析　首先，根据 3 个方案的净现金流量计算净现值。

A 方案净现值（NPV）=[118×(*P*/*F*,10%,1)+132.4×(*P*/*F*,10%,2)]-200

=(118×0.909 1+132.4×0.826 4)-200

=216.69-200

=16.69（万元）

B 方案净现值（NPV）=[12×(*P*/*F*,10%,1)+60×(*P*/*F*,10%,2)+60×(P/F,10%,3)]-90

=(12×0.909 1+60×0.826 4+60×0.751 3)-90

=105.57-90

=15.57（万元）

C 方案净现值（NPV）=46×(*P*/*A*,10%,3)-120

=46×2.486 9-120

=114.40-120

=-5.60（万元）

通过上面 3 个不同方案的净现金流量可以看出，C 方案的净现值小于 0，说明该方案的报酬率小于期望报酬率 10%，是不可行方案，应当放弃。A 方案和 B 方案的净现值都大于 0，说明两个方案的报酬率都大于预期投资报酬率 10%，这两个方案是有利的，因而是可接受的。但是我们很难对 A 方案和 B 方案的优劣进行比较，尽管 A 方案的净现值高于 B 方案的净现值，但它的投资额也高于 B 方案。如果仅用净现值来判断评价方案，就显得过分片面了，所以需要借助净现值率来对 A 方案和 B 方案进行比较。根据上述数据计算得出：

A 方案净现值率（NPVR）$=\dfrac{16.69}{200}\times100\%=8.34\%$

B 方案净现值率（NPVR）$=\dfrac{15.57}{90}\times100\%=17.3\%$

通过 A 方案和 B 方案的净现值率可以看出，A 方案的净现值率小于 B 方案的净现值率，所以应该选择 B 方案。

实践总结

对于独立的项目，可以用净现值指标进行决策，净现值大于 0，方案可行；反之，则应放弃。当对多个项目进行决策时，如果原始投资的金额和时间都一致，同样也可以用净现值指标来进行决策，净现值越大的方案越好；对于原始投资不同的多个方案，通常采用净现值率指标来评价，净现值率越大的方案越好。净现值率除了具备与净现值相同的优点之外，还可以通过与投资额的对比反映投资的效益。净现值率法的缺点与净现值法基本相同，总结对比如下。

1. 净现值法的优点

① 净现值指标和净现值率指标都考虑了资金时间价值。

② 净现值指标和净现值率指标都充分考虑了整个项目计算期的现金流量，避免了投资回收期法只考虑回收期内现金流量的弊端。

③ 净现值指标和净现值率指标也都考虑了投资的风险性，因为贴现率的大小与风险有关，风险越大，贴现率越大。

2. 净现值法的缺点

① 净现值指标和净现值率指标都不能动态反映投资项目的实际收益率水平。

② 净现金流量和折现系数的确定比较困难，受主观因素的影响较大。如果折现率过低，会使效益差的项目入选；如果折现率过高，又会使效益好的项目落选。因此，不能实现企业价值最大化的财务管理目标，也难以实现社会资源的最优配置。

3. 净现值和净现值率的比较

对于原始投资额不同的多个方案，净现值指标不能动态反映投资项目的资金投入与净产出之间的关系，但是净现值率指标能够避免这个缺陷，它通过一个相对数的指标能够反映投资项目的资金投入与净产出之间的比率。

子任务四　现值指数法的运用

工作资料 3-5　见工作资料 3-4。

要求：计算 A 方案和 B 方案的现值指数，判断应选择哪个方案。（计算结果保留两位小数）

分析　根据工作资料 3-4 的数据，计算得出：

A 方案现值指数（PI）$=\frac{216.69}{200}=1.08$

B 方案现值指数（PI）$=\frac{105.57}{90}=1.17$

或者，根据现值指数与净现值率之间的关系，也可以用下列方法计算得出：

A 方案现值指数（PI）=8.34%+1≈1.08

B 方案现值指数（PI）=17.3%+≈1.17

通过 A 方案和 B 方案的现值指数计算结果可以看出，A 方案的现值指数小于 B 方案的现值指数，所以应该选择 B 方案。

实践总结

现值指数与净现值、净现值率都是折现评价指标，都考虑了资金的时间价值，考虑了风险因素，也利用了项目的全部净现值流量，但是同样不能计算出项目的实际收益率。

从每个评价指标的特点来看，现值指数的优缺点与净现值率基本相同。下面将现值指数与其他两个指标做比较。

1. 现值指数与净现值率指标的比较

现值指数指标与净现值率指标共同的优点，也就是不同于净现值之处，就在于它们都是相对数指标，不是绝对数指标，因此解决了不同投资方案之间净现值缺乏可比性的问题。现值指数反映经营期各现金流量的现值之和与原始投资现值之比；净现值率反映整个计算期各现金流量的现值之和与原始投资现值之比。它们在动态上从不同角度反映了项目的现金流量的投入与产出。一般来说，这两个评价指标的结论应该是一致的。

2. 现值指数与净现值指标的比较

评价方案在对投资额不同的方案进行比较时，使用现值指数和净现值法可能会得出相反的结论。例如，投资额小的项目，净现值也小，但其现值指数比较高，如方案 B；投资额大的项目，净现值较大，但现值指数较小，如方案 A。

在这种情况下，如果备选方案是互斥的，而且没有其他投资机会，此时应运用净现值进行决策分析，且一般应选择净现值大的项目，因为企业财务管理的目标是追求企业价值最大化而不是收益率最大化。如果一个企业可以同时投资于几个项目，此时应运用现值指数进行决策分析，选择现值指数较高的几个投资方案，这样可以获得最高的获利水平，使现值总和最大。

子任务五　内含报酬率法的运用

工作资料 3-6　根据工作资料 3-4 的数据，采用内含报酬率法进行方案决策评价。

要求：分别计算 A、B、C 三个方案的内含报酬率并进行分析，选出最优方案。（计算结果保留两位小数）

分析　根据上述资料，分别计算 3 个投资方案的内含报酬率。对于 A 方案，每年产生的净现金流量不同，所以采用逐步测试法。测试结果如表 3.4 所示。

表 3.4　A 方案内含报酬率的测试结果

万元

年份	所得税前净现金流量	贴现率为 18%		贴现率为 16%	
		贴现系数	现值	贴现系数	现值
0	−200	1	−200	1	−200
1	118	0.847 5	100.005 0	0.862 1	101.727 8
2	132.4	0.718 2	95.089 7	0.743 2	98.399 7
净现值			−4.905 3		0.127 5

运用插值法进行计算：

贴现率	对应的净现值
18%	−4.905 3
IRR	0
16%	0.127 5

$$\frac{18\%-16\%}{\text{IRR}-16\%}=\frac{(-4.905\,3)-0.127\,5}{0-0.127\,5}$$

$$\text{A 方案的内含报酬率}=16\%+\frac{2\%\times 0.127\,5}{4.905\,3+0.127\,5}=16.05\%$$

对于 B 方案，每年产生的净现金流量也不相同，同 A 方案一样，也要采用逐步测试法。测试结果如表 3.5 所示。

表 3.5　B 方案内含报酬率的测试结果　　万元

年份	所得税前净现金流量	贴现率=18%		贴现率=16%	
		贴现系数	现值	贴现系数	现值
0	−90	1	−90	1	−90
1	12	0.847 5	10.170 0	0.862 1	10.345 2
2	60	0.718 2	43.092	0.743 2	44.592
3	60	0.608 6	36.516	0.640 7	38.442
净现值			−0.222		3.379 2

运用插值法计算得出：

$$\text{B 方案的内含报酬率}=16\%+\frac{2\%\times 3.379\,2}{0.222+3.379\,2}=17.88\%$$

对于 C 方案，由于各期现金流入量相等，符合年金形式，内含报酬率可直接利用年金现值表来确定，不需要进行逐步测试。

$$120=46\times(P/A,\text{IRR},3)$$

$$(P/A,\text{IRR},3)=2.608\,7$$

查年金现值系数表，当 n=3 时可得：

贴现率	对应的系数
8%	2.577 1
IRR	2.608 7
7%	2.624 3

运用插值法计算得出：

$$C方案的内含报酬率=7\%+\frac{1\%\times(2.6243-2.6087)}{2.6243-2.5771}=7.33\%$$

根据3个方案的内含报酬率可知，只有C方案的内含报酬率小于企业预期最低报酬10%，所以该方案不可行，应该放弃，这与用净现值指标评价出的结果是一致的；方案A和方案B的内含报酬率都超过了企业预期最低报酬率10%，所以都是可行的，由于A方案的内含报酬率小于B方案，所以B方案最优，这与净现值率和现值指数评价指标是一致的。

实践总结

内含报酬率指标不仅具备前面3个折现指标共同具有的特点，如非常注重资金的时间价值、考虑了风险因素、利用了项目的全部净现金流量，还能直接体现项目本身所能够达到的实际收益水平，而且不受设定贴现率高低的影响，而计算净现值、净现值率与现值指数必须事先设定一个贴现率。

但是内含报酬率指标计算过程比较复杂，尤其在各年净现金流量不相等的情况下，一般要经过反复测算才能求出。

内含报酬率是建立在未来各年的现金流入重新投资会获得与内含报酬率一样的报酬率假设之上的，而这一假设具有较大的主观性，缺乏客观的经济依据。有些项目可能存在若干个内含报酬率，使人无法判别真实的内含报酬率究竟是多少，从而为内含报酬率法的应用带来了困难。

子任务六　项目投资决策评价方法的综合运用

工作资料3-7　见工作资料3-4。

要求：综合各贴现指标，选择最优方案（资金成本10%）。

分析　根据工作资料3-5的计算结果，汇总如表3.6所示。

表3.6　各方案的贴现评价指标汇总

	方案A	方案B	方案C
净现值/万元	16.69	15.57	-5.60
净现值率	8.34%	17.3%	-4.67%
现值指数	1.08	1.17	0.95
内含报酬率	16.05%	17.88%	7.33%

显然，从绝对数量（净现值指标）角度方案A最优，但从效率（净现值率、现值指数及内含报酬率指标）角度方案B最优，所以应选择B方案。

实践总结

综上所述，净现值以“收益现值-支出现值”来比较各方案净现值的多少，用绝对数表示；净现值率、现值指数用“净现值/支出现值”或“收益现值/支出现值”来比较各方案的优劣，用相对数比较；内含报酬率通过使“收益现值-支出现值=0”来计算各个方案客观存在的真实报酬，然后再比较各个方案内含报酬率的高低，也用相对数表示。在进行项目投资决策分析时，可以将以上方法结合起来使用。

1. 内含报酬率与净现值、净现值率、现值指数之间的关系

若净现值>0，则净现值率>0，现值指数>1，内含报酬率>资金成本（或期望报酬率）。

若净现值=0，则净现值率=0，现值指数=1，内含报酬率=资金成本（或期望报酬率）。

若净现值<0，则净现值率<0，现值指数<1，内含报酬率<资金成本（或期望报酬率）。

2. 项目投资决策的主要方法的判断标准

① 判断方案具备财务可行性的条件。如果在评价过程中发现某项目的主要评价指标处于可行区间（如 NPV≥0、NPVR≥0、IRR≥ic），但次要或辅助指标处于不可行区间（如PP>基准回收期），则可以断定该项目具有财务可行性。

② 判断方案不具备财务可行性的条件。如果在评价过程中发现某项目的主要评价指标出现不可行（NPV<0、NPVR<0、IRR<ic）的情况，即使次要或辅助指标处于可行区间，也可断定该项目不具有财务可行性。

显然，在对投资方案进行财务可行性评价的过程中，除了要熟练掌握和运用上述判定条件外，还必须明确两点：第一，主要评价指标在评价财务可行性的过程中起主导作用；第二，利用动态指标对同一个投资项目进行评价和决策，会得出完全相同的结论。

课后自测

基础知识训练

一、单项选择题

1．在长期投资决策中，一般来说，属于经营期现金流出项目的有（　　）。

A．固定资产投资　　B．开办费

C．经营成本　　D．无形资产投资

2．在下列项目投资决策评价指标中，其数值越小越好的是（　　）。

A．内含报酬率　　B．投资回收期　　C．净现值　　D．投资利润率

3．下列指标的计算中，没有直接利用净现金流量的是（　　）。

A．内部收益率　　B．投资利润率　　C．净现值率　　D．现值指数

4．项目投资方案可行的必要条件是（　　）。

A．净现值大于或等于 0　　B．净现值大于 0

C．净现值小于 0　　D．净现值等于 0

5．当投资项目的净现值大于 0 时，其（　　）。

A．现值指数大于 1　　B．现值指数小于 1

C．净现值率大于 1　　D．净现值率小于 1

6．如果其他因素不变，一旦贴现率提高，则下列指标中其数值将会变小的是（　　）。

A．净现值　　B．投资报酬率　　C．内含报酬率　　D．投资回收期

7．在计算净现金流量时，以“利润+折旧+摊销+利息+回收”的方法计算。此处“利润”

是指（　　）。

A．利润总额　　B．息税前利润　　C．营业利润　　D．净利润

8．当贴现率为10%时，某项目的净现值为50万元，则说明该项目的内含报酬率（　　）。

A．大于10%　　B．等于10%　　C．低于10%　　D．无法确定

9．贴现评价指标的计算与贴现率的高低无关的是（　　）。

A．净现值　　B．净现值率　　C．现值指数　　D．内含报酬率

10．如果甲、乙两个方案的净现值都大于0，且甲方案净现值大于乙方案，则结论正确的是（　　）。

A．甲可行，乙不可行　　B．甲、乙均可行

C．甲一定优于乙　　D．乙一定优于甲

二、多项选择题

1．净现值法与现值指数法的共同之处在于（　　）。

A．都是相对数指标，反映投资的效率

B．都必须按预定的贴现率折算现金流量的现值

C．都不能反映投资方案的实际投资收益率

D．都没有考虑货币时间价值因素

2．下列哪些指标属于折现的相对量评价指标？（　　）。

A．净现值率　　B．现值指数　　C．投资利润率　　D．内含报酬率

3．（　　）指标不能直接反映投资项目的实际收益水平。

A．净现值　　B．现值指数　　C．内含报酬率　　D．净现值率

4．在一般投资项目中，当一项投资方案的净现值等于0时，即表明（　　）。

A．该方案的现值指数等于1

B．该方案不具备财务可行性

C．该方案的净现值率大于0

D．该方案的内含报酬率等于设定折现率或行业基准收益率

5．净现值法的优点有（　　）。

A．考虑了资金时间价值

B．考虑了项目计算期的全部净现金流量

C．考虑了投资风险

D．可从动态上反映项目的实际投资收益率

6．内含报酬率是指（　　）。

A．投资报酬与总投资的比率　　B．项目投资实际可望达到的报酬率

C．投资报酬现值与总投资现值的比率　　D．使投资方案净现值为0的贴现率

7．可以构成建设投资内容的有（　　）。

A．固定资产投资　　B．无形资产投资　　C．流动资金投资　　D．付现成本

8．当一项长期投资方案的净现值大于0时，可以说明（　　）。

A．该方案贴现后现金流入大于贴现后现金流出

B．该方案的内含报酬率大于预定的贴现率

C. 该方案的现值指数一定大于 1

D. 该方案可以接受，应该投资

9. 当内含报酬率大于企业的资金成本时，关系式中正确的有（　　）。

A. 现值指数大于 1　　B. 现值指数小于 1

C. 净现值大于 0　　D. 净现值小于 0

10. 下列指标中，考虑到资金时间价值的是（　　）。

A. 净现值　　B. 现值指数　　C. 内部报酬率　　D. 投资回收期

三、判断题

1. 投资项目评价所运用的内含报酬率指标的计算结果与项目预定的贴现率高低有直接关系。（　　）

2. 现金净流量是指一定期间现金流入量与现金流出量的差额。（　　）

3. 投资利润率和静态的投资回收期这两个静态指标的优点是计算简单，容易掌握，且均考虑了现金流量。（　　）

4. 如果某一投资方案按 10%的贴现率计算的净现值大于 0，那么该方案的内含报酬率大于 10%。（　　）

5. 多个互斥方案比较，一般应选择净现值大的方案。（　　）

6. 不论在什么情况下，都可以通过逐次测试方法计算内含报酬率。（　　）

7. 采用折现评价指标进行投资项目的方案决策时，必须都要提前设定一个折现率才能计算。（　　）

实践训练

1. 红星公司拟引进一套设备，一次性投资 200 万元，设备投入后立即使用，使用期限 5 年，期末无残值，采用直线法计提折旧，该项目投入后每年可为企业带来 30 万元的净利润。

要求：计算该项投资各年的现金净流量。

2. 某项目建设期 2 年，固定资产投资 100 万元。

（1）如果投产后每年可获息税前利润 20 万元，计算该项目的投资利润率。

（2）如果每年固定资产借款利息 10 万元，投产后每年可获息税前利润 22 万元，计算其投资利润率。

（3）如果该项目的生产经营期为 5 年，各年的息税前利润分别是 10 万元、20 万元、30 万元、20 万元、10 万元，计算该项目的投资利润率。

3. 大华公司拟购置一台设备，价款为 240 000 元，使用 6 年，期满净残值为 12 000 元，采用直线法计提折旧。使用该设备每年为公司增加税后净利为 26 000 元。假设公司的资金成本率为 14%。

要求：（1）计算各年的现金净流量。

（2）计算该项目的净现值。

（3）计算该项目的现值指数。

（4）计算评价该投资项目的财务可行性。

4．某企业有 3 个投资机会，经营期内的现金净流量如表 3.7 所示（假定折现率 10%）。

表 3.7　某企业 3 个投资机会的有关数据现金净流量

时间/年		0	1	2	3	4
方案 A	现金净流量	-10 000	5 000	5 000	5 000	5 000
方案 B	现金净流量	-10 000	3 000	3 000	4 000	4 500
方案 C	现金净流量	-20 000	5 000	6 000	7 000	8 000

要求：（1）计算各方案的投资回收期，并做出评价。

（2）计算各方案的净现值，并做出评价。

（3）计算各方案的现值指数，并做出评价。

（4）综合以上指标，选择合适的投资方案。

模拟沙盘实训

划分学习小组，以小组为单位选择金蝶软件（中国）有限公司“理财之道——财务管理电子对抗系统”实训软件或类似财务管理实训软件开展沙盘模拟演练。

1．明确项目投资决策对企业经营的重大影响作用。

2．结合具体投资项目（开发产品）熟悉现金流量估算基本方法。

3．运用所学知识进行项目投资决策。

4．通过演练结果，评价本组项目投资决策成否。总结并分析原因。

项目四

证券投资管理

项目引言

如果在家庭生活中有余下的钱，是存到银行获得利息收入，还是投入到资本市场投资获得更高的收益？我们一定会进行选择。企业也是一样，企业在生产过程中如果有多余的资金，也要考虑通过投资让其增值的问题。但是应当选择哪种投资方式呢？股票、债券、基金还是进行多样化投资？每种投资方式的利弊是什么？哪种投资方式的风险和收益又是企业能接受的？只有进行综合分析，证券投资才能给企业带来最佳的投资收益。

项目内容概述

证券是指发行人为筹集资金而发行的、代表其持有人对发行人直接或间接享有股权或债权并可以有偿转让的书面凭证。证券投资不同于项目投资，项目投资的对象是实体性经营资产，证券投资的对象是金融资产，是法人或自然人把资金投放于金融市场，降低或转移风险，以期获得未来收益的投资行为。它主要包括债券投资、股票投资、基金投资，以及衍生金融工具投资等内容。

本项目主要包括债券投资决策、股票投资决策及基金投资决策等任务。

知识目标

债券投资特点及优缺点；股票投资特点及优缺点；基金投资特点及优缺点。

能力目标

能够利用各种估价模型确定企业是否应对相应的债券、股票、基金进行投资。

任务一　债券投资决策

分析思路

债券是某一社会经济主体为筹措资金而向债券投资者出具的、承诺按一定利率定期支付利息，并到期偿还本金的债权债务凭证。债券投资是指企业以购买债券的形式对外投资。债券投资是投资风险相对较小的投资方式，债券投资管理的过程就是对债券的偿还性、流动性、安全性、收益性进行综合分析，并结合企业现金情况进行投资的过程，其短期目的是合理利用暂时闲置的资金，调节现金余额，长期目的是为了获得稳定收益。

知识铺垫

债券投资是企业使现金余额达到合理水平并获得稳定收益的重要方式之一。债券包含 4 个要素：债券面值、票面利率、偿还期限、发行者。当企业现金余额太多时，应投资于债券，使现金余额降低；反之，当现金余额太少时，则出售原来投资的债券，收回现金，使现金余额提高。但如果对债券分析失误，盲目投资，就会降低企业的盈利水平，甚至给企业带来巨大的损失。

（一）债券的分类

债券按照不同的标准有不同的分类。我国目前发行的债券根据有无利息及偿付期限特点分为分期付息到期债券、一次还本付息债券、零票面利率债券及永久债券。

① 分期付息债券又称附息债券或息票债券，是在债券到期以前按约定的日期分次按票面利率支付利息，到期再偿还债券本金。分次付息一般分按年付息、半年付息和按季付息 3 种方式。

② 一次性还本付息债券是指在债务期间不支付利息，只在债券到期后按规定的利率一次性向持有者支付利息并还本的债券。

③ 零息债券是指以贴现方式发行，不附息票，而在到期日时按面值一次性支付本利的债券。

④ 永久债券是指一种不规定本金返还期限，可以无限期地按期取得利息的债券。永久债券的利息一般高于浮动利息，债券的发行人一般多为商业银行，其发行目的是为了扩充银行的自有资金实力。

（二）影响债券投资的因素

1. 内部因素

① 债券期限。一般来说，在其他条件不变的情况下，债券的期限越长，债券价格变动的可能性越大，风险越大，投资者要求的报酬率也就越高。

② 债券票面利率。债券的票面利率越低，债券价格受市场利率变化的影响就越敏感。当市场利率提高时，票面利率较低的债券价格下降得较快；反之，当市场利率降低时，票面利率较低的债券价格就会迅速回升。

③ 发行人的信用级别。一般来说，除政府债券外，一般债券或多或少都会有违约风险（或称信用风险）。信用级别越低的债券，违约风险越大，债券投资者要求的报酬率也就越高；反之，信用级别越高的债券，违约风险越小，债券投资者要求的报酬率也就越低。因此，在债券市场上，对于其他条件相同的债券，国债的价格一般要高于金融债券，而金融债券的价格一般又要高于企业债券。

④ 债券的流动性。流动性是指投资者在需要卖出时面临的变现困难和不能在适当价格上变现的风险；债券流动性是指债券变现的及时程度。流动性强的债券可以在企业急需资金时及时卖出债券获得收益；反之，流动性较差的债券确因需要较高的变现成本，从而会给投资者带来损失。

2．外部因素

① 国内生产总值。一般来说，国内生产总值增长率开始下降时，对债券市场有利，因为经济形势不好时，通货膨胀的预期就比较低，中央银行一般都不会提高利率，反而会降低利率，在这种形势下，投资债券的风险就比较小，而潜在的收益则比较大。

② 市场利率。在市场总体利率水平上升时，投资者的获利预期收益率也会高涨，债券的价格就会下跌；反之，在市场总体利润水平下降时，投资者的获利预期收益率也会下跌，从而使债券的内在价值增加。

③ 通货膨胀水平。当物价上涨的速度较快或通货膨胀率较高时，人们出于保值的考虑，一般会将资金投资于房地产、黄金、外汇等可以保值的领域，从而引起资金供应的不足，导致债券价格的下跌；反之，债券的价格会上升。

④ 其他因素。影响债券价值的外部因素还有政治因素、外汇汇率风险、人为操纵因素等。

（三）债券价值

债券价值又称为债券的内在价值，是指进行债券投资时投资者预期可获得的现金流入的现值。债券未来预期的现金流入包括每期利息和到期收回的本金或出售时获得的现金两部分。债券价值的计算公式如下：

债券价值=未来各期利息收入的现值合计+未来到期本金或售价的现值

债券根据支付利息的方式不同，其价值确定有其不同特点。

1．分期付息到期还本债券

将未来产生的现金流，即每期利息和到期的本金（面值）在一定收益率条件下折现的现值和就是债券的价值。其一般计算公式为：

债券价值=每期利息的现值和+到期本金的现值

$$P=\sum_{t=1}^{n}\frac{I}{(1+K)^t}+\frac{M}{(1+K)^n}$$

或

$$P=M\cdot i\cdot(P/A,K,n)+M\cdot(P/F,K,n)$$

式中，P 为债券的价格；i 为债券的票面利率；M 为债券到期收回的本金（债券面值）或中途出售收回的资金；I 为每年获得的固定的债券利息；K 为市场利率或投资人要求的必要报酬率；n 为付息期数。

2．一次还本付息债券（利息不计复利）

其债券价值为到期本息折现，计算公式如下：

$$P=\frac{M+M\cdot i\cdot n}{(1+K)^n}$$

或

$$P=M\cdot(1+i\cdot n)(P/F,K,n)$$

3．零息债券

这类债券的价值计算公式如下：

$$P=\frac{M}{(1+K)^n}$$

或

$$P=M(P/F,K,n)$$

4．永久债券

这类债券每期付息，不还本，无限期，其价值计算参照永久年金现值。计算公式如下：

$$P=\frac{M\cdot i}{K}$$

（四）债券收益率

债券投资收益率一般是指以年为基准的年均收益回报率，指债券持有人在持有期间得到的年化收益率，能反映债券持有期间的利息收入情况和资本损益水平，综合反映债券投资的实际收益水平。

长期债券的投资收益率需要考虑资金的时间价值，在此不做具体介绍。

短期债券的一般偿还期在一年以内，因为时间短，一般不考虑资金的时间价值，所以短期债券的投资收益率计算可以简化为：

$$债券投资收益率=\left[\frac{利息收入+资本损益}{债券买入价}\right]\times\frac{360}{n}\times100\%$$

其中，资本损益=债券卖出价−债券买入价，资本损益又称为资本利得；n 为投资天数。

任务实施

子任务一　债券价值计算与分析

工作资料 4-1　长江化工股份有限责任公司为了合理利用闲置资金，准备对某公司债券进行投资。债券面值 1 000 元，票面利率为 4%，期限 5 年，已知市场利率为 5%，每年支付一次利息。

要求：该公司债券的发行价格为多少时，企业购买该债券较为合适。

分析　根据上述材料所述，该债券属于分期付息到期还本。因此，运用公式计算可得出：

债券价值=每年利息现值和+到期本金的现值

P=40×(P/A,5%,5)+1 000×(P/F,5%,5)

=40×4.329 5+1 000×0.783 5

=956.7（元）

根据计算结果，长江化工股份有限责任公司在债券价格为956.7元或低于这个价格时购买较为合适。

实践总结

在选择债券时，首先投资者要根据资金的使用状况来选择适当期限的债券。一般情况下，期限越长的债券，其收益率也往往越高。但是期限越长，对投资资金锁定的要求也就越高，所以最好是根据投资者的可投资资金的年限来选择债券，使债券到期日与投资者需要资金的日期相近。

其次，要确定该债券的内在价值。一般情况下，当债券的市场价格等于或低于债券内在价值时才能进行投资。也就是说，如果实际购买价格小于或等于折现后的现值，则说明投资者获得的投资报酬将高于或等于预期的投资报酬，那么可以对该项债券进行投资；如果实际购买价格大于折现后的现值，则说明投资者获得的投资报酬将低于预期的投资报酬，那么不应对该项债券进行投资。

子任务二　债券收益率的计算与分析

工作资料4-2　长江化工股份有限责任公司已对某公司于2011年1月1日平价发行债券进行了投资，债券每张面值为1 000元，5年期，每年12月31日付息100元，到期归还本金1 000元。

要求：运用债券收益的计算方法确定该债券带给长江化工股份有限责任公司的各项收益率。

（1）假定2015年1月1日的市价为900元，此时购买该债券的收益率（持有期1年）。

（2）假定2015年1月1日的市场利率下降到8%，确定此时债券的价值。

（3）假定2013年1月1日的市场利率为12%，债券的市价为950元，长江化工股份有限责任公司是否购买？（持有期3年）

分析　（1）2015年1月债券收益率=[100+(1 000−900)]÷900×100%=22.22%

（2）2015年1月1日债券价值=(100+1 000)÷(1+8%)=1 018.52（元）

（3）2013年1月1日债券价值=100×(P/A,12%,3)+1 000×(P/F,12%,3)

=100×2.401 8+1 000×0.711 8

=951.98（元）

债券的价值951.98元大于当时的债券市价950元，应购买该债券。

实践总结

投资债券的目的之一就是获得稳定的收益。投资债券的收益主要有两个方面：一是债券的利息收入，这是债券购买时就决定的；二是资本损益，是债券买入价与卖出价之间的差额，当买价大于卖价时为资本损失，当卖价大于买价时为资本收益。债券的收益率即为衡量债券收益水平的尺度，即在一定时期内所得收益与投入本金的比率。为了便于比较，债券收益一般以年收益率为计算单位。

投资者如果选择债券投资，要了解债券投资也有自己独特的优缺点。

1. 债券投资的优点

① 债券投资的风险相对比较小。由于债券和所有权对企业的求偿权顺序不同，债券投资的安全性要远远高于所有权投资。当被投资公司陷入破产清算时，企业债券持有者拥有优先求偿权。相比较而言，债券投资比股票投资风险相对较小。

② 债券投资收益稳定。债券票面一般都标有固定的利息率。在我国，国债和企业债券的利息都是固定的。债券发行公司有义务按约定条件向投资者支付债券利息。在正常情况下，采用债券投资可以获得比较稳定的利息收入。

③ 市场流动性好。因为债券投资的前两项优点，许多债券都具有比较好的流动性。企业在资金短缺的情况下，随时可以把企业所持有的债券在金融市场上迅速出售，获得资金，尤其是政府发行的债权流动性最强。

2. 债券投资的缺点

① 收益率比较低。虽然债券的投资比较稳定，但是众所周知，高风险高收益，低风险低收益，债券投资的风险相对较低，收益自然也较低。

② 通货膨胀风险较大。由于投资债券的实际收益率等于名义收益率减去通货膨胀率，在通货膨胀的条件下，由于货币贬值，随着商品价格的上涨，货币购买力水平下降，债券的实际收益率也会下降。当通货膨胀率的上升到超过债券利率水平时，则债券的实际购买力就会下降到低于原来投资金额的购买力，从而给投资者带来较大风险。

③ 没有经营管理权。投资于债券只是获得收益的一种手段，投资者无权对债券发行单位的情况实施控制及影响，没有权力参与企业的经营管理。

任务二 股票投资决策

分析思路

股票是股份有限公司发行的，用以证明投资者的股东身份和权益，并据以获取股息和股利的凭证。股票投资管理的过程主要就是运用股票的估价模型和计算收益率的方法，再结合对股票风险性的综合分析进行投资的过程。企业进行股票投资的目的有两种：一是获利，即作为一般的证券投资，获取股利收入及股票买卖差价；二是控股，即通过购买某一企业的大量股票达到控制该企业的目的。股票投资和债券投资都属于证券投资，但相对于债券投资而言又具有风险大、收益率高却不稳定的特点。

知识铺垫

（一）股票投资的分类

1．按股东权利和义务不同分为普通股和优先股

普通股股票是指每一股份对公司财产都拥有平等权益，即对股东享有的平等权利不加以特别限制，并能随股份有限公司利润的大小而分取相应股利的股票。这种股票是股份有限公司发行的最普通、最重要，也是发行量最大的股票，所筹集的资金通常是股份有限公司股本的基础，其有效性与股份有限公司的存续期间相一致。这类股票风险最大，收益不确定，股票市场的交易价格也会经常大幅度波动。

优先股股票是指由股份有限公司发行的在分配公司收益和剩余资产方面比普通股股票具有优先权的股票。优先股股票是相对于普通股股票而言的。

2．按股票票面是否记名分为记名股票和无记名股票

3．按发行对象和上市地区不同分为A股、B股、H股、N股和S股等

A 股是指在我国国内发行，以人民币标明面值，供国内投资者用人民币购买的普通股票；B 股是指在我国国内发行，以人民币标明面值，但以外币买卖的特种普通股票；H 股是指我国境内注册的公司在香港发行并在香港联合交易所上市流通的普通股票；N 股是指我国公司在美国纽约上市发行流通的普通股票。

4．按投资主体不同分为国家股、法人股、个人股和外资股

（二）影响股票投资的因素

1．内部因素

① 公司净资产。净资产是资产总额减去负债总额后的净值，它体现了全体股东的权益，是决定股票价值的重要因素。一般而言，每股净资产应与股价保持一定比例，每股净资产增加，股价上涨；每股净资产减少，股价下跌。

② 公司盈利水平。公司盈利水平的高低是影响公司股票价值最基本的因素。一般情况下，预期公司盈利水平增加，可分配的股利也会相应增加，从而投资者获利也增加，因而会吸引更多的投资者购买股票，导致股票价格上升；反之，预期公司盈利水平下降，可分配的股利也会相应减少，投资者获利减少，这时投资者会抛售股票，导致股票价格下降。

③ 公司的股利政策。公司的股利政策直接影响股票投资的价值，股利政策体现了公司的经营作风和发展潜力。一般情况下，股票价值与股利分配水平同方向变化，即股利水平越高，股票价值越高；反之，股利水平越低，股票价值越低。

④ 股票分割。股票分割又称为拆股、拆细，是将股票均等地拆成若干股。实行股票分割的目的在于通过增加股票股数降低每股市价，从而吸引更多投资者。股票分割往往是成长中公司的行为，一般给人一种“公司正处在发展之中”的印象，这种有利的信息传播可能导致购买该股票的人增加，会刺激股票价值上升。

⑤ 增资和减资。公司因业务发展需要增加资本而发行新股的行为对不同公司的股票价

格的影响不尽相同。一般情况下，增资可能会导致发行在外的股数增加，导致股价下跌；反之，当公司宣布减资时，多半是因为经营不善、需要整顿等不利原因，股价会大幅下降。对于经营业绩优秀、财务状况良好、发展潜力巨大的公司而言，增资意味着将增加公司经营实力，会给股东带来更多回报，股票价值不仅不会下跌，还可能会上涨。

⑥ 其他因素。公司改组或合并、意外灾害、原材料供应及价格变化、主要经营者更替等重大事项发生时，传递出有利或不利于公司形象的事件也会导致股票的价值发生波动。

2．外部因素

① 宏观经济因素。一般来说经济增长势态良好，社会经济周期处于复苏或高涨阶段的前夕，央行执行宽松的货币政策及市场利率下降时股票的价值会有所上升；反之，经济增长势态衰退，社会经济周期处于衰退或萧条阶段的前夕，央行执行紧缩的货币政策及市场利率上升时股票的价值会有所下降。

② 政治因素。政治因素可分为战争、政权更迭、政府重大经济政策的出台、国际社会政治经济的变化等。当发生有威望的政权班子上台、政府颁布了重大的经济政策等有利因素时，股票价值会上升；反之，发生战争、政权频繁更迭等不利因素时，股票价值会下跌。

③ 心理因素。投资者对股票走势的心理预期会对股票价格走势产生重要的影响，因为市场中的散户投资者往往有从众心理，会对股市产生助涨、助跌的作用。

（三）股票内在价值的估算

普通股的价值（内在价值）称为股票理论的发行价，是由普通股给投资者未来带来的现金流入的现值决定的。股票给持有者带来的未来现金流入包括两部分：股利收入和出售时的价格。股票的价值由一系列的股利和将来出售股票时的价格的现值构成。

1．股利固定模型（零成长股票的模型）

如果长期持有股票，且各年股利固定，其支付过程是一个永续年金。其计算公式为

$$P=\sum_{t=1}^{\infty}\frac{D}{(1+K)^t}=\frac{D}{K}$$

式中，P 为股票价值；t 为股票持有时间；D 为各年收到的固定股息；K 为折现率（股票的必要投资报酬率）。

2．股利固定增长模型

从理论上讲，企业的股利不应当是固定不变的，而应当不断增长。假定企业长期持有股票，且各年股利按照固定比例增长，其计算公式为

$$P=\sum_{t=1}^{\infty}\frac{D_0(1+g)^t}{(1+K)^t}$$

式中，D_0 为上一年的股利；g 为股利每年增长率；其他符号的含义同上。

如果 $g<K$，D_1 表示第 1 年股利，则上式可简化为

$$P=\frac{D_0\times(1+g)}{K-g}=\frac{D_1}{K-g}$$

任务实施

工作资料 4-3 长江化工股份有限责任公司准备投资购买东方信托公司的股票。该股票上年每股股利为 2 元，预计以后每年以 4%的增长率增长。长江化工股份有限公司经过分析后，认为必须得到 10%的报酬率，才能购买该公司的股票。

要求：分析该种股票的价格为多少时公司才能购买。

分析 根据上述工作材料，结合股票投资模型计算得出

$$P=[2\times(1+4\%)]\div(10\%-4\%)=34.67\text{（元）}$$

即东方信托公司的股票价格在 34.67 元以下时，长江化工股份有限责任公司可以考虑购买。

实践总结

企业决定是否对一种股票进行投资，要知道该股票的内在价值，只有当其价值高于其购买价格时，该项投资才值得进行。股票的价值是进行股票投资决策时使用的主要指标之一。对股票估价，就是按投资者要求的必要报酬率对现金流入进行折现，得出的就是进行股票投资时可接受的最高市场购入价格。

投资者选择股票投资，股票投资具有自己独特的优缺点。

1. 股票投资的优点

（1）投资收益高

股票投资是一种高风险的投资，股票价格不仅受发行公司经营状况影响，还受到如国家政策调整、市场投机等众多因素的影响，其价格不稳定，波动性大。但是一般情况下，风险大，投资收益也高。从长远看来，优质股票的价格总是上涨的居多，只要选择得当，就能够取得优厚的投资回报。同时，股票市场也可进行适度的投机活动，操作得当，也可以获得较高的收益。

（2）抵抗通货膨胀能力较强

普通股股利不固定，在通货膨胀情况下，公司的产品销售价格也会上升，公司盈利增加，股利也随之增加。因此，与固定收益证券相比，普通股能有效地降低通货膨胀所带来的购买力风险。

（3）拥有经营控制权

普通股股东属股份公司的所有者，有权监督和控制企业的生产经营情况，因此，要控制一家企业，最好的方法是收购这家企业的股票。

2. 股票投资的缺点

（1）投资风险大

投资风险大主要表现在收益不稳定方面。普通股的价格受政治、经济、心理、投机和企业经营状况等因素的影响，股票的分红也不仅受企业盈利状况的影响，也受制于企业采取什么样的股利政策，所以从买卖收益和股利上收入都不够稳定。

（2）求偿权居后

在企业清算时，普通股的求偿权居于债权人、优先股股东的后面，相应的投资可能得不到全额补偿，甚至一无所有。

（3）操作难度大

进行正确的股票投资既要懂得宏观经济、行业经济、公司基本知识，又要熟悉技术走势分析指标、熟悉电脑操作，还要有稳定的心理素质和分析各种信息的能力，相对于实物投资，操作难度较大。

任务三　基金投资决策

分析思路

基金投资是一种利益共享、风险共担的集合投资方式，即它是通过发行基金的单位，集中投资者的资金，由基金托管人托管，由基金管理人管理和运用，从事股票、债券等金融工具的投资，并将投资收益按基金投资者的投资比例进行分配的一种间接投资方式。基金投资管理的过程主要是对基金资产进行评估，对收益率进行计算，再结合对基金风险性的综合分析进行投资的过程，其目的是为企业提供高效的投资途径和更有效地分散企业投资的风险。

知识铺垫

基金投资是专门为投资者服务的，它汇集众多分散资金通过多元化的投资组合进行投资。

（一）基金投资的分类

1. 按投资对象不同分为股票基金、债券基金、货币市场基金、指数基金和衍生基金

① 股票基金。股票基金是指主要投资方向是股票的基金。该类基金投资是基金中数量最大的一种，风险也要大一些。如果是在牛市中，投资该类基金往往能够取得较好的投资收益。

② 债券基金。债券基金是指投资对象主要是各种债券的基金。该类基金收益较低，但风险也是诸多基金中较低的。

③ 货币市场基金。货币市场基金是指投资对象为各类货币市场工具的基金，包括银行存单、存款证、银行票据、商业票据和各种短期国债等。该类基金资产流动性高，风险和收益率均低。

④ 指数基金。指数基金是指根据股票或债券对证券指数影响的程度来选择投资的基金。其投资对象主要是那些对证券指数影响较大的股票或债券。该类基金收益同证券市场平均收益基本持平，具有一定的稳定性。

⑤ 衍生基金。衍生基金是指以衍生金融工具为主要投资对象的基金，如期货基金、期权基金、远期合约基金、掉期合约基金等。该类基金的风险很大。

2．按变现方式分为封闭式基金、开放式基金

① 封闭式基金。所谓封闭式基金是指基金规模在基金发起人设立时就已经确定，在基金存续期内不再接受新的投资的一种投资基金。基金成立后的流通一般采取上市的方式，投资者追加投资或回收投资通过证券交易所买入或卖出，因此，封闭式基金的价格不仅受基金业绩的影响，而且要受到市场供求状况等许多方面的影响，其价格与其净值往往是脱节的。

② 开放式基金。开放式基金是指基金发行总额不固定，基金单位总数随时增减，投资者可以按基金的报价在国家规定的营业场所申购或赎回基金单位的一种基金。开放式基金的买卖价格是以基金单位净值计算的，所以不存在基金的折价风险，也可以避免受到供求关系的影响，投资者只需要按基金单位净值直接向基金管理公司购买或赎回，可以真正分享基金资产增值的收益。

3．按组织形态分为契约型基金和公司型基金

① 契约型基金。契约型基金又称为单位信托基金，是由投资机构（银行和企业）共同组建的，把收益人（投资者）、管理人和托管人三者作为基金当事人，三方订立基金契约，由基金管理公司根据契约运用信托资产，由受托人保管信托资产，通过三方签订基金契约发行收益凭证的形式来募集社会闲散资金而设立的一种基金。目前我国的证券投资基金基本上都属于契约型基金。

② 公司型基金。公司型基金是根据《公司法》以公司形态组成的基金，该基金公司以发行股份的方式募集资金，投资者购买基金公司股份就是认购基金，同时也成为公司的股东，并凭其所持有的股份份额享有投资收益。公司型基金设立的程序、组织机构与一般股份公司类似。

（二）基金投资的风险

1．市场风险

市场风险是指基金投资的国家或地区，因政治、经济、社会和市场信心等问题，而造成基金投资标的行情与景气度产生波动的现象。

2．流动性风险

流动性风险是指任何一种投资工具都存在，亦即投资者在需要卖出时面临的变现困难和不能在适当价格上变现的风险。

3．经营管理风险

经营管理风险是指在基金运作中，基金经理人的经营管理水平给投资者带来的风险。也就是说，基金管理公司内部运作是否有效，内部经营和风险控制的好坏直接关系到基金的盈利与否。

4．购买力风险

购买力风险是指当通货膨胀程度超过预期时，就会降低实质的投资收益率，使得投资者遭到无形的损失。

5．汇兑风险

汇兑风险是指以外币计价的海外基金以外币来进行投资，故其投资容易受到汇率的影响，造成投资收益的变动。因此，海外基金的投资者，除了原本的资本利差外，较国内基金要多承担一份汇兑风险。

（三）投资基金的运作

基金的运作包括基金市场营销、基金的募集、基金的投资管理、基金资产的托管、基金份额的登记、基金的估值与会计核算、基金的信息披露及其他基金运作活动在内的所有相关环节。投资基金的关系如图4.1所示。

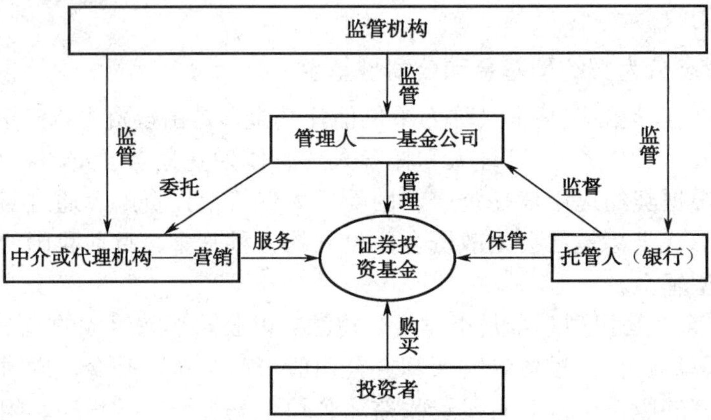

图4.1　投资基金的关系

1．基金的当事人

我国的证券投资基金依据基金合同设立，基金份额持有人、基金管理人和托管人是基金合同的当事人，简称基金当事人。

2．投资基金的运作过程

证券投资基金的运作过程主要包括基金发起设立，基金的发行与销售，基金的交易与申购、赎回。其具体步骤如下。

第一步　基金公司设计产品，进而发行，卖给投资者后完成募集，把投资者资金汇集成资金池形成基金。

第二步　把这些资金委托投资专家——基金公司来管理运作。其中，投资者、基金管理人（基金公司）、基金托管人（银行）通过基金合同方式建立信托协议，确立投资者出资并享有收益、承担风险；基金管理人受托负责理财；基金托管人负责保管资金三者之间的信托关系。

基金的投资操作与资产管理是分开的，基金公司只负责投资，并不直接接触资金和证券，而募集的资金是由基金托管人（银行）来保管的。在我国，基金托管人必须由合格的商业银行担任，基金管理人与基金托管人通过托管协议确立双方的责权。基金管理人必须由专业的基金管理人担任；基金投资人享受证券投资基金的收益，也承担亏损的风险。

第三步　基金公司经过专业理财，将投资收益分配给投资者。

对投资基金进行估价主要是为了衡量投资基金的业绩，为投资者选择符合投资要求的基金提供决策性的信息，因此基金公司应定期和不定期地公布财务报告。债券和股票的价值由未来的现金流量所决定，而基金的价值取决于当前能给投资者带来的现金流量所决定，这种目前的现金流量是用基金的净资产价值（简称基金净值）来表达的。

任务实施

工作资料 4-4　长江化工股份有限责任公司 2015 年 6 月 1 日购买了开放式基金“银华领先策略”100 万份，每份基金净值为 1.137 1 元，申购费率为 0.6%，经过 3 个月短期持有后，2015 年 9 月 1 日该基金净值上升为 1.150 0 元，长江公司将其卖出，赎回费率 0.5%。

要求：分析长江化工股份有限责任公司购买此基金的投资收益。

分析　（1）简单地说，基金的申购就是买入，赎回就是卖出；“银华领先策略”这支基金是开放式基金，随时可以进行申购和赎回，而且该基金募集资金后投资持仓的主要方向是上市股票，是股票型基金。

（2）公司购买该基金所需资金=1 000 000×1.137 1×（1+0.6%）=1 143 922.6（元）

公司卖出该基金收回的资金=1 000 000×1.180 0−1 000 000×1.180 0×0.5%=1 174 100（元）

因此，长江化工股份有限责任公司投资于该基金，经过 3 个月后获得的投资收益为 1 174 100−1 143 922.6=30 177.4（元）。

实践总结

企业投资于基金时，要考虑基金净值、申购和赎回费用，还要了解基金的投资方向、持仓特别是重仓的股票种类或债券种类。基金投资也是风险和收益并重，基金投资也有自身的优缺点，相对来说，基金投资的风险和收益低于股票，高于债券。

1. 基金投资的优点

① 具有专家优势。基金公司的理财团队都是具有丰富投资经验和操盘技术的专家，他们可以为缺乏金融知识的投资者根据其风险承受能力提供适合的投资品种，所以基金投资具有专家理财优势。

② 具有规模优势。基金的资金规模一般较大，具有一定的规模优势，能够在不承担太大风险的情况下获得相对较高的收益。

③ 收费标准灵活。基金的申购和赎回的收费标准相对于其他投资品种来说比较灵活。

2. 基金投资的缺点

① 收益较低。基金投资一般来说投资风险较小，通常基金投资者无法获得很高的投资收益。

② 变现速度慢。基金变现速度相对于其他投资品种来说通常较慢。

课后自测

基础知识训练

一、单项选择题

1．投资国债时不必考虑的风险是（　　）。

A．违约风险　　B．利率风险　　C．购买力风险　　D．再投资风险

2．某公司于2011年1月1日发行5年期、每年12月31日付息的债券，面值为1 000元，票面利率为10%。甲投资者于2015年1月1日以1 020元的价格购买该债券并打算持有至到期日，则该投资者进行该项投资的到期收益率为（　　）。

A．15.69%　　B．8.24%　　C．4.12%　　D．10%

3．某公司发行5年期债券，债券的面值为1 000元，票面利率为5%，每年付息一次，到期还本。投资者要求的必要报酬率为6%，则该债券的价值为（　　）元。

A．784.67　　B．769　　C．1000　　D．957.92

4．某公司股票面值为10元/股，年股利率为10%，必要报酬率为12.5%，则计算可得该股票的内在价值为（　　）。

A．8　　B．9　　C．10　　D．7

5．某公司股票目前的股利为每股2元，股利按6%的比例固定递增，据此计算出的资金成本为15%，则该股票目前的市价为（　　）元。

A．23.56　　B．25　　C．28.78　　D．22.35

6．一般认为，企业进行长期债券投资的主要目的是（　　）。

A．控制被投资企业　　B．调剂现金余额

C．获得稳定收益　　D．增强资产流动性

7．投资短期证券的投资者最关心（　　）。

A．证券的现实指数　　B．证券市场价格的变动

C．发行公司当期可分派的收益　　D．发行公司的经营理财状况的变动趋势

8．违约风险最大的证券是（　　）。

A．政府债券　　B．金融债券　　C．公司股票　　D．公司债券

9．证券投资者在购买证券时，可以接受的最高价格是（　　）。

A．出卖市价　　B．风险价值　　C．内在价值　　D．票面价值

二、多项选择题

1．短期债券投资的目的包括（　　）。

A．合理利用暂时闲置资金　　B．调节现金余额

C．获得收益　　D．获得稳定的收益

2．决定债券投资收益率的因素主要有（　　）。

A．票面利率　　B．持有时间　　C．市场利率　　D．购买价格

3．与股票投资相比，债券投资的主要缺点有（　　）。

A．购买力风险大　　B．流动性风险大
C．没有经营管理权　　D．投资收益不稳定

4．投资基金的特点是（　　）。

A．具有专家理财优势　　B．投资收益很高
C．是一种集合理财的投资方式　　D．无风险

5．股票投资的缺点有（　　）。

A．求偿权居后　　B．价格不稳定
C．收入不稳定　　D．购买力风险大

6．下列说法正确的是（　　）。

A．国库券没有违约风险和利率风险
B．债券质量越高，违约风险越小
C．购买预期收益率上升的资产可以抵补通货膨胀带来的损失
D．债券到期时间越长，利率风险越小

三、判断题

1．金融市场上的证券很多，其中供企业投资的证券主要有债券、股票和基金。（　　）

2．股票投资风险比债券投资风险低，其要求的投资收益也较低。（　　）

3．当通货膨胀发生时，普通股股票投资可以规避通货膨胀的风险。（　　）

4．投资国债没有购买力风险。（　　）

5．债券的违约风险从大到小排序分别是公司债券、金融债券、政府债券。（　　）

6．证券投资收益包括证券交易现价与原价的差价及定期的股利或利息收益。（　　）

7．普通股存在违约风险。（　　）

8．从长期来看，证券投资基金的收益率普遍高于同期银行存款利率、同期国债的利率，但低于公司债券的利率。（　　）

实践训练

1．A 公司拟购买到期一次还本付息的企业债券。该债券面值为 400 元，期限为 6 年，票面利率为 8%，不复利计息，当前市场利率为 10%，目前该债券的市场价格为每股 340 元。

要求：运用债券的估价模型分析 A 公司是否可进行投资。

2．华泰公司购买面值 10 万元，票面利率 5%、期限为 10 年的债券，每年 1 月 1 日付息，当时市场利率为 7%。

要求：（1）计算该债券的价值。

（2）如果该债券市价是 92 000 元，判断是否值得购买该债券。

3．A 公司准备购入一种股票，经分析可知：该股票发行企业的经营比较稳定，预计每年股利为固定额 1 元。已知 A 公司投资的必要报酬率为 10%，目前该股票的市场价格为每股 9.5 元。

要求：运用股票的估价模型分析 A 公司是否可进行投资。

4．某企业计划利用一笔长期资金投资购买股票。现有 A 公司股票和 B 公司股票可供选择，某企业只准备投资一家公司股票。已知 A 公司股票现行市价为每股 8 元，上年每股

股利为 0.14 元，预计以后每年以 6%的增长率增长；B 公司股票现行市价为每股 6 元，上年每股股利为 0.5 元，股利分配政策将一贯坚持固定股利政策。某企业所要求的投资必要报酬率为 8%。

要求：（1）利用股票估价模型，分别计算 A、B 公司股票价值。

（2）为该企业做出股票投资决策。

模拟沙盘实训

划分学习小组，以小组为单位选择金蝶软件（中国）有限公司“理财之道——财务管理电子对抗系统”实训软件或类似财务管理实训软件开展沙盘模拟演练。

1．了解证券投资与项目投资的区别。

2．结合具体证券投资（如购买债券和购买股票）认识债券、股票的特点。

3．通过演练，比较债券投资和股票投资的优缺点。

项目五

流动资产管理

项目引言

平常家里需要存放多少钱备用？如果多了，不仅不安全，而且损失了这笔钱存在银行的利息收入或买股票、债券、基金等金融产品的投资收益，但如果少了又可能会耽误事情，那么存放多少钱最合适呢？你一定会进行权衡。企业也一样，企业的流动资金尤其是现金、存货，需要权衡利弊后确定一个最佳数量。市场竞争激烈，很多企业为了对客户表示友好而采用赊销方式，还提供现金折扣。那么赊销的利弊是什么呢？又应该怎样权衡？打折扣对企业是否有利？只有经过分析，才能做到心中有数。

项目内容

流动资产（current assets）是指预计在一个正常营业周期中变现、出售或耗用，或者主要为交易目的而持有，或者预计在资产负债表日起一年内（含一年）变现的资产，以及自资产负债表日起一年内交换其他资产或清偿负债的能力不受限制的现金或现金等价物。流动资产主要包括货币资金、交易性金融资产、应收及预付账款、存货等。流动资产投资的特点是：周转速度快，变现能力强；获利能力比较弱，投资风险较小；数量波动很大；占用形态经常变动。

本项目主要包含现金管理、应收账款管理及存货管理等任务。

知识目标

现金的持有动机和成本；现金日常管理策略；应收账款管理的目标与成本；信用政策内容；存货功能与成本。

能力目标

能够确定企业现金的最佳持有量；能够进行企业存货经济批量决策；能够制定合理有效的信用政策。

任务一　现金管理

分析思路

现金是指在生产过程中暂时停留在货币形态的资金，包括库存现金、银行存款、银行本票和银行汇票等。现金是变现能力最强的非营利性资产，现金管理的过程就是在现金的流动性与收益性之间进行权衡选择的过程，其目的就是要合理确定现金持有量，使现金收支不但在数量上，而且在时间上相互衔接，在保证企业经营活动需要的同时，降低企业闲置的现金数量，提高资金收益率。

知识铺垫

现金是企业主要的支付手段，对企业正常生产经营的周转起着至关重要的作用。现金持有量不足可能影响企业的生产经营，加大企业的财务风险；现金持有量过多，会降低企业的整体盈利水平。

（一）现金持有动机

企业持有现金，主要基于以下 3 个方面的动机。

1．交易动机

交易动机，即企业在正常生产经营秩序下应当保持一定的现金支付能力（如购买固定资产和原材料、支付工资、缴纳税款等）。由于企业在生产经营活动中不可能始终保持现金收入与现金支出相等，因此，保持一定的现金余额以应付经常发生的业务需求是必要的。一般来说，企业为满足交易动机所持有的现金余额主要取决于企业的销售水平，企业销售扩大，销售额增加，所需现金余额也随之增加。

2．预防动机

预防动机，即企业为应付紧急情况而需要保持的现金支付能力。如应付自然灾害、生产事故、主要顾客未能及时付款及其他不可控因素所带来的意外需要持有的现金。由于市场行情的瞬息万变和其他各种不测因素的存在，企业通常难以对未来现金流入量和流出量做出准确的估计和预期，因此，在正常业务活动现金需要量的基础上，追加一定数量的现金余额以应付未来现金流入和流出的随机波动，是企业在确定必要现金持有量时应当考虑的因素。企业为应付紧急情况所持有的现金余额主要取决于 3 个方面：一是企业愿意承担风险的程度；二是企业临时举债能力的强弱；三是企业对现金流量预测的可靠性。

3．投机动机

投机动机，即企业为了抓住各种瞬息即逝的市场机会，获取较大的利益而准备的现金余额。例如，企业利用原材料价格的波动进行投资需要持有的现金。投机动机只是企业确定现金余额时所需考虑的次要因素之一，其持有量的大小往往与企业在金融市场的投资机会及企业对风险的态度有关。

（二）现金成本

企业持有现金的成本通常由以下 4 个部分组成。

1. 机会成本

现金机会成本是指企业因持有现金而丧失的再投资收益。现金作为企业的资金占用，是有代价的，即持有现金却不能将其投入生产经营活动，如企业持有现金 100 万元，如果投资于证券，可以获得10%的收益率，现金的再投资收益即机会成本为10万元（100×10%）。很明显，现金的机会成本与现金持有量正相关，即现金持有量越大，机会成本越高。机会成本的计算公式为：

$$机会成本总额 TC_1=平均现金持有量×有价证券利率（或报酬率）=(Q/2)\times K$$

式中，Q为现金持有量；K为再投资收益率。

2. 管理成本

现金管理成本是指企业为管理现金发生的管理费用，如管理人员工资和安全措施费等。管理成本具有固定成本的性质，与现金持有量之间无明显的比例关系。

3. 转换成本

现金转换成本是企业用现金购入有价证券及转让有价证券换取现金时付出的交易费用，即现金同有价证券之间相互转换的成本。例如，委托买卖佣金、委托手续费、证券过户费、实物交割手续费等。假设企业是通过到证券市场进行交易来获取现金 100 万元的，如果本年需要现金总量为 1 000 万元，则本年需要到证券市场交易 10（1 000÷100）次，如果每次交易（转换）成本为 1 000 元，则全年转换成本为 10 000（1 000×10）元。

很明显，现金转换成本与现金持有量负相关，即现金持有量越大，转换成本越低；反之，现金持有量越小，转换成本就越大。转换成本的计算公式为：

$$转换成本总额 TC_2=证券转换次数×每次的转换成本=(T/Q)\times F$$

式中，T为特定时期内的现金总需求量；F为每次转换有价证券的转换成本。

4. 短缺成本

现金短缺成本是指因现金持有量不足而给企业造成的损失，以及如果不能按时支付购料款而造成的信用损失，不能按期缴纳税款而被罚滞纳金等。

现金短缺成本与现金持有量负相关，即现金的短缺成本随现金持有量的增加而下降，随着现金持有量的减少而上升。

（三）现金日常收支管理策略

现金日常收支管理的目的在于通过加强现金管理，以便提高现金的使用效率。现金日常收支管理的常用策略有以下几种。

① 加速现金回收。在不影响企业未来销售的情况下，尽可能加快现金的回收。如果现金折扣在经济上可行，应尽量运用。

② 合理使用现金“浮游量”。所谓现金的“浮游量”是指企业账户上现金余额与银行账户上所示的存款余额之间的差额。使用现金“浮游量”可以减少企业现金持有量，从而提高企业的现金使用效率。

③ 推迟支付应付款。企业可在不影响信誉的情况下，尽可能的推迟应付款的支付期。

④ 采用汇票付款。在使用支票付款时，只要受票人将支票存入银行，付款人就要无条件地付款。但汇票不一定是“见票即付”的付款方式，这样就有可能合法地延期付款。

任务实施

子任务一　运用成本分析模式确定最佳现金持有量

工作资料 5-1　长江化工股份有限责任公司为加强现金管理，针对 2016 年预计现金需要总量 8 000 万元提出了 A、B、C、D 4 种现金持有方案。

要求：运用成本分析模式为该公司确定最佳现金持有量方案。

有关现金持有量及成本资料如表 5.1 所示。

表 5.1　现金持有量备选方案　万元

项　目	A	B	C	D
现金持有量	800	1 200	1 600	2 000
机会成本率	5%	5%	5%	50%
短缺成本	70	54	40	32

分析　根据表 5.1，编制该企业最佳现金持有量测算表，如表 5.2 所示。

表 5.2　最佳现金持有量测算　万元

方案及现金持有量	机会成本	短缺成本	相关总成本
A（800）	20	70	90
B（1 200）	30	54	84
C（1 600）	40	40	80
D（2 000）	50	32	82

通过分析比较表 5.1 和表 5.2 中各方案的总成本可知，C 方案的相关总成本最低，因此，企业持有 1 600 万元的现金时，各方面的总代价最低，1 600 万元为现金最佳持有量。

实践总结

成本分析模式是根据现金有关成本，分析预测其总成本最低时现金持有量的一种方法。运用成本分析模式确定现金最佳持有量，只考虑因持有一定量的现金而产生的机会成本及短缺成本，而不考虑管理成本和转换成本，即成本分析模式是找到机会成本和短缺成本所组成的总成本曲线中最低的点所对应的现金持有量，把它作为最佳现金持有量。

现金相关成本与现金持有量的关系如图 5.1 所示。

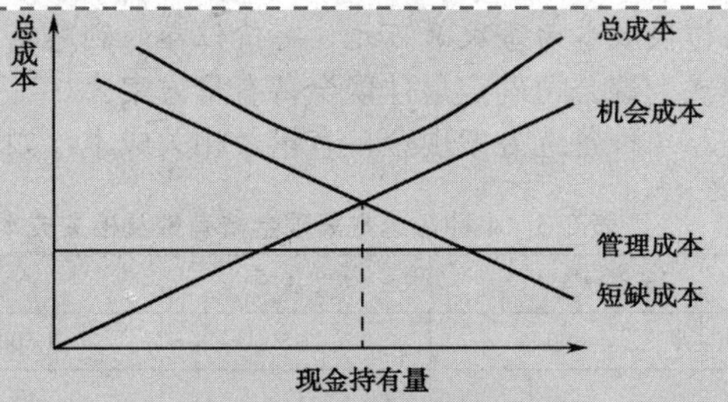

图 5.1　成本分析模式

从图 5.1 可以看出，由于各项成本同现金持有量的变动关系不同，使得总成本曲线呈抛物线状，抛物线的最低点即为总成本最低点，该点所对应的现金持有量便是最佳现金持有量。

成本分析模式适用范围广泛，尤其适用于现金收支波动较大的企业，但是持有现金的短缺成本较难准确预测。

子任务二　运用现金周转模式确定最佳现金持有量

工作资料 5-2　长江化工股份有限责任公司预计 2016 年需要现金总量 8 000 万元，预计存货周转期为 73 天，应收账款周转期为 60 天，应付账款周转期为 43 天。

要求：运用现金周转模式为该公司确定最佳现金持有量方案。

分析　根据前述知识铺垫及资料计算如下。

现金周转期=73+60−43=90（天）

现金周转率=360÷90=4（次）

最佳现金持有量=8 000÷4=2 000（万元）

实践总结

现金周转模式是按现金周转期来确定最佳现金余额的一种方法。现金周转期是指现金从投入生产经营开始到最终转化为现金的过程。现金周转模式可以用来确定最佳现金持有量，其主要步骤如下。

① 现金周转期=存货周转期+应收账款周转期−应付账款周转期

② 现金周转率=360（天）÷现金周转期

③ 最佳现金余额=预测期全年现金需要量÷现金周转率

现金周转模式操作比较简单，但要求有一定的前提条件，即能够根据往年的历史资料准确测算出现金周转次数，并且假定未来年度与历史年度周转基本一致；未来年度的现金总需求应根据产销计划比较准确地预计。

子任务三　运用存货模式确定最佳现金持有量

工作资料 5-3　长江化工股份有限责任公司预计 2016 年需要现金总量 8 000 万元。经测算现金与有价证券的转换成本为每次 8 万元，有价证券的利息率为 5%。

要求：运用存货模式为该公司确定最佳现金持有量方案。

分析 根据资料测算 4 种备选方案现金持有量及相关成本，如表 5.3 所示。

表 5.3 4 种备选方案现金持有量及相关成本测算 万元

项 目	A	B	C	D
现金持有量	800	1 280	1 600	2 000
机会成本（5%）	20	32	40	50
转换成本	80	50	40	32
总成本	100	82	80	82

上述计算结果表明：当现金持有量为 1 600 万元时，现金总成本为最低（80 万元），因此最佳现金持有量为 1 600 万元。

实践总结

存货模式是将存货经济订货批量模型原理（任务 3）用于确定目标现金持有量，其着眼点也是现金相关成本之和最低。

运用存货模式确定最佳现金持有量时，是以这些假设为前提的：①企业所需现金可通过证券变现取得，且证券变现的不确定性很小；②企业预算期内现金需要总量可以预测；③现金的支出过程比较稳定、波动较小，而且每当现金余额降至 0 时，均通过部分证券变现得以补足；④证券的利率或报酬率及每次固定性交易费用可以获悉。

在存货模型中只考虑现金的机会成本和转换成本，而不考虑现金的管理费用和短缺成本。如果现金持有量大，则现金的机会成本高，转换成本低；反之，现金持有量小，则现金的机会成本低，转换成本高。最佳现金持有量就是使现金机会成本与转换成本之和最低的现金持有量。与存货模式有关的计算如下：

现金管理相关总成本=机会成本总额+转换成本总额

即 $TC=TC_1+TC_2=(Q/2)\times K+(T/Q)\times F$

从而：

最佳现金持有量 $Q=\sqrt{\dfrac{2TF}{K}}$

有价证券交易次数 $\dfrac{T}{Q}=\sqrt{\dfrac{TK}{2F}}$

最低现金管理相关总成本 $TC=\sqrt{2TFK}$

上述工作资料应用公式来计算，得到：

最佳现金持有量 $\sqrt{\dfrac{2\times 8\,000\times 8}{5\%}}=1\,600$（万元）

有价证券交易次数 $\dfrac{8\,000}{1\,600}=5$（次）

转换成本 5×8=40（万元）

持有机会成本(1 600÷2)×5% =40（万元）

最低总成本 $TC=\sqrt{2\times 8\,000\times 8\times 5\%}=80$（万元）

存货模式的优点是计算结果比较准确，但它是以现金支出均匀发生、现金持有成本和转换成本易于预测为前提条件的，当企业现金收支波动较大时，这种方法的应用就受到了限制。

任务二　应收账款管理

分析思路

应收账款是指企业因对外赊销产品、材料、供应劳务等而应向购货或接受劳务的单位收取的款项。当企业在采取赊销方式促进销售、减少存货的同时，会因持有应收账款而付出一定的代价，但同时也会因销售增加而产生一定的收益。应收账款管理的目的就是在成本与收益比较原则的基础上，制定合适的信用政策。

知识铺垫

应收账款是企业为扩大销售量，增强企业竞争能力，减少存货，增加收入和利润的有利手段，但是，如果在应收账款上投资过大，也会增加应收账款的管理成本（如收账费用）、坏账成本等，而且有可能给企业带来致命打击。因此，加强应收账款的管理是任何企业都面临的永久性课题。

（一）应收账款管理目标

企业提供商业信用，采取赊销方式，会使企业应收账款的数额大量增加，现金的收回时间延长，甚至会使企业遭受不能收回应收账款的损失。但赊销又可以扩大销售，增加企业的市场占有率和盈利。因此，应收账款管理的目标就是在发挥应收账款扩大销货功能的同时，尽可能地降低应收账款投资的机会成本，减少坏账损失与管理成本，提高应收账款投资的收益率。

（二）应收账款成本

从财务管理角度方面来讲，应收账款成本应包括机会成本、管理成本和坏账成本。

1．机会成本

应收账款的机会成本是指因资金投放在应收账款上而丧失的其他收入，如投资于有价证券便会有利息收入。这一成本的大小通常与企业维持赊销业务所需要的资金数量（即应收账款投资额）、资金成本率有关。例如，公司预测的年度赊销收入净额为300万元，应收账款平均收账天数为60天，变动成本率为60%，资金成本率为10%，那么其应收账款的机会成本为多少？

首先应确定应收账款的平均余额，因为其决定企业维持赊销业务所需要的资金数量，即应收账款平均余额=300÷360×60=50（万元）。然后确定维持赊销业务所需资金，应该是应收账款平均余额中所占用的变动成本部分，即维持赊销业务所需资金=50×60%=30（万元）。最后计算应收账款机会成本，其取决于维持赊销业务所需要的资金数量丧失的收益，即应收账款机会成本=30×10%=3（万元）。

由此可见：

应收账款机会成本=日赊销额×平均收账天数×变动成本率×资金成本率

2．管理成本

应收账款管理成本，即对应收账款进行日常管理而耗费的开支，主要包括对顾客信用情况调查的费用、收集信息的费用、催收账款的费用和账簿的记录费用等。

例如，企业统计投放在应收账款上的相关费用如表5.4所示。

表5.4　应收账款管理成本明晰　　万元

项　目	费　用
顾客信用情况的调查费	10
催收资料、电话、差旅费等	20
收集信息费	5
应收账款账簿费用	5
合　计	40

很明显，应收账款发生以后，为防止坏账损失，加速现金回笼，必须进行日常管理，包括对顾客信用情况的调查、收集相关信息、各种方式催收账款等，为此，必然会发生相关的耗费，这就构成了应收账款的管理成本。上述资料表明应收账款的管理成本为40万元。

3．坏账成本

坏账成本，即因应收账款无法收回而给企业带来的损失。这一成本一般与应收账款数量同方向变动，即应收账款越多，坏账成本也越多。基于此，为规避发生坏账成本给企业生产经营活动的稳定性带来的不利影响，企业应合理提取坏账准备。

（三）信用政策

信用政策又称应收账款政策，是企业财务政策的重要组成部分。应收账款赊销效果的好坏，依赖于企业的信用政策。信用政策包括信用标准、信用条件和收账政策。

1．信用标准

信用标准是客户获得企业商业信用所应具备的条件。如果顾客达不到信用标准，便不能享受企业的信用或只能享受较低的信用优惠。

影响信用标准的基本因素包括同行业竞争对手的情况、企业承担风险的能力及客户的资信程度等方面，一般可以从信用品质、偿付能力、资本、抵押品和经济状况5个方面，即5C系统进行评估。

① 品质（Character）。这是指顾客的信誉，即履行偿债义务的可能性。企业必须设法了解顾客过去的付款记录，看其是否有按期如数付款的一贯做法，以及与其他供货企业的关系是否良好。这点经常被视为评价顾客信用的首要因素。

② 能力（Capacity）。这是指顾客的偿债能力，即其流动资产的数量和质量及流动负债的比例。顾客的流动资产越多，其转换为现金支付款项的能力越强。同时，还应注意顾客流动资产的质量，看是否存货过多、过时或质量下降，影响其变现能力和支付能力的情况。

③ 资本（Capital）。这是指顾客的财务实力和财务状况，表明顾客可能偿还债务的背景。

④ 抵押（Collateral）。这是指顾客拒付或无力支付货款时能被用做抵押的资产。这对于不知其底细或信用状况有争议的顾客尤为重要。一旦收不到这些顾客的款项，便以抵押品抵补。如果这些顾客提供足够的抵押，就可以考虑向他们提供相应的信用。

⑤ 条件（Conditions）。这是指可能影响顾客付款能力的经济环境。例如，万一出现经济不景气，会对顾客的付款产生什么影响，顾客会如何做等，这需要了解顾客在过去困难时期的付款历史。

2．信用条件

信用条件是指企业接受客户信用订单时所提出的付款要求，主要包括信用期限、折扣期限及现金折扣率等，一般形式为“2/10，N/30”。其意思是：如果客户在 10 天内付款，可享受 2%的现金折扣；如果放弃折扣优惠，则全部款项必须在 30 日内付清。上述信用条件的信用期限为 30 天，折扣期限为 10 天，现金折扣率为 2%。

3．收账政策

收账政策是指企业针对客户违反信用条件，拖欠甚至拒付账款所采取的收账策略与措施。收账政策主要包括监督应收账款的回收情况，建立应收账款坏账准备制度，制定适当的收账政策。

任务实施

子任务一　制定信用条件

工作资料 5-4　长江化工股份有限责任公司现在采用 30 天按发票金额付款的信用政策，拟将信用期放宽至 60 天或 90 天，仍按发票金额付款即不给折扣。假设变动成本率为 60%，资金成本率为 10%，固定成本总额不变。其他有关数据如表 5.5 所示。

表 5.5　信用条件备选方案　　万元

项目＼方案	A（N/30）	B（N/60）	C（N/90）
年赊销金额	18 000	19 800	21 000
应收账款平均收账天数	30	60	90
坏账损失	180	396	630
收账费用	72	120	288

要求：为长江化工股份有限责任公司 2016 年选择有利的信用条件方案。

分析 当企业在采取赊销方式促进销售、减少存货的同时，会因持有应收账款而付出一定的代价，主要包括机会成本、管理成本、坏账成本，但同时也会因销售增加而产生一定的收益。信用条件的制定需要通过比较不同的信用条件下的销售收入及相关成本，最后计算出各自的收益，选择净收益最大的信用条件。

根据表 5.5 的资料，可计算相应的指标，如表 5.6 所示。

表 5.6 信用条件分析评价 万元

项目 \ 方案	A（N/30）	B（N/60）	C（N/90）
年赊销额	18 000	19 800	21 000
变动成本	10 800①	11 880②	12 600③
信用成本前收益	7 200	7 920	8 400
信用成本			
应收账款机会成本	90④	198⑤	315⑥
坏账损失	180	396	630
收账费用	72	120	288
小 计	342	714	1 233
信用成本后收益	6 858	7 206	7 167

注：① 18 000×60%=10 800（万元）

② 19 800×60%=11 880（万元）

③ 21 000×60%=12 960（万元）

④ 18 000÷360×30×60%×10%=90（万元）

⑤ 19 800÷360×60×60%×10%=198（万元）

⑥ 21 000÷360×90×60%×10%=315（万元）

根据表 5.6 中的计算结果可知，在这 3 个方案中，B 方案（N/60）的获利最多，它比 A 方案（N/30）增加收益 348 万元，比 C 方案（N/90）的收益要多 39 万元，因此，在其他条件不变的情况下，应选择 B 方案。

实践总结

信用期限是指企业允许客户从购货到支付货款的时间间隔。企业产品销售量与信用期限之间存在着一定的依存关系。通常情况下，延长信用期限可以在一定程度上扩大销售量，从而增加毛利。但不适当地延长信用期限，会给企业带来不良后果：一是使平均收款期延长，占用在应收账款上的资金相应增加，引起机会成本增加；二是引起坏账损失和收账费用的增加。因此，企业是否给客户延长信用期限，应视延长信用期限增加的边际收入是否大于增加的边际成本而定。

延长信用期限会增加应收账款占用的时间和金额。许多企业为了加快资金周转，及时收回货款，减少坏账损失，往往在延长信用期限的同时，采取一定的优惠措施，即在规定的时间内提前偿付货款的客户可按销售收入的一定比率享受折扣。例如，信用条件“2/10，N/30”表示赊销期限为 30 天，如果客户在 10 天内付款，则可享受 2%的折扣。

企业还可以采取阶段性的现金折扣期与不同的现金折扣率。例如，“2/10，1/20，N/30”的意思是：在10天内付款，给予2%的现金折扣；在11至20天内付款，给予1%的现金折扣；在21至30天内付款，不给予现金折扣；超过30天付款为延期付款，客户将丧失商业信用。现金折扣实际上是对现金收入的扣减，企业决定是否提供及提供多大程度的现金折扣，着重考虑的是提供现金折扣后所得的收益是否大于现金折扣的成本。

总之，制定信用条件（包括信用期限、现金折扣率等）应在成本与收益比较原则的基础上选择净收益最大的信用条件。

子任务二　制定收账政策

工作资料 5-5　长江化工股份有限责任公司2016年年初对2015年应收账款余额1 740万元账龄结构进行分析，如表5.7所示。

表 5.7　应收账款账龄分析

应收账款	账龄账户数量	金额/万元	比重/%
信用期内	123	1 044	60
逾期半年内	42	348	20
逾期半年至一年	18	174	10
逾期一年至两年	9	87	5
逾期两年至3年	6	69.6	4
逾期3年以上	1	17.4	1
应收账款总计	—	1 740	100

要求：根据该公司2015年年末应收账款账龄结构制定2015年收账措施。

分析　表5.7表明，该企业应收账款总额为1 740万元。其中，在信用期内的1 044万元，占60%；逾期半年内的348万元，占20%；逾期半年至一年的174万元，占10%；逾期一年至两年的87万元，占5%；逾期两年至3年的69.5万元，占4%；逾期3年以上的17.4万元，占1%。从总体上看，该企业逾期的应收账款为696万元，占40%，比重较大，所以应引起财务管理人员的高度重视。

针对长江化工股份有限责任公司2015年应收账款拖欠高达40%的情况，公司在2016年制定了如下收账政策。

① 对于信用期内的1 044万元（占60%）的123户客户，应随时保持友好联系，并进一步了解各客户的信用状况，防止拖欠账款的现象发生。

② 对于逾期半年内的348万元（占20%）和逾期半年至一年的174万元（占10%）的60户客户必须重点关注，主要采取发信函、打电话催收的方法，了解欠款原因，以便掌握客户的信用情况，尽快收回账款，防止进一步拖欠，对信用状况差的客户要及时调整信用政策，避免再次发生拖欠账款现象。

③ 对于逾期一年至两年的87万元（占5%）和逾期两年至3年的69.6万元（占4%）的15户客户必须全面了解其信用状况，认真分析原因并派专人上门催收，如果遇阻，必要

时请公司的法律顾问协助解决。

④ 对于逾期 3 年以上的 17.4 万元（占 1%）的 A 公司，委托代理机构对该公司进行信用状况全面调查并协助催收。如果遇阻，通过成本效益分析后可采取向法院起诉的手段。

实践总结

收账政策是指企业针对客户违反信用条件，拖欠甚至拒付账款所采取的收账策略与措施。收账政策主要包括监督应收账款的回收情况，建立应收账款坏账准备制度，制定适当的收账政策。

1. 监督应收账款的回收情况

企业已经发生的应收账款在时间上有长有短，有的尚未超过信用期，有的则已逾期拖欠。一般来讲，逾期的时间越长，账款的催收难度就越大，成为坏账的可能性就越高。因此，将应收账款按账龄分类，尤其是按逾期时间分类，密切关注应收账款的回收情况，是加强应收账款管理的重要措施。

应收账款的账龄分析就是考察研究应收账款的账龄结构。所谓应收账款的账龄结构，是指各账龄应收账款的余额占应收账款总计余额的比重。

2. 建立应收账款坏账准备制度

只要有应收账款，就有发生坏账的可能性。按照权责发生制原则和谨慎性原则的要求，必须对坏账发生的可能性进行预先估计，并计提相应的坏账准备。按《企业会计制度》的规定，应收账款坏账准备的具体计提比例可以由企业根据自己的实际情况和以往的经验加以确定。

3. 制定适当的收账政策

理论上讲，履约付款是客户不容置疑的责任与义务，作为债权方，企业也有要求债务方企业偿付账款的法定权利。但是，这并不意味着一旦发生拖欠或拒付账款的情况就要付诸法律，因为企业解决与客户账款纠纷的目的，主要不是争论谁是谁非，而是在于怎样能最有效地将账款收回。实际上，各个客户拖欠或拒付账款的原因是不尽相同的，许多信用品质好的客户也可能因为某些原因无法如期付款，此时如果企业直接向法院起诉，不仅需要花费相当数额的诉讼费，而且效果往往也不理想。因此，通过法院强行收回账款一般是企业不得已而为之的办法。

通常，当企业账款被拖欠或拒付时，首先应该分析企业现有的信用标准及信用审批制度是否存在问题，然后重新对违约客户的资信等级进行调查、评价。对于逾期较短的拖欠，不必过多地去打扰客户，以免将来失去这一市场；对逾期稍长的客户，可措辞婉转地写信催收；对逾期较长的客户，以频繁的信件催款并电话催收；对逾期很长的客户，可在催款时措辞严厉，必要时考虑通过法律途径解决问题。

无论采取何种方式催收账款，都需要付出一定的代价，即收账费用。一般而言，企业加强收账管理，及早收回货款，可以减少坏账损失，减少应收账款上的资金占用，但会增加收账费用。因此，制定收账政策就是要在增加收账费用与减少坏账损失、减少应收账款机会成本之间进行权衡，如果前者小于后者，则说明制定的应收账款政策是可取的。

任务三　存货管理

分析思路

存货是指企业在日常活动中持有以备出售的产成品或商品、处在生产过程中的在产品、在生产过程或提供劳务过程中耗用的材料和物料等。为生产而储备的存货主要包括库存原材料、辅助材料、包装物、低值易耗品等，为销售而储备的存货主要包括库存商品、产成品等。存货在流动资产中所占的比重比较大，存货管理水平的高低，对企业生产经营的顺利与否具有直接的影响。

知识铺垫

企业持有充足的存货，不仅有利于生产过程的顺利进行，节约采购费用与生产时间，而且能够迅速地满足客户各种订货的需要，从而为企业的生产与销售提供较大的机动性，避免因存货不足带来的机会损失。然而，存货的增加必然要占用更多的资金，将使企业付出更大的成本。存货管理的目标就是如何在存货功能（收益）与成本之间进行利弊权衡，在充分发挥存货功能的同时降低成本，增加收益，实现它们的最佳组合。

（一）存货的功能

存货的功能是指存货在企业生产过程中所具有的作用，主要是防止停工待料、适应市场变化、降低进货成本、维持均衡生产。

（二）存货成本

存货的总成本主要由进货成本、储存成本、缺货成本构成。

1. 进货成本

进货成本主要由存货的进价和进货费用构成。其中，进价又称购置成本，是指存货本身的价值，等于采购单价与采购数量的乘积。在一定时期进货总量既定的条件下，无论企业采购次数如何变动，存货的进价通常是保持相对稳定的，因而属于决策无关成本。进货费用又称订货成本，是指企业为组织进货而开支的费用。进货费用有一部分与订货次数有关，这类变动性进货费用属于决策相关成本；另一部分与订货次数无关，属于决策无关成本。例如，长江化工股份有限责任公司预计 2016 年耗用 A 主材 57 600 千克，准备分 8 批采购，每批采购 7 200 千克，平均每次进货费用为 900 元，则全年进货成本为 7 200（57 600÷7 200×900）元。

很明显，变动性进货成本与进货批量负相关，即进货批量越大，进货成本越低。进货成本的计算公式如下：

$$\text{进货成本}(TC_1)=\text{存货全年进货总量}\div\text{每次进货批量}\times\text{每次进货费用}=A/Q\times B$$

式中，A 为某种存货的全年需要量；Q 为存货的进货批量；B 为平均每次进货费用。

2．储存成本

储存成本，是指企业为持有存货而发生的费用。储存成本可以按照与储存数额的关系分为变动性储存成本和固定性储存成本两类。其中，固定性储存成本与存货储存数额的多少没有直接联系，这类成本属于决策无关成本；变动性储存成本与存货储存数额成正比例变动关系，这类成本属于决策相关成本。例如，长江化工股份有限责任公司在每批采购 7 200 千克的情况下，如果每千克材料年储存成本为 2 元，则变动性储存成本为 7 200（7 200÷2×2）元。

很明显，变动性储存成本与进货批量正相关，即进货批量越大，储存成本越大。储存成本的计算公式如下：

$$TC_2=\text{每次进货批量}\div 2\times\text{单位存货年储存成本}=Q/2\times C$$

式中，C 为单位存货年度储存成本。

3．缺货成本

缺货成本，是指因存货不足而给企业造成的停产损失、延误发货的信誉损失及丧失销售机会的损失等。缺货成本能否作为决策的相关成本，应视企业是否允许出现存货短缺的不同情形而定。如果允许缺货，则缺货成本便与存货数量反向相关，即属于决策相关成本；反之，如果企业不允许发生缺货情形，此时缺货成本为 0，则无须加以考虑。

不同的成本项目与进货批量有着不同的变动关系。订购的批量大，储存的存货就多，储存成本就高，同时采购次数少，进货费用和缺货成本少；订货的批量小，储存的存货就少，储存成本就低，同时，采购次数多，进货费用和缺货成本多。因此，如何协调各项成本间的关系，使其总成本保持最低水平，是企业组织进货过程中需要解决的主要问题。

任务实施

子任务一　确定存货经济批量

存货经济进货量是指能够使一定时期存货的相关总成本达到最低的进货数量。通过对存货成本分析可知，决定存货经济进货批量的成本因素主要包括变动性进货费用、变动性储存成本及允许缺货时的缺货成本，可运用现金管理存货分析模式法进行分析。

工作资料 5-6　长江化工股份有限责任公司预计 2016 年耗用 A 主材 57 600 千克。该材料的单位采购价格为 40 元，每千克材料年储存成本平均为 2 元，平均每次进货费用为 900 元。

要求：试确定该公司的经济进货批量及相关成本。

分析　依条件得知：A=57 600 千克，B=900 元，C=2 元，P=40 元。

运用现金管理存货分析模式法进行分析：

存货经济进货批量 $Q=\sqrt{\dfrac{2\times 57\,600\times 900}{2}}=7\,200$（千克）

最低相关总成本 $TC=\sqrt{2\times 57\,600\times 900\times 2}=14\,400$（元）

最佳进货批次 $N = A/Q = 57\,600 \div 7\,200 = 8$（次）

经济进货批量平均占用资金 $W = QP/2 = 7\,200 \times 40 \div 2 = 144\,000$（元）

可见，该材料的最佳经济批量为 7 200 千克，此时进货费用与储存成本总额最低。

实践总结

存货经济进货量是指能够使一定时期存货的相关总成本达到最低的进货数量。

1. 经济进货批量的基本模型

经济进货批量的基本模型应以这些假设为前提：①企业一定时期的进货总量可以较为准确地预测；②存货的耗用或销售比较均衡；③存货的价格稳定，且不存在数量折扣，进货日期完全由企业自行决定，并且每当存货量降为 0 时，下一批存货均能马上一次到位；④仓储条件及所需现金不受限制；⑤不允许出现缺货；⑥所需存货市场供应充足，并能集中到货。

在满足以上假设的前提下，存货的买价（购置成本）和短缺成本都不是决策的相关成本，此时，经济批量仅仅是变动性进货费用与变动性储存成本之和为最低时的进货批量。即：

$$\text{相关总成本}（TC）= TC_1 + TC_2 = A/Q \times B + Q/2 \times C$$

2. 经济进货批量及其成本

在经济进货批量的基本模型下，存货经济进货量是变动性进货费用与变动性储存成本之和为最低时的进货批量，即相关总成本（TC）为最低时的进货批量。运用数学中的极值原理可以求得：

存货的经济批量$(Q) = \sqrt{2AB/C}$

经济批量的相关总成本$(TC) = \sqrt{2ABC}$

最佳进货批次（N）$= A/Q = \sqrt{AC/2B}$

经济批量的平均占用资金（W）$= \dfrac{QP}{2}$

3. 实行数量折扣的经济进货批量决策

为了鼓励客户购买更多的商品，销售企业通常会给予不同程度的价格优惠，即实行商业折扣或称价格折扣，购买越多，所获得的价格优惠就越大。此时，进货企业对经济进货批量的确定，除了考虑进货费用与储存成本外，还应考虑存货的进价成本，因为此时的存货进价成本已经与进货数量的大小有了直接联系，属于决策相关成本。在经济批量基本模型其他各种假设条件均具备的前提下，存在数量折扣时的存货相关总成本可按下式计算：

存货总成本=存货进价+变动性进货费用+变动性储存成本

同样，其最佳经济进货批量的决策是比较不同进货批量的存货总成本，最低存货总成本对应的进货批量就是实行数量折扣的最佳经济进货批量。

子任务二　存货 ABC 分类管理

工作资料 5-7　长江化工股份有限责任公司目前共有 20 种原材料，总金额为 1 000 万元。按金额多少顺序排列后，根据前文所述原则划分为 A、B、C 三类，具体情况如表 5.8 所示。

表 5.8　ABC 分类表

材料编号	金额/万元	金额比重/%	累计金额比重/%	类别	各类存货数量		各类存货价值	
					种数	比重/%	金额/万元	比重/%
1	500	50	50	A	2	10	750	75
2	250	25	75					
3	100	10	85	B	5	25	200	20
4	50	5	90					
5	25	2.5	92.5					
6	15	1.5	94					
7	10	1	95					
8	9	0.9	95.9	C	13	65	50	5
9	8	0.8	96.7					
10	7	0.7	97.4					
11	6	0.6	98					
12	5	0.5	98.5					
13	4	0.4	98.9					
14	3	0.3	99.2					
15	2	0.2	99.4					
16	1.9	0.19	99.59					
17	1.8	0.18	99.77					
18	1.7	0.17	99.94					
19	0.5	0.05	99.99					
20	0.1	0.01	100					
合计	1 000				20	100	1 000	100

要求：为该公司制定存货日常管理方法。

分析　从上述对长江化工股份有限责任公司目前原材料存货进行 ABC 分类的情况可见：A 类存货品种数量仅有 2 种（占 10%），但占用的金额高达 750 万元（占 75%）；B 类存货品种数量有 5 种（占 25%），占用的金额达 200 万元（占 20%）；C 类存货品种数量多达 13 种（占 65%），但占用的金额仅有 50 万元（占 5%）。为此，长江化工股份有限责任公司制定了如下存货日常管理方法。

（1）2 种 A 类存货进行分别重点管理，必须经常检查这类存货的库存情况，严格控制该类存货支出。

（2）5 种 B 类存货的金额相对较小，数量也多，可以通过划分类别的方式进行管理。对第 3 种和第 4 种材料可以参照 A 类存货进行重点管理，对第 5、6、7 种材料按 C 类存货进行管理。

（3）13 种 C 类存货由于占用的金额比重很小，品种数量又很多，故可以只对其进行总量控制和管理。

实践总结

存货 ABC 分类管理就是按照一定的标准，将企业的存货划分为 A、B、C 三类，分别实行品种重点管理、分类别一般控制和按总额灵活掌握的存货管理方法。

一般来说，企业的存货品种繁多，尤其是大中型企业的存货往往多达上万种甚至数十万种，采用存货 ABC 分类法进行管理，企业就可以分清主次，突出管理重点，提高存货管理的整体效率。

1. 存货 ABC 分类的标准

分类的标准主要有两个：一是金额标准；二是品种数量标准。其中，金额标准是最基本的，品种数量标准仅作为参考。

A 类存货标准：金额很大，品种数量很少；B 类存货标准：金额较大，品种数量较多；C 类存货标准：金额较小，品种数量繁多。例如，对于一个百货公司，家用电器、高档皮货、家具、摩托车、大型健身器械等商品的品种数量并不是很多，但价值额却很大；大众化的服装、鞋帽、床上用品、布匹、文具等商品品种数量比较多，但价值额相对 A 商品要小得多；各种小百货，如针线、纽扣、化妆品、日常用品等品种数量非常多，但所占金额却很小。

一般而言，3 类存货的金额比重大约为 A : B : C=0.7 : 0.2 : 0.1，而品种数量比重大约为 A : B : C=0.1 : 0.2 : 0.7。将存货划分成 A、B、C 后，再采取不同的管理方法。

2. 存货 ABC 分类的主要步骤

① 列示企业全部存货的明细表，并计算出每种存货的价值总额及占全部存货金额的百分比。

② 按照金额标志由大到小进行排序，并累加金额百分比。

③ 当金额百分比累加到 70%左右时，以上存货视为 A 类存货；百分比介于 70%～90%的存货视为 B 类存货；其余为 C 类存货。

3. 存货 ABC 分类管理方法

A 类存货由于金额很大，品种数量很少，应进行重点管理，经常检查这类存货的库存情况，严格控制该类存货支出；B 类存货的金额相对较小，数量也多，可以通过划分类别的方式进行管理，或者按照其在生产中的重要程度和采购难易度分别采用 A 类或 C 类存货的管理方法；C 类存货占用的金额比重很小，品种数量又很多，可以只对其进行总量控制和管理。

课后自测

基础知识训练

一、单项选择题

1. 企业为满足交易动机而持有现金，所需考虑的主要因素是（　　）。

A．企业销售水平的高低　　B．企业临时举债能力的大小
C．企业对待风险的态度　　D．金融市场投机机会的多少

2．各项成本中与现金的持有量成正比例关系的是（　　）。

A．管理成本　　B．机会成本　　C．转换成本　　D．短缺成本

3. 在对存货实行 ABC 分类管理的情况下，ABC 三类存货的品种数量比重大致为（　　）。

A．0.7 : 0.2 : 0.1　　B．0.1 : 0.2 : 0.7　　C．0.5 : 0.3 : 0.2　　D．0.2 : 0.3 : 0.5

4．在确定最佳现金持有量时，成本分析模式和存货模式均需考虑的因素是（　　）。

A．持有现金的机会成本　　B．固定性转换成本
C．现金短缺成本　　D．现金保管费用

5. 某企业年赊销额 3 600 万元（一年按 360 天计算），应收账款平均收账天数为 45 天，变动成本率为 60%，资金成本率为 8%，则企业的应收账款机会成本为（　　）万元。

A．172.8　　B．288　　C．216　　D．3 375

6．不属于存货变动性储存成本的是（　　）。

A．存货的变质损失　　B．储存存货仓库的折旧费
C．存货的保险费用　　D．存货占用资金的应计利息

7．存货经济进货批量是指（　　）。

A．订货成本最低的采购批量　　B．储存成本最低的采购批量
C．缺货成本最低的采购批量　　D．存货总成本最低的采购批量

8．属于应收账款机会成本的是（　　）。

A．应收账款占用资金的应计利息　　B．客户资信调查费用
C．坏账损失　　D．收账费用

9．某企业现金收支状况比较稳定，全年的现金需要量为 40 万元，每次转换有价证券的固定成本为 800 元，有价证券的年利率为 10%，则最佳现金持有量为（　　）元。

A．2 000　　B．8 000　　C．40 000　　D．80 000

10．用 ABC 法对存货进行控制时，应当重点控制的是（　　）。

A．数量较多的存货　　B．占用资金较多的存货
C．品种较多的存货　　D．库存时间较长的存货

二、多项选择题

1．与固定资产投资相比，流动资产投资的特点包括（　　）。

A．投资回收期短　　B．流动性强　　C．具有并存性　　D．具有波动性
E．投资风险大

2．企业在确定为应付紧急情况而持有现金数额时，需要考虑的因素有（　　）。

A．企业销售水平的高低　　B．企业临时举债能力的强弱
C．金融市场投资机会的多少　　D．企业现金流量预测的可靠程度
E．企业应收账款的周转速度

3．企业持有足够的现金，对于（　　）具有重要的意义。

A．降低财务风险　　B．增强企业资产的流动性
C．增强企业债务的可清偿性　　D．增强企业资产的收益性

E．应付紧急情况

4．企业对客户进行资信评估应当考虑的因素主要包括（　　）。

A．信用品质　B．偿付能力　C．资本　D．抵押品

E．经济状况

5．属于建立存货经济进货批量基本模型假设前提的有（　　）。

A．一定时期的进货总量可以较为准确地预测

B．允许出现缺货　C．仓储条件不受限制

D．存货的价格稳定　E．所需存货市场供应充足

6．应收账款的功能包括（　　）。

A．促进销售　B．减少存货　C．增加现金　D．减少借款

E．降低企业成本

7．应收账款的信用条件包括（　　）。

A．信用期限　B．折扣期限　C．现金折扣率　D．收账政策

E．信用标准

8．不适当的延长信用期限给企业带来的后果包括（　　）。

A．应收账款机会成本增加　B．坏账损失减少

C．坏账损失增加　D．收账费用增加

E．企业收账风险减小

三、判断题

1．企业现金持有量过多会降低企业的收益水平。（　　）

2．一般说来，企业收账的支出越大，收账措施越有力，可收回的账款也越多，坏账损失也越小，所以企业应不惜一切代价催收欠款。（　　）

3．现金与有价证券的变动性转换成本与证券交易次数有关，属于决策相关成本。（　　）

4．偿付能力是决定是否给予客户信用的首要因素。（　　）

5．企业通过信用调查和严格信用审批制度，可以解决账款遭到拖欠甚至拒付的问题。（　　）

6．采购批量越大，储存成本越高，订货成本就越低。（　　）

7．在确定信用标准时，只要提供商业信用增加的成本低于扩大销售量增加的收益，企业就可以进一步提供商业信用。（　　）

8．在有数量折扣的经济进货批量模式下，需要考虑的相关成本包括变动性进货费用和变动性储存成本。（　　）

9．信用条件是客户获得企业商业信用所应具备的最低条件，通常用预期的坏账损失率表示。（　　）

10．企业现金管理的目的首先是使得现金获得最大的收益，其次是保证日常生产经营业务的现金需求。（　　）

实践训练

1．宏远机械有限责任公司2016年现金收支状况比较稳定，预计全年（按360天计算）

需要现金 800 万元，现金与有价证券的转换成本为每次 800 元，有价证券的年利率为 8%。

要求：试用存货模式为该公司确定最佳现金持有量及相关指标（最低总成本、最佳有价证券交易次数和有价证券交易间隔期）。

2．宏远机械有限责任公司预测 2016 年 A 材料年需要量为 14 400 千克。已知每批进货费用 100 元，单位材料的年储存成本 2 元，单位采购价格为 20 元。

要求：试确定该公司的经济进货批量及相关成本。

3．宏远机械有限责任公司预测 2015 年度销售额为 3 600 万元。其信用条件是 N/30，变动成本率为 60%，资金成本率为 10%。假设企业收账政策不变，固定成本总额不变。其他有关数据如表 5.9 所示。

表 5.9　信用条件备选方案　万元

项目 \ 方案	A（N/30）	B（N/60）	C（N/90）
年赊销金额	3 600	3 960	4 200
应收账款平均收账天数	30	60	90
坏账损失	72	118.8	252
收账费用	36	60	144

要求：为宏远机械有限责任公司 2015 年选择有利的信用条件方案。

模拟沙盘实训

划分学习小组，以小组为单位选择金蝶软件（中国）有限公司“理财之道——财务管理电子对抗系统”实训软件或类似财务管理实训软件开展沙盘模拟演练。

1．通过实际演练明确营运资金管理在企业经营管理中的重要性。

2．运用所学知识进行营运资金管理决策。

3．通过演练结果，评价本组营运资金管理效果，总结并分析原因。

项目六

资金筹集方案筹划

项目引言

你大学毕业后想独自创业吗？企业规模应多大，需要多少资金，又从何种途径取得？是向银行贷款，找亲朋好友借款，使用家长的积蓄，还是寻找合作伙伴？是不是借得越多越好？你一定会进行权衡。企业也一样，在“借鸡下蛋”的经营战略模式下，企业会为经营发展需要筹集资金，但是筹资渠道、筹资方式多种多样，企业应当综合考虑各种资金成本后，再确定合理的最佳资本结构。如果在筹资过程中，企业产生了负债，当借款规模和利率水平一旦确定，其负担的利息水平也就固定不变，举债产生的财务杠杆效应具有双重作用，如何将其转化为积极效应，使企业既有规模又有效益？只有经过分析，才能做到心中有数。

项目内容概述

筹资是指企业为了满足其经营活动、投资活动、资本结构管理和其他需要，运用一定的筹资方式，筹措和获取所需资金的一种行为。

筹资管理是企业财务管理的一项基本内容。筹资管理要求解决为什么要融资，需要筹集多少资金，以什么方式融资，以及如何根据财务风险和资金成本合理安排资本结构等问题。

本项目主要包含筹资方式和筹资渠道的选择、权益资金的筹集、债务资金的筹集、资金成本的确定、最佳资本结构决策，以及杠杆效应的利用等任务。

知识目标

资金筹集方式的选择；权益资金筹资方式的比较；债务资金筹资方式的比较；资金成本的计算；资本结构的概念；杠杆效应现象及成本习性。

能力目标

能够区分筹资方式与筹资渠道；能够选择合适的权益资金与债务资金筹集方案；能够计算个别资金成本和综合资金成本；能够进行最佳资本结构的决策。

任务一　企业筹资方式与筹资渠道的选择

思路分析

资金是企业的血液，是企业设立、生存和发展的物质基础，是企业开展生产经营业务活动的基本前提。企业筹资都有这样或那样的动机和原因。企业筹资付出的成本直接影响到企业对筹资方式的选择，在采取某种筹资方式时资金的来源渠道又有多种，因此，企业应根据自身需要权衡筹资渠道是来自于内部还是外部，国家还是民间，银行还是非银行，筹资方式是采取权益筹资还是债务筹资。

知识铺垫

筹资活动是企业一项重要的财务活动。如果说企业的财务活动是以现金收支为主的资金流转活动，那么筹资活动则是资金运转的起点，是决定资金运动规模和生产经营发展程度的重要环节。它通过一定的资金渠道，采取一定的筹资方式，组织资金的供应，保证企业生产经营活动的需要。资金持有量不足可能影响企业的生产经营，加大企业的财务风险；资金持有量过多，会降低企业的整体盈利水平。企业应筹集的资金量可以定性地利用直观的资料，依靠个人的经验和主观分析、判断能力预测法，也可以定量地采用数学模型对未来资金需要量做出预测。

（一）筹资动机

企业筹资最基本的目的，是为了企业经营的维持和发展，为企业的经营活动提供资金保障，但每次具体的筹资行为，往往受到特定动机的驱动，如为购置新设备、新技术而筹资，为解决资金周转而筹资等。总体而言，筹资动机可表现为4类。

1．创立性筹资动机

创立性筹资动机是指企业设立时，为取得资本金并形成开展经营活动的基本条件而产生的筹资动机。我国《公司法》等相关法律规定，公司成立时有最低注册资本要求；其企业创建时，应按照企业规模核定长期资本需要量和流动资本需要量，安排铺底流动资金，形成企业的经营能力。

2．支付性筹资动机

支付性筹资动机是指为了满足经营业务活动的正常波动所形成的支付需要而产生的筹资动机。企业在营业过程中，往往会出现季节性的或临时性的资金缺乏，如大额采购原材料、集中发放职工薪酬、偿还贷款、股利发放等，这些情况很可能需要临时性筹集资金周转。

3．扩张性筹资动机

扩张性筹资动机是指企业因扩大经营规模或对外投资需要而产生的筹资动机。处于成长期的企业，往往会产生扩张性的筹资动机，因为企业处于成长期，发展前景良好，需要资金扩大规模。

4．调整性筹资动机

调整性筹资动机是指企业因调整资本结构而产生的筹资动机。企业产生调整性筹资动机的具体原因，大致有二：一是优化资本结构，合理利用财务杠杆效应；二是偿还到期债务，债务结构内部调整。

（二）企业筹资基本原则的确定

1．筹措合法原则

企业的筹资活动不仅为自身的生产经营提供资金来源，而且也会影响投资者的经济利益，影响社会经济秩序。企业的筹资行为和筹资活动必须遵循国家的相关法律法规，依法履行法律法规和投资合同约定的责任，合法合规筹资，依法进行信息披露，维护各方的合法权益。

2．规模适度原则

企业筹集资金，应预先确定资金的需要量。筹资规模与资金需要量应当匹配一致，避免因筹资不足，影响生产经营的正常进行，又可防止筹资过多造成资金闲置。

3．筹措及时原则

企业筹集资金，还需要合理预测、确定资金需要的时间，使筹资与用资在时间上相衔接，既避免过早筹集资金形成资金投放前闲置，又防止取得资金的时间滞后，错过资金投放的最佳时间。

4．来源经济原则

企业筹集资金要付出资金成本的代价，不同的筹资渠道和筹资方式所取得的资金，其资金成本各有差异。企业应尽可能选择经济可行的筹资渠道与方式，力求降低筹资成本。

5．结构合理原则

企业筹资要综合考虑股权资金与债务资金的关系、长期资金与短期资金的关系、内部筹资与外部筹资的关系，合理安排资本结构，保持适当偿债能力，防范企业财务危机，提高筹资效益。

（三）企业筹资方式与筹资渠道的选择

1．企业筹资方式的主要分类

① 按企业所取得资金的权益特性不同，企业筹资分为股权筹资、债务筹资和其他筹资 3 类。权益筹资包括发行股票、吸收直接投资、留存收益；债务筹资包括借款、债券、融资租赁。

② 按是否以金融机构为媒介，企业筹资分为直接筹资和间接筹资两种类型。直接筹资包括商业票据、股票、债券；间接筹资主要是银行借款。

③ 按资金的来源范围不同，企业筹资分为内部筹资和外部筹资两种类型。内部筹资包括留存收益；外部筹资包括发行股票、吸收直接投资、借款、债券、融资租赁等。

目前我国企业的筹资方式主要有吸收直接投资、发行股票、利用留存收益、从银行借款、利用商业信用、发行公司债券。

2．筹资渠道

筹资渠道是指筹措资金来源的方向与通道，体现了资金的来源与流量。认识筹资渠道及其特点，有助于企业充分开拓和正确利用筹资渠道。目前我国企业筹资渠道主要包括国家财政资金、银行信贷资金、非银行金融机构资金、其他法人单位资金、民间资金和企业内部形成资金等6种。

任务实施

工作资料 6-1 长江化工股份有限责任公司为了进一步拓展市场，培养新的利润增长点，打算建立一子公司，需要筹资1 500万元。有两种筹资方案：方案一，公司可以使用留存收益500万元，打算向银行申请贷款1 000万元，利率为6%；方案二，可以公开发行普通股800万股（面值1元），以及发行债券募集700万元，票面利率为4%。

要求：讨论长江化工股份有限责任公司两种方案的筹资渠道和筹资方式。

分析 （1）长江化工股份有限责任公司筹资的动机是创立性动机。成立子公司的筹资渠道有自有资金、银行信贷资金、发行股票和债券时公众的资金（法人和自然人）；筹资方式既有内部留存收益筹资，也有股票筹资，还有债务筹资。

（2）公司对筹资方式进行选择时，主要考虑筹资过程的成本和资本结构。方案一的筹资成本有两类，一是留存收益筹资后的分红，二是银行贷款支付的利息成本和银行手续费，其资本结构是1∶2；方案二的筹资成本有发行股票后未来要支付的股利、发行债券筹资支付的利息及发行证券的发行费用和佣金费用等成本，其资本结构是8∶7。本项目后面会详细介绍资金成本和资本结构的确定，此处省略。

实践总结

企业在筹资过程中是有各种筹资动机的，但是都必须遵循相应的筹资原则；企业筹资方式和筹资渠道不同，筹资方式是筹资的途径，包括权益筹资和债务筹资，筹资渠道是资金的来源。企业在进行筹资方式选择时需要考虑资金的成本是否较低和形成的资本结构是否最佳。

任务二 权益资金的筹集

思路分析

股权筹资形成企业的股权资金，也称之为权益资本，反映所有者的权益，是企业最基本的筹资方式。其出资人是企业的所有者，拥有对企业的所有权，一般不用还本，财务风险小，但付出的资金成本相对较高。

知识铺垫

企业的权益资金是企业在经营过程中形成的积累，如实收资本（股本）、盈余公积、资本公积和未分配利润等。股权筹资主要有 3 种表现形式：吸收直接投资、发行股票和利用留存收益。

（一）吸收直接投资

吸收直接投资是指企业按照“共同投资、共同经营、共担风险、共享收益”的原则，直接吸收国家、法人、个人和外商投入资金的一种筹资方式。吸收直接投资是非股份制企业筹集权益资本的基本方式。吸收直接投资的种类有吸收国家投资、吸收法人投资、吸收外商直接投资、吸收社会公众投资等。出资方可以以货币资产、实物资产，及土地使用权、专有技术、商标权、专利权、非专利技术等无形资产出资。

（二）发行股票筹资

股票是股份有限公司为筹措股权资本而发行的有价证券，是公司签发的证明股东持有公司股份的凭证。股票具有永久性、流通性、风险性等特点。

1．股票发行

我国股份公司发行股票必须符合《证券法》和《上市公司证券发行管理办法》规定的发行条件，股票的发行方式有公募发行和私募发行。公司公开发行的股票进入证券交易所交易，必须受到严格的条件限制。

2．上市公司的股票发行

首次公开募股（简称 IPO），是指一家企业或公司（股份有限公司）第 1 次将它的股份向公众出售，向社会公众公开招股的发行方式。一般来说，一旦首次公开上市完成后，这家公司就可以申请到证券交易所或报价系统挂牌交易。

股民和机构都可以根据自己的需要，按照固定的发行价格进行新股申购，如果申购数量大于本次上网发行量，则通过摇号抽签，确定有效申购中签号码，每一中签号码认购一个申购单位。

3．股票上市的暂停、终止与特别处理

上市公司出现财务状况或其他状况异常的，其股票交易将被交易所特别处理（ST，Special Treatment），向投资者提示股票存在退市风险，谨慎投资。当上市公司出现经营情况恶化、存在重大违法违规行为或因其他原因导致不符合上市条件时，就可能被暂停或终止上市。

在上市公司的股票交易被实行特别处理期间，其股票交易遵循这些规则：①股票报价日涨跌幅限制为 5%；②股票名称改为原股票名前加 ST；③上市公司的中期报告必须经过审计。

（三）留存收益筹资

留存收益是企业通过合法有效地经营所实现的税后净利润，属于企业的所有者权益。

其来源渠道有盈余公积和未分配利润。企业将本年度的利润部分或全部留存下来的原因主要有二：一是企业有利润，但不一定有相应的现金净流量增加，企业不一定有足够的现金将利润全部或部分分派给所有者；二是从保护债权人利益和企业扩大再生产及筹资需求出发，也会限制将利润大量分配出去。

留存收益筹资在实质上是投资者对企业进行追加投资，股东对这部分投资与以前交给企业的股本同样要求有一定的报酬。留存收益筹资的成本与普通股基本相同，但不用考虑筹资费用，资金成本较普通股低。

任务实施

子任务一　吸收直接投资筹资

工作资料 6-2　长江化工股份有限责任公司在 1980 年筹建初期，其注册资金为 2 000 万元。其资金来源渠道由以下投资者构成。

（1）国家资金 1 200 万元，以现金形式拨付，占 60%。

（2）甲公司出资 500 万元。其中，现金为 300 万元，专利技术、非专利技术等无形资产为 200 万元，占 25%。

（3）乙公司投入价值 300 万元（合同协议约定价值）的设备及材料物资等实物资产，占 15%。

要求：分析长江化工股份有限责任公司筹建初期筹集资金方式的特点。

分析　根据前述准备知识，该公司筹建初期运用了吸收直接投资方式进行了筹资。此项筹资活动有以下特点。

（1）直接吸收了国家资金 1 200 万元（占 60%）、甲公司资金 500 万元（占 25%）和乙公司资金 300 万元（占 15%）两个法人单位。各投资者按照“共同投资、共同经营、共担风险、共享收益”的原则承担有限责任。

（2）各投资者的出资方式有货币资产形式，设备、材料等实物资产形式，以及专利技术、非专利技术等无形资产形式。

（3）此项筹资活动不是以公开发行股票的方式进行的，但是需要按照投资者的实际出资额，按注册资本部分形成实收资本。

实践总结

吸收直接投资是企业在创设和扩大经营时常见的筹资方式。对于吸收直接投资，首先应确定要筹资的数额，其次寻找投资单位并了解其资信、财力和投资意向，然后双方协商并签订投资协议，最后企业筹资获得资金形成投资者对企业的股权。

1. 吸收直接投资的优点

吸收直接投资所筹集的资金属于自有资金，有利于增强企业信誉和借款能力；可直接获得投资者的先进设备和先进技术，有利于尽快形成生产力；可根据企业的经营状况向投资者支付灵活多变的报酬，有利于降低财务风险；容易进行信息沟通，手续相对比较简便。

2. 吸收直接投资的缺点

在企业经营状况比较好时，需要向投资者支付较高的报酬，因而资金成本较高；公司控制权集中，不利于公司治理，不利于产权交易。

子任务二 发行普通股股票筹资

工作资料 6-3 长江化工股份有限责任公司 2000 年为扩大生产规模，需要筹措 1 150 万元。其中，350 万元可以通过公司内部留存收益和提高流动资金利用效果得以解决，其余的部分 800 万元需要从外部筹措。公司董事长已经和投资银行设想了几个方案，并在董事会上正式提交讨论。公司管理部门最初倾向于以发行股票的方式筹资 800 万元。在证券市场上，该公司普通股每股 12 元，扣除发行费用，每股净价为 10 元。但是，投资银行却建议通过借款和发行债券的方式筹措资金，认为举债筹资可以降低资本成本。公司现有长期负债 1 000 万元，其中 200 万元是在一年内到期，年利率为 5.5%的银行借款。

公司筹措 800 万元的几种方案如下。

（1）发行普通股。年股利率为每股 0.4 元，筹资费用率预计为 8%。该公司目前发行在外的普通股共计 500 万股，其中高级职员和董事会成员持有 20%左右，股利分配政策保持不变。

（2）从银行借款。举借年利率为 7%，期限为 5 年的贷款。

（3）发行债券。平价发行 5 年期长期债券，面值 1 000 元，年利率为 8%，分期付息，到期还本，筹资费用率为 5%。

要求：试分析采取普通股筹资的特点（负债筹资另行分析）。

分析 （1）该公司采用普通股融资的 800 万元属于权益资金，普通股股东是公司的所有者，可以参与企业经营管理，取得收益，并对企业的经营承担有限责任。

（2）发行普通股的发行费用高达 64（800×8%）万元，公司需要按年股利率为每股 0.4 元支付给股东，股利支付率比较高，故付出的资金成本相对较高。

（3）800万元资金属于永久性资本，不用还本，尽管需要向普通股股东支付股利，但没有形成固定的股利负担，因而财务风险小。

（4）普通股筹集的 800 万元权益资金反映了公司当时的实力，为债权人提供了保障，增强了公司的举债能力。

（5）筹资 800 万元所增发的新股可能会分散和降低原有股东的控制权。同时，新股东会分享公司利润，从而降低了普通股每股净收益，可能会导致股价下跌。

实践总结

发行普通股股票筹集的资金属于权益资金，普通股股东是公司的所有者，可以参与企业经营管理，取得收益，并对企业的经营承担有限责任。企业破产后，股东的求偿权位于最后，与其他投资者相比，普通股股东所承担的风险最大，普通股的报酬也应最高。

1. 普通股筹资的优点

企业不必偿还本金和固定的利息，因而可以降低企业的资产负债率；这是公司稳定的资本基础；这是企业良好的信誉基础；财务风险较小。

2. 普通股筹资的缺点

资金成本负担较重；容易分散公司的控制权；信息沟通和披露成本较大。

子任务三　内部留存收益筹资

工作资料6-4　长江化工股份有限责任公司2015年实现净利润1 650万元。2016年年初有一个投资项目，需要资金1 500万元，企业在综合分析外部筹资和内部筹资利弊后，决定其中900万元采用内部留存收益筹集，其余600万元向银行借款筹集。

要求：分析采取留存收益筹资的特点。

分析　留存收益是企业税后净利润通过盈余公积和未分配利润形成的资金。该公司采用留存收益筹资900万元有这样几个优点：一是与其他权益资金相比，留存收益的取得更为主动简便，不需做筹资活动，也无筹资费用；二是这种筹资方式可被视为股东对公司的追加投资，既可节约成本，又可增强企业的信誉。

实践总结

留存收益也是权益资金的一种，是由公司税后利润形成的收益，主要包括盈余公积、未分配利润等。留存收益是公司内部的资金来源，可被视为股东对公司的追加投资。

1. 留存收益筹资的优点

用留存收益筹资，无筹资费用，资金成本较普通股低；能够保持普通股股东的控制权；增强公司的信誉；与其他权益资金相比，不需做筹资活动，更为主动简便。

2. 留存收益筹资的缺点

筹资数额有限，资金使用受制约。

任务三　债务资金的筹资

思路分析

债务资金又称为负债资金，主要是指企业通过从银行借款、向社会发行债券、融资租赁及赊购商品或劳务等方式筹集和取得的资金。债务资金与权益资金性质不一样，出资人是企业的债权人，企业需要到期归还本金和支付利息，一般要承担较大财务风险，但相对而言，付出的资金成本较低。

知识铺垫

债务资金的筹资主要包括银行借款筹资、发行债券筹资、融资租赁筹资及商业信用筹资等方式。

（一）银行借款筹资

银行借款是指企业从银行或其他非银行金融机构借入的，需要还本付息的款项，包括偿还期限超过一年的长期借款和不足一年的短期借款。

1．银行借款的种类

① 按提供贷款的机构，分为政策性贷款、商业银行贷款和其他金融机构贷款。

② 按机构对贷款有无担保要求，分为信用贷款和担保贷款（包括保证贷款、抵押贷款和质押贷款）。

③ 按取得贷款的用途，分为基本建设贷款、专项贷款和流动资金贷款。

2．银行借款的程序

① 企业提出申请。

② 金融机构进行审批。

③ 签订借款合同。

④ 企业取得借款。

⑤ 企业偿还借款。

3．银行借款的信用条件

① 信贷额度，即贷款限额，是借款人与银行在协议中规定的允许借款人借款的最高限额。

② 周转信贷协定，是银行从法律上承诺向企业提供不超过某一最高限额的贷款协定。企业享用周转信贷协定，通常要就贷款限额的未使用部分付给银行一笔承诺费。

③ 补偿性余额，是银行要求借款人在银行中保持按贷款限额或实际借款额的一定百分比（通常为10%～20%）计算的最低存款余额。其实际利率的计算公式为：

$$\text{实际利率}=\frac{\text{贷款额}\times\text{名义利率}}{\text{贷款额}\times(1-\text{补偿性余额比率})}$$

$$=\frac{\text{名义利率}}{1-\text{补偿性余额比率}}$$

4．银行借款利息的支付方式

① 利随本清法，又称收款法，是在借款到期时向银行支付利息的方法。银行向工商企业发放的贷款大都采用这种方法收息。采用这种方法，借款的名义利率等于其实际利率。其实际利率的计算公式为：

$$\text{实际利率}=\frac{\text{贷款额}\times\text{名义利率}}{\text{贷款额}}=\text{名义利率}$$

② 贴现法，是银行向企业发放贷款时，先从本金中扣除利息部分，在贷款到期时借款企业再偿还全部本金的一种计息方法。此时实际利率高于名义利率。其实际利率的计算公式为：

$$\text{实际利率}=\frac{\text{贷款额}\times\text{名义利率}}{\text{贷款额}-\text{贷款额}\times\text{名义利率}}=\frac{\text{名义利率}}{1-\text{名义利率}}$$

$$\text{实际利率}=\frac{\text{贷款额}\times\text{名义利率}}{\text{贷款额}/2}$$

（二）发行公司债券筹资

企业债券又称公司债券，是企业按法定程序发行的，约定在一定期限内还本付息的有价证券。发行债券具备严格的条件：股份制公司净资产不低于人民币3 000万元，有限责任公司净资产不低于人民币 6 000 万元；累计债券余额不超过净资产的 40%；最近 3 年平均可分配利润足以支付公司债券一年的利息；债券期限一年以上；债券实际发行额不少于人民币 5 000 万元，等等。

发行债券时必须要确定债券的价格。债券的价格主要取决于未来的现金流、投资者要求的回报率和债券的期限。债券的发行价格为：

债券发行价格=发行时的债券价值=未来支付的利息和归还的本金的现值

债券发行价格的确定靠平价发行、折价发行和溢价发行 3 种方式确定。

（三）融资租赁筹资

融资租赁又称财务租赁，是由租赁公司向承租单位要求出资购买设备，在较长的合同期内提供给承租单位使用的融资信用业务。它是以融通资金为主要目的的租赁，通常为长期租赁。

1．融资租赁的特点

① 一般由承租企业向租赁公司提出正式申请，由租赁公司融资购进设备租给承租企业使用。

② 租赁期限较长，大多为设备耐用年限的一半以上，通过融资租赁方式，可有效地利用社会暂时闲置的资金，实现社会资金在各部门的合理分配。

③ 租赁合同比较稳定，在规定的租赁期内非经双方同意，任何一方不得中途解约。这有利于维护双方的权益。

④ 由承租企业负责设备的维修保养和保险，但无权自行拆卸改装。

⑤ 租赁期满时，按事先约定的办法处置设备，一般有退租、续租、留购 3 种选择。通常由企业留购。

2．融资租赁租金的构成及支付形式

融资租赁租金包括设备价款、租赁公司的融资成本（利息）、租赁手续费等。设备价款包括设备的买价、运杂费、安装调试费及途中保险费等，是构成租金的主要内容。融资成本是指租赁公司为购买租赁设备所筹资金的成本，即设备租赁期间的利息和租赁手续费，包括租赁公司承办租赁设备的营业费用和必要的利润。

融资租赁租金通常采用分次支付的方式。租金的计算在我国大多采用等额年金法，计算方法与年金的相关计算类似。在前面已经介绍过年金的计算方法，此处省略。

（四）商业信用筹资

商业信用是指在商品交易中，由于延期付款或延期交货（预收货款）而形成的企业之间的借贷关系，即在商品的交换中，由于商品和货币在时间及空间上的分离而形成的企业之间的直接信用行为。其主要形式有应付账款、应付票据和预收账款等。

1．商业信用条件

商业信用条件是指卖方为促使买方及时付款，对付款时间和现金折扣所做的具体规定，主要包括信用期限、折扣期限和现金折扣率等。它的一般形式如“2/10，N/30”，意思是：如果买方在 10 天内付款，可享受 2%的现金折扣；如果放弃折扣优惠，则全部款项必须在

30日内付清。上述信用条件的信用期限为30天，折扣期限为10天，现金折扣率为2%。

2．现金折扣成本

在卖方提供现金折扣的条件下，企业赊购商品筹集短期资金是有现金折扣成本（商业信用成本）的，因此究竟该不该放弃现金折扣成本，要做出正确决策。现金折扣成本是指在买方赊购商品时，如果卖方提供现金折扣，而买方没有利用，这时由于买方放弃折扣而产生的机会成本。

任务实施

子任务一　银行借款筹资

工作资料6-5　长江化工股份有限责任公司取得为期一年的周转信贷额为1 000万元，承诺费率为0.5%。2015年1月1日从银行借入600万元，7月1日又借入200万元，假定年利率为6%。

要求：（1）计算企业2015年年度末向银行支付的利息和承诺费共为多少万元？

（2）如果银行要求维持贷款限额15%的补偿性余额，该项借款的实际利率为多少？

（3）如果按照贴现法付息，该贷款的实际利率为多少？

分析　根据前述知识铺垫，结合工作资料计算如下。

（1）企业2015年度末向银行支付的利息=600×6%+200×6%×6÷12=42（万元）

2015年未使用的贷款额=1 000−[600+200×(6/12)]=1 000−700=300（万元）

故，2015年年度末向银行支付的承诺费=300×0.5%=1.5（万元）

利息和承诺费合计=42+1.5= 43.5（万元）

（2）$实际利率=\dfrac{名义利率}{1-补偿性余额比率}=\dfrac{6\%}{1-15\%}=7.06\%$

（3）$实际利率=\dfrac{名义利率}{1-名义利率}=\dfrac{6\%}{1-6\%}=6.38\%$

工作资料6-6　长江化工股份有限责任公司因生产周转原因需要资金1 000万元，拟从银行借款。支付银行贷款利息的方式与银行协商后的结果如下。

A方案：采用收款法付息，利息率为10%。

B方案：采用贴现法付息，利息率为8%。

C方案：利息率为6%，银行要求的补偿性余额比例为20%。

要求：分析企业应选择哪种借款方式，并说明理由。

分析　由于不同的方案采用不同的付息方式，分别计算如下。

A方案：采取收款法。实际利率=名义利率=10%。

B方案：采取贴现法。实际利率=(10 000×8%)/[10 000×(1−8%)]=8.7%。

C方案：采取补偿性余额。实际利率=(10 000×6%)/10 000×(1−20%)=7.5%。

通过三者比较，采取补偿性余额的实际利率最低，因而应选用C方案对公司最有利。

实践总结

银行借款是企业主要的负债筹资方式，必须按银行借款的管理规定和程序筹资，同时需要对银行借款的名义利率和实际利率进行正确计算、分析，做出筹资决策。

银行借款筹资的特点可以概括为：筹资速度快，筹资弹性较大，资金成本较低，有利于股东保持其控制权，可以发挥财务杠杆的作用；但限制性条款比较多，筹资数额有限，筹资风险较高。

子任务二　发行债券筹资

工作资料 6-7　引用前述工作资料 6-3 中的资料，为了扩大生产规模需要筹集资金 800 万元。其方案之一是按平价发行债券 8 000 张，每张债券面值 1 000 元，票面利率为 8%，期限为 5 年，每年支付一次利息，其筹资费率为 5%。

要求：分析公司发行债券筹资方案的特点。

分析　长江化工股份有限责任公司为了筹集 800 万元资金，拟采取发行债券筹集方式。该项筹资活动有以下特点。

（1）所筹集的 800 万元资金属于负债资金，体现了企业与债权人的债权债务关系，是企业的债务。

（2）企业对 800 万元负债资金在 5 年内享有使用权，并承担按期还本付息的责任，偿债压力较大，即每年需要支付利息费用 64（800×8%）万元，同时 5 年后需要偿还本金 800 万元。这必然会给公司带来偿还债务的压力，因而财务风险大。

（3）利用债券发行筹集到的 800 万元资金，债券持有者是债权人而非所有者，有权按期索取利息和到期要求还本，但无权参与企业经营，对企业的经营状况不承担责任。

（4）筹集的 800 万元资金可以发挥负债经营的作用，不会分散原有股东的控股权，不会参与企业分红。

（5）筹集的 800 万元资金需要负担资金成本，即发行时的手续费、债券注册费、印刷费、上市费、推销费用等发行费用 40 万元，以及每年固定支付的利息费用 64 万元等。利息费用有抵减税收的功能，与普通股相比，债券筹资成本低；与银行借款相比，债券成本高。

（6）发行债券必须严格遵守《公司法》、《证券法》的有关规定，申请程序较银行借款复杂。

实践总结

债券筹资是负债筹资的主要方式之一，必须符合《公司法》、《证券法》的有关规定，按照一定程序申请发行。

1. 债券筹资的优点

债券发行费用较低且利息在税前支付，利用债券筹资的资金成本较低；债券持有人无权干涉企业的经营管理，能保证股东对企业的控制权，提高企业的社会信誉；债券利率是固定的，可以发挥财务杠杆作用。

2. 债券筹资的缺点

债券筹资有固定到期日，需要承担还本付息义务，财务风险大；发行债券的限制条款往往比短期债务严格得多，可能会影响企业的正常发展和以后的筹资能力；利用债券筹资有一定的限度，筹资数额有限。

债券筹资的优缺点与不同的对象比较是不同的。例如，与普通股筹资相比，债券筹资成本低，但如果与借款筹资相比，债券成本高。

子任务三　融资租赁筹资

工作资料 6-8　长江化工股份有限责任公司打算采用融资租赁方式从渤海融资租赁公司租入一台设备，设备价款为400 000元，租赁期为5年。到期后，设备归企业所有。在长江化工股份有限责任公司提供了必需的各项资料后，租赁公司通过资料分析及实地考察，认为该企业基础好，资产质量较好，财务状况无重大缺陷，目前的现金流已可以足额偿付租金，符合租赁公司对基础化工企业的挑选标准，遂与该企业签订合同，实施项目。

分析　（1）案例中涉及的三方当事人为：出租方为渤海融资租赁公司，承租方为长江化工股份有限责任公司，供货方为设备提供者。

（2）案例中涉及两种合同，分别为长江化工股份有限责任公司与渤海融资租赁签订的租赁合同和设备供应方与渤海融资租赁签订的购买合同。

（3）案例中标的物为长江化工股份有限责任公司需要的基础化工设备。

（4）期满后，长江化工股份有限责任公司以5 000元的转让费获得该设备的所有权，即选择了留购该设备。

实践总结

融资租赁作为一种筹集资金的方式越来越普遍，与银行借款筹资和债券筹资都属于负债筹资，但有明显的区别。

1. 融资租赁筹资的优点

① 融资租赁比借款购置设备更迅速、更灵活，筹资速度快。

② 与发行股票、债券、银行借款相比，融资租赁限制条件较少。

③ 免遭设备陈旧过时、淘汰的风险。

④ 租金在整个租期内分摊，且在所得税前扣除，税收负担轻，财务风险小。

⑤ 租赁能延长资金融通的期限。

2. 融资租赁筹资的缺点

融资租赁筹资的主要缺点是资金成本高。一般来说，融资租赁的租金比银行借款和债券筹资所负担的利息高得多，因此在企业财务困难时，固定的租金会构成一项较重的财务负担。

子任务四　商业信用筹资

工作资料 6-9　长江化工股份有限责任公司在 2016 年准备向新华公司购入原材料一批，总金额为 100 万元。新华公司向该公司提供了信用条件“1/10，N/30”，当时银行短期贷款利率为 8%。有以下几种方案可供选择。

（1）放弃现金折扣，在第 30 天付款。

（2）放弃现金折扣，在第 60 天付款。

（3）放弃现金折扣，在第 20 天付款。

要求：为该公司分析能否利用商业信用筹资，并选择合适的方案。

分析　运用前述准备知识，在卖方提供现金折扣的条件下，企业利用商业信用筹集短期资金是有现金折扣成本的，因此究竟该不该放弃现金折扣成本，要做出正确决策。

（1）放弃现金折扣，在第 30 天付款

放弃付 99[100×(1−1%)]万元货款的机会，即获取潜在收益 1 万元。这相当于筹资 99 万元，使用 20（30−10）天付出代价 1 万元。因此有：

$$放弃现金折扣成本=\frac{100\times1\%}{100\times(1-1\%)}\times\frac{360}{30-10}=\frac{1\%}{1-1\%}\times\frac{360}{30-10}=18.18\%$$

（2）放弃现金折扣，在第 60 天付款

类似（1）的分析：

$$放弃现金折扣成本=\frac{100\times1\%}{100\times(1-1\%)}\times\frac{360}{60-10}=\frac{1\%}{1-1\%}\times\frac{360}{60-10}=7.27\%$$

显然，推迟 30 天付款，成本降低了 50%多。

（3）放弃现金折扣，在第 20 天付款

$$放弃现金折扣成本=\frac{100\times1\%}{100\times(1-1\%)}\times\frac{360}{20-10}=\frac{1\%}{1-1\%}\times\frac{360}{20-10}=36.36\%$$

以上计算结果说明：在选择方案（2）时，因银行短期借款年利率为 8%，高于放弃现金折扣成本 7.27%，故公司应该利用商业信用方式筹集这笔 100 万元的短期资金，并且在不影响企业信用的条件下尽量延长付款时间，这样利用商业信用的筹资成本更低。

实践总结

商业信用与短期借款都是企业普遍使用的短期负债资金筹集方式。在无现金折扣或企业不放弃现金折扣时，利用商业信用筹资没有资金成本；在卖方提供现金折扣的条件下，运用商业信用筹资是有资金成本的。如果放弃现金折扣去获得商业信用筹资，代价是比较高的，但如果推迟付款时间长，其资金成本将会降低。

1. 放弃现金折扣成本计算及决策

$$放弃现金折扣成本=\frac{i}{1-i}\times\frac{360}{N-n}$$

式中，i 为现金折扣率；N 为信用期；n 为折扣期。

以上公式表明：放弃现金折扣成本与现金折扣率 i、折扣期 n 同方向变化，与信用期 N 呈反方向变化。

决策依据：如果能以低于放弃现金折扣的利率借入资金，企业应在现金折扣期内借入资金支付货款，享受现金折扣；反之，应放弃现金折扣。如果在折扣期内将应付账款所筹集的资金用于短期投资，所得的投资收益率高于放弃折扣的隐含利息成本，则应放弃折扣而追求更高的投资收益。

2. 商业信用筹资的优缺点

商业信用筹资的优点：筹资便利；限制条件少；筹资成本低。

商业信用筹资的缺点：期限短；风险大；放弃现金折扣所付出的成本高；到期不付货款，长时间拖欠，会影响企业信誉，对今后购货和筹资不利。

任务四　资金成本的确定及运用

思路分析

在市场经济条件下，企业不可能无偿使用资金，企业从各种渠道取得和使用资金，都要向资金提供者支付一定的费用作为补偿。资金成本是公司筹资管理的主要依据，在数量上资金成本等于各种筹资方式的资金成本的加权平均数。应科学、合理地确定个别资金成本和综合资金成本，以便正确进行筹资和投资决策。

知识铺垫

（一）资金成本的概念与作用

1．资金成本的概念

① 资金成本是指企业为筹集和使用资金而付出的代价，即筹资的成本，包括占用费用和筹资费用两部分。

② 筹资费用是指企业在资本筹措过程中为获取资本而付出的代价，如证券发行费、承销费、银行借款手续费等。其特点是在筹资开始时一次性支付，在获得资本后的用资过程中不再发生，因而属于固定性资金成本。它的发生会导致企业实际使用资金减少，作为筹资总额的扣除项目。

③ 占用费用是指企业在资本使用过程中因占用资本而付出的代价，如债务资金的利息和股权筹资时的股利、分红等。其特点是在使用过程中支付，随资金的使用数量多少与时间长短而变动，使用时间越长，支付的越多，因而属于变动性资金成本。它是因为占用了他人资金而必须支付的，是资金成本的主要构成。

2．资金成本的作用

① 资金成本是企业选择资金来源、拟定筹资方案的重要依据。

② 资金成本是评价企业投资项目是否可行的一个重要标准，是企业用以确定项目要求的投资报酬率的最低标准。

③ 资金成本可作为衡量企业经营成果的尺度。当企业的总资产报酬率高于其平均资金成本率，才能带来剩余收益。

（二）资金成本的计算

资金成本可以用资金总成本（绝对数）和单位成本（相对数）表示。为了进行比较分析，通常都用相对数表示，即一般所说的资金成本是指资金成本率。资金成本可以有个别资金成本和综合资金成本（含加权平均资金成本和边际资金成本）两种计量形式。在比较各种筹资方式时，使用个别资金成本；在进行资本结构决策时，使用加权平均资金成本；在进行追加筹资决策时，使用边际资金成本。（本书对边际资金成本不作介绍）

1．个别资金成本的计算

个别资金成本是指各种筹资方式的成本，包括银行借款成本、债券资金成本、优先股资金成本、普通股资金成本、留存收益成本。前两者可统称负债资金成本，后三者统称权益资金成本。

个别资金成本事实上就是资金成本率，即资金占用费用与实际筹资净额的比率。其计算公式如下。

资金成本率=资金占用费用/实际筹资净额

=资金占用费用/（筹资总额−筹资费用）

=资金占用费用/筹资总额×（1−筹资费率）

为计算方便，用公式表示为

$$K=\frac{D}{P-F}=\frac{D}{P(1-f)}$$

式中：K 为资金成本率；D 为资金用资费用；P 为筹资总额；F 为筹资费用；f 为筹资费率。

2．综合资金成本的计算

综合资金成本是指企业所筹集资金的平均成本，它反映企业资金成本总体水平的高低。综合资金成本主要是加权平均资金成本。

一般企业是从多种渠道，用多种方式来筹集资金的，而各种方式的筹资成本是不一样的。为了正确进行筹资和投资决策，就必须计算企业的加权平均资金成本。加权平均资金成本是指分别以各种资金成本为基础，以各种资金占全部资金的比重为权数，对个别资金成本进行加权平均确定的。它是综合反映资金成本总体水平的一项重要指标，一般企业在进行资本结构决策时采用。其计算公式如下。

加权平均资金成本=∑（某种资金占总资金的比重×该种资金的成本）

$$K_W=\sum_{j=1}^{n}K_jW_j$$

式中：K_W 为加权平均资金成本；K_j 为第 j 种个别资金成本；W_j 为第 j 种个别资金占全部资金的比重（权数）。

影响 K_W 的因素有个别资金成本、资本结构或各种资本在总资本中所占的比重（权数）。

（三）最佳资本结构

资本结构是指公司各种资本的价值构成及其比例关系。例如，ABC 公司的资本总额为 1 000 万元，其中债务资本和权益资本各为 500 万元，资本结构为债务资本与权益资本之比为 1 : 1。假定 ABC 公司有银行借款 200 万元，其中，100 万元是短期借款，100 万元是长期借款。应付债券、普通股和保留盈余都是长期资本，因此，该公司短期资本为 100 万元，长期资本为 900 万元，或长期资本占 90%，短期资本占 10%，或者长期资本与短期资本之比为 9 : 1。这就是 ABC 公司资本结构的不同表达。

最佳资本结构是指企业在一定时期内使加权平均资金成本最低，企业价值最大化时的资本结构。随着市场经济的迅速发展和经济全球化进程的加快，企业要在激烈的市场竞争中提高竞争能力，除了提高整体的经营管理能力外，还必须选择最佳的资本结构。关于最佳资本结构的确定方法，应从现代资本结构理论出发，综合考虑企业财务状况、资产结构、行业因素、经营情况、利率水平的变动趋势等因素，选择适合企业实际和有效的资本结构。

任务实施

子任务一　个别资金成本的确定

个别资金成本包括负债资金成本和权益资金成本两类。

工作资料 6-10　长江化工股份有限责任公司拟分别进行两次大的筹资活动（注：为便于比较，假定两次筹资总额、年利率均相同）。

（1）从银行借入一笔 5 年期借款 1 000 万元，年利率为 6%，每年付息一次，到期一次还本。借款费用率为 0.2%，企业所得税税率为 25%。

（2）溢价 1 200 元发行面值为 1 000 元、期限 5 年、票面利率为 6%的公司债券一批，每年付息一次，到期一次还本。发行费用率为 3%，企业所得税税率为 25%。

要求：分别为该公司测算两次筹资方案的资金成本。

分析　此任务为负债资金成本确定。由前述个别资金成本的计算通用公式可知，关键是确定筹资方式的占用费用和筹资净额。

（1）长期银行借款资金成本的确定

银行借款的占用费用是每年支付的利息费用，而且是税前支付，具有抵税效应。其计算为

D=1 000×6%×(1−25%)

银行借款的筹资净额是银行借款的总额减去从银行借款时一次性发生的借款手续费用，即筹资费用。其计算为

$P(1-f)$=1 000×(1−0.2%)

故该公司这笔银行借款资金成本 K_1 为

$$K_1=\frac{1\,000\times6\%\times(1-25\%)}{1\,000\times(1-0.2\%)}\times100\%=4.51\%$$

（2）发行债券资金成本的确定

发行债券的占用费用与银行借款类似，即每年支付的利息费用，而且是税前支付，具有抵税效应。其计算为：

$D=1\,000\times6\%\times(1-25\%)$

发行债券的筹资净额是发行债券时筹资总额（按发行价格计算）减去发行债券时一次性发生的发行费用（含手续费、注册费、印刷费、推销费等）。其计算为：

$P(1-f)=1\,200\times(1-3\%)$

故该公司这次发行债券的资金成本 K_b 为：

$$K_b=\frac{1\,000\times6\%\times(1-25\%)}{1\,200\times(1-3\%)}\times100\%=3.87\%$$

实践总结

负债资金成本包括长期借款成本和债券成本。其占用费用（利息费用）是在税前支付的，具有抵税效应。为了与权益资金成本进行比较，均采用税后资金成本率计算。

1. 银行借款资金成本的确定

银行借款资金成本包括借款利息和借款手续费。其计算公式为：

$$K_1=\frac{I(1-T)}{L(1-f)}\times100\%=i\times\frac{1-T}{1-f}\times100\%$$

式中：K_1 为银行借款资金成本；L 为长期借款总额；I 为长期借款年利息；i 为银行借款年利率；T 为企业所得税率；f 为筹资费用率。

如果银行借款的手续费率很低，可以忽略不计，则银行借款筹资成本的计算公式可以简化为：

$$K_1=i\times(1-T)$$

2. 公司债券资金成本的确定

公司债券资金成本包括债券利息和债券发行费用。其计算公式为：

$$K_b=\frac{I_b(1-T)}{P(1-f)}\times100\%$$

式中：K_b 为债券资金成本；P 为债券发行价；I_b 为债券年利息。

要特别注意的是，债券资金成本计算与银行借款资金成本计算不同：①债券的年利息是按债券面值和债券年利率确定的，而筹资总额是按债券发行价格确定的；②债券的筹资费用是比较高的，不可忽略不计；③在实际经济业务中，由于债券利率水平通常高于借款利率，同时债券发行费用较多，因此债券成本一般高于借款成本。

债券可以溢价发行，也可以折价发行和平价发行。在工作资料 6-10 中，如果采用 1 000 元平价发行和以 800 元折价发行，其资金成本会是什么结果呢？

根据总结的公式可知：

采用 1 000 元平价发行时，债券成本 $K_b=\dfrac{1\,000\times6\%\times(1-25\%)}{1\,000\times(1-3\%)}\times100\%=4.64\%$

采用 800 元折价发行时，债券成本 $K_b=\dfrac{1\,000\times6\%\times(1-25\%)}{800\times(1-3\%)}\times100\%=5.80\%$

工作资料 6-11　长江化工股份有限责任公司计划筹资 1 200 万元，拟定了以下几种权益资金筹资方案进行分析。

（1）通过发行优先股筹资。面值总额为 1 000 万元，固定股息率为 12%，筹资费用率为 4%。该股票溢价发行，其筹资总额为 1 200 万元。

（2）通过发行普通股 100 万股筹资。发行价格为 12 元，每股发行费用为 2 元。预计第 1 年分派现金股利每股 1.2 元，同时预计股利将以 2%的平均水平增长。

（3）利用留存收益筹资。该公司目前已经上市的普通股股价为 12 元/股，刚支付的每股股利为 1.2 元，预计股利固定增长率为 2%。（注：为了比较，数据与普通股筹资相同）

要求：分别为该公司测算 3 种筹资方案的资金成本。

分析　此任务为权益资金成本的确定。由前述个别资金成本的计算通用公式可知，关键是确定筹资方式的占用费用和筹资净额。

（1）优先股筹资成本的确定

优先股是享有某些优先权利的股票，其兼有股票和债券的双重特性。优先股的股利率是固定的，但在税后支付，本金无须偿还。

优先股的占用费用是每年固定支付的股利，而且是税后支付，不具有抵税效应。其计算为：

D=1 000×12%

优先股的筹资净额是发行优先股时筹资总额（按发行价格计算）减去发行优先股的发行费用。其计算为：

$P(1-f)$=1 200×(1−4%)

故该公司发行优先股筹集 1 200 万元的资金成本 K_p 为：

$$K_p=\frac{1\,000\times 12\%}{1\,200\times(1-4\%)}\times 100\%=10.42\%$$

（2）普通股筹资成本的确定

普通股与优先股的不同在于其股利率是不固定的。从理论上讲，普通股的资金成本率是股东在一定风险条件下所要求的最低投资报酬率，且在正常情况下，这种投资报酬率呈逐年增长趋势，故通常采用股利增长模型来确定普通股筹资的成本。其计算为：

$$\text{普通股筹资成本 } K_c=\frac{100\times 1.2}{100\times(12-2)}\times 100\%+2\%=14\%$$

（3）留存收益筹资成本的确定

留存收益是由税后净利形成的，事实上是所有者向企业的追加投资，其资金成本计算与普通股资金成本的计算相同，同样可以用股利增长模型来确定，只是不考虑筹资费用。

$$\text{留存收益筹资成本 } K_e=\frac{100\times 1.2}{100\times 12}\times 100\%+2\%=12\%$$

实践总结

权益资金成本包括优先股资金成本、普通股资金成本和留存收益成本。其资金占用费是向股东分派的股利和股息，而股息是以所得税后净利支付的，不能抵减所得税。

1. 优先股资金成本的确定

优先股资金成本包括筹资费用和定期支付的固定股息。其计算公式为：

$$K_p = \frac{D_p}{P_p(1-f)} \times 100\%$$

式中：K_p为优先股筹资成本；D_p为优先股年股息；P_p为优先股筹资总额。

2. **普通股资金成本的确定**

普通股的资金成本包括筹资费用和每年支付的股息，但不固定。在股利增长模型下，其计算公式为：

$$K_c = \frac{D_c}{P_c(1-f)} \times 100\% + g$$

式中：K_c为优先股筹资成本；D_c为普通股第1年股息；P_c为普通股筹资总额；g为普通股预计年平均增长率。

3. **留存收益资金成本的确定**

留存收益是企业税后净利形成的，是一种所有者权益，其实质是所有者向企业的追加投资。其资金成本计算与普通股资金成本的计算相同，只是留存收益资金成本率不考虑筹资费用。在股利增长模型下，其计算公式为：

$$K_e = \frac{D_c}{P_c} \times 100\% + g$$

在公司全部资本中，普通股及留存收益的风险最大，要求的报酬也相应最高，所以其资金成本也最高。个别资金成本从低到高排序通常为：借款成本＜债券成本＜留存收益成本<普通股成本。

子任务二　加权平均资金成本的确定

工作资料6-12　长江化工股份有限责任公司计划筹资总额为1 000万元，根据可行性，拟定了筹资组合方案。其中，普通股筹资400万元，资金成本为14%；留存收益100万元，资金成本为12%；发行债券300万元，资金成本为5.80%；银行借款200万元，资金成本为4.51%。

要求：为该公司测算筹资组合方案的综合资金成本。

分析　运用前述知识铺垫，在衡量和评价企业筹资总体的经济性时，需要计算企业的加权平均资金成本 K_w。而加权平均资金成本计算的关键是确定个别资金成本 K_j 和资本结构或各种资本在总资本中所占的比重 W_j（权数）。

（1）计算各种资金所占的比重（权数）W_j

普通股占资金总额的比重=(400÷1 000)×100%=40%

留存收益借款占资金总额的比重=(100÷1 000)×100%=10%

债券占资金总额的比重=(300÷1 000)×100%=30%

银行借款占资金总额的比重=(200÷1 000)×100%=20%

（2）计算加权平均资金成本 K_w

加权平均资金成本 K_w=14%×40%+12%×10%+5.80%×30%+4.51%×20%=9.44%

实践总结

任何企业的资本都不可能是来自单一的渠道，企业只通过一种成本最低的筹资方式来实现筹资是行不通的，需要从各种不同的渠道采取不同的筹资方式筹集资金，并确定一个最佳的组合。加权平均资金成本是衡量企业资金成本水平，确定企业理想资本结构的依据。另外，在计算加权平均资金成本时，权数除采用现在的资本结构（市场价值权数）外，还可以反映过去的资本结构（账面价值权数）和能体现期望的资本结构（目标价值权数），在此不再具体分析。

子任务三　最佳资本结构决策——资金成本法

在公司筹资实务中，公司对拟定的筹资总额可以采用多种方式来筹资，每种筹资方式的筹资额也可有不同安排。由此，会形成若干预选资本结构或筹资组合方案。在资金成本比较法下，可以通过综合资金成本率的测算及比较来做出选择。

工作资料 6-13　长江化工股份有限责任公司在初创时需要资本总额为 5 000 万元，有 3 个筹资组合方案可供选择。有关资料经测算如表 6.1 所示。

表 6.1　长江化工股份有限责任公司初始筹资方案测算　　万元

筹资方式	筹资方案 1		筹资方案 2		筹资方案 3	
	初始筹资额	资金成本率/%	初始筹资额	资金成本率/%	初始筹资额	资金成本率/%
长期借款	400	6	500	6.5	800	7
长期债券	1 000	7	1 500	8	1 200	7.5
优先股	600	12	1 000	12	500	12
普通股	3 000	15	2 000	15	2 500	15
合　计	5 000	—	5 000	—	5 000	—

要求：用比较资金成本法确定公司的最佳资本结构。

分析　假定该公司 3 个筹资组合方案的财务风险相当，都是可以承受的，下面分两步分别测算这 3 个筹资组合方案的综合资金成本率并比较其高低，从而确定最佳筹资组合方案，即最佳资本结构。

（1）测算各方案各种筹资方式的筹资额占筹资总额的比重及综合资金成本率

方案 1　各种筹资方式的筹资额比重

长期借款=400÷5 000×100%=8%

长期债券=1 000÷5 000= 0.20

优先股=600÷5 000=0.12

普通股=3 000÷5 000=0.60

综合资金成本率 K_{W1}=6%×0.08+7%×0.20+12%×0.12+15%×0.60=12.36%

方案 2　各种筹资方式的筹资额比例

长期借款=500÷5 000=0.1

长期债券=1 500÷5 000=0.3

优先股=1 000÷5 000=0.2

普通股=2 000÷5 000= 0.4

综合资金成本率 K_{W2}=6.5%×0.1+8%×0.3+12%×0.2+15%×0.4=11.45%

方案 3　各种筹资方式的筹资额比例

长期借款=800÷5 000=0.16

长期债券=1 200÷5 000=0.24

优先股=500÷5 000=0.10

普通股=2 500÷5 000=0.50

综合资金成本率 K_{W3}=7%×0.16+7.5%×0.24+12%×0.10+15%×0.50=11.62%

（2）比较各个筹资组合方案的综合资金成本率并做出选择

筹资组合方案 1、方案 2 及方案 3 的综合资金成本率分别为 12.36%、11.45%和 11.62%。经比较，方案 2 的综合资金成本率最低。在适度的财务风险条件下，应选择筹资组合方案 2 作为最佳筹资组合方案，由此形成的资本结构可确定为最佳资本结构。

实践总结

最佳资本结构决策问题是资本的属性结构的决策问题，即债务资本的比例安排问题。在公司的资本结构决策中，合理地利用债务筹资，科学地安排债务资本的比例，是公司筹资管理的一个核心问题。

1. 资本结构决策的意义

（1）合理安排债务资本比例可以降低公司的综合资金成本

由于债务利息率通常低于股票股利率，而且债务利息在所得税前利润中扣除，公司可少交所得税，从而债务资金成本率明显低于权益资金成本率。因此，在一定的限度内合理地提高债务资本的比例，可以降低企业的综合资金成本率。

（2）合理安排债务资本比例可以获得财务杠杆利益

由于债务利息通常是固定不变的，当息税前利润增大时，每一元利润所负担的固定利息会相应降低，从而使税后利润会相应增加，因此，在一定的限度内合理地利用债务资本，可以发挥财务杠杆的作用，给公司所有者带来财务杠杆利益。（后面会对财务杠杆效应做详细介绍）

（3）合理安排债务资本比例可以增加公司的价值

一般而言，一个公司的价值应该等于其债务资本的市场价值与权益资本的市场价值之和，资本结构对公司的债务资本市场价值和权益资本市场价值，进而对公司总资本的市场价值即公司总价值都具有重要的影响。因此，合理安排资本结构有利于增加公司的市场价值。

2. 资本结构的具体决策方法

确定公司的最佳资本结构可以采用资金成本比较法、每股利润无差别点法和公司价值比较法。其中，资金成本比较法是一种通俗易懂的常用方法。

资金成本比较法是指在适度财务风险的条件下，测算可供选择的不同资本结构或筹资组合方案的综合资金成本率，综合加权资金成本率低的资本结构即为最佳资本结构，并以此为标准相互比较确定最佳资本结构的方法。

任务五　杠杆效应的利用

思路分析

财务管理中存在关类似物理学中的杠杆效应，表现为利用杠杆可以用较小的力量移动较重的物体的现象。财务管理中的杠杆效应表现为：由于特定费用（如固定生产经营成本或固定的财务费用）的存在而导致的，当某一财务变量以较小幅度变动时，另一相关财务变量会以较大幅度变动的现象。

知识铺垫

财务管理中的杠杆效应包括经营杠杆、财务杠杆和复合杠杆 3 种效应形式。杠杆效应具有双重作用，既可以产生杠杆利益，也可能带来杠杆风险。要了解这些杠杆的原理及计算方法，首先要明确一些与杠杆原理相关的概念。

（一）成本习性、边际贡献与息税前利润

1. 成本习性及分类

成本习性是指成本总额与业务量之间在数量上的依存关系。成本按习性分类，可划分为固定成本、变动成本和混合成本 3 类。

（1）固定成本

这是指其总额在一定时期和一定业务量范围内不随业务量发生任何变动的那部分成本。其特点是总额不变，单位固定成本与业务量呈反比例变化。属于固定成本的主要有按直线法计提的折旧费、保险费、管理人员工资、办公费等。

应当指出的是，固定成本总额只是在一定时期和一定业务量范围内保持不变。这里所说的一定范围，通常为相关范围，超过了相关范围，固定成本也会发生变动。从较长时期来看，所有的成本都在变化，没有绝对不变的固定成本。

（2）变动成本

这是指其总额随着业务量成正比例变动的那部分成本。其特点是总成本正比例变动，但单位变动成本不变。属于变动成本的主要有直接材料、直接人工等。

与固定成本相同，变动成本也存在相关范围的问题，即只有在一定范围之内，产量和成本才能完全成同比例变化，超过了一定的范围，这种关系就不存在了。

（3）混合成本

虽然随着业务量变动而变动，但不呈同比例变动。属于混合成本的主要有企业化验人员、质检人员的工资，销售人员的底薪加提成形式的工资等。混合成本是一种过渡性的分类，最终都可以运用一定的技术方法（高低点法、直线回归法等）将其分解为固定成本和变动成本。

（4）总成本习性模型

按成本习性可以最终将企业所有的总成本分解为固定成本和变动成本两部分。其模型

一般表示为：

$$y=a+bx$$

式中，y 为总成本；a 为固定成本总额；b 为单位变动成本；x 为业务量（如产销量）。

2．边际贡献及其计算

边际贡献是指销售收入减去变动成本后的差额。其计算公式为：

$$\begin{aligned}\text{边际贡献总额 } M&=\text{销售收入 } S-\text{变动成本}\\&=(\text{销售单价}-\text{单位变动成本})\times\text{产销量}\\&=px-bx=(p-b)x\end{aligned}$$

式中，M 表示边际贡献总额；S 表示销售收入；p 表示销售单价。

3．息税前利润及其计算

息税前利润（EBIT）是指企业支付利息和缴纳所得税前的利润。其计算公式为：

$$\begin{aligned}\text{息税前利润 EBIT}&=\text{销售收入}-\text{变动成本}-\text{固定成本}\\&=(\text{销售单价}-\text{单位变动成本})\times\text{产销量}-\text{固定成本}\\&=\text{边际贡献总额}-\text{固定成本}\\&=px-bx-a=(p-b)x-a=M-a\end{aligned}$$

注意，上式的固定成本和变动成本中不应包括利息费用因素。息税前利润也可以用利润总额加上利息费用求得。

（二）经营杠杆效应

这是指由于固定性经营成本的存在，而导致企业的资产报酬（息税前利润）变动率大于产销业务量变动率的杠杆效应。经营杠杆反映了资产报酬的波动性，用以评价企业的经营风险。

在相关范围内，固定成本总额是不会发生变动的，而单位固定成本却会随着业务量的增加而降低，因此，随着业务量的变动，企业的经营利润会更大幅度地发生变动。

（三）财务杠杆效应

在财务管理中，由于固定性资金成本的存在而导致的每股收益变动率大于息税前利润变动率的杠杆效应，就称为财务杠杆效应。

由于不论企业营业利润是多少，债务的利息和优先股的股利通常是固定不变的，因此，当息税前利润增加时，每一元利润所负担的固定财务费用就会相对减少，这给普通股股东带来了额外的收益；反之，当息税前利润降低时，每一元利润所负担的固定财务费用就会相对增加，这就会大幅度减少普通股盈余。所以说，财务杠杆是企业的每股收益变动对息税前利润变动的敏感程度，反映了股权资本报酬的波动性，用以评价企业的财务风险。用普通股每股利润或每股收益表示普通股权益资本报酬，则：

$$\text{普通股每股收益}=\frac{(\text{息税前利润}-\text{利息})(1-\text{所得税税率})-\text{优先股股利}}{\text{在外发行普通股股数}}$$

为计算方便，可用公式表示为：

$$EPS=\frac{(EBIT-I)(1-T)-D_{优}}{N_{普}}$$

式中，EPS 为普通股每股收益；EBIT 为息税前利润；I 为债务资本利息；T 为所得税税率；$D_{优}$为优先股股利；$N_{普}$为发行在外的普通股股数。

上式中，影响普通股收益的因素包括资产报酬、资金成本、所得税税率等因素。当有固定利息费用等资金成本存在时，如果其他条件不变，息税前利润的增加虽然不会改变固定利息费用总额，但会降低每一元息税前利润分摊的利息费用，从而提高每股收益，使得普通股收益的增长率大于息税前利润的增长率，因而产生财务杠杆效应。

（四）复合杠杆效应

由于固定性经营成本的存在产生了经营杠杆的作用，从而会导致企业的资产报酬（息税前利润）变动率大于产销业务量变动率。同时，在负债经营下，由于固定性资金成本的存在产生了财务杠杆的作用，从而使普通股的每股收益变动率大于息税前利润变动率。经营杠杆是通过扩大销售影响息税前利润，而财务杠杆则是通过扩大息税前利润影响每股收益，两者最终都会影响到普通股的每股收益。如果两种杠杆共同发挥作用，那么销售的微小变动就会引起普通股的每股收益产生更大的变动。

复合杠杆是指由于固定生产经营成本和固定财务费用的共同存在而导致的普通股每股收益变动率大于产销量变动率的杠杆效应。通常把经营杠杆和财务杠杆的联合效应称为复合杠杆，也称为总杠杆。

任务实施

子任务一　经营杠杆效应的利用

工作资料 6-14　长江化工股份有限责任公司的有关资料如表 6.2 所示。

表 6.2　长江化工股份有限责任公司有关资料　　万元

项　目	2014 年	2015 年	变动额	变动率/%
销售额	10 000	14 000	4 000	40
变动成本	8 000	11 200	3 200	40
边际贡献	2 000	2 800	800	20
固定成本	1 500	1 500	0	—
息税前利润	500	1 300	800	160

要求：分析该公司 2015 年的经营杠杆效应。

分析　根据前述准备知识可知，经营杠杆效应是由于固定性经营成本的存在导致的企业的息税前利润变动率大于产销业务量变动率的杠杆效应。

根据表 6.2 所示的资料可知：

（1）销售额由 10 000 万元增加到 14 000 万元，即ΔS=4 000 万元

销售额的变动率$\Delta S/S(\Delta x/x)$=4 000/10 000×100%=40%

（2）息税前利润由 500 万元增加到 1 300 万元，即ΔEBIT=800 万元

息税前利润变动率ΔEBIT/EBIT×100%=800/500=160%

很明显，息税前利润变动率ΔEBIT/EBIT 远大于销售额的变动率（产销业务量变动率），且为 4 倍（$\frac{\Delta \text{EBIT}/\text{EBIT}}{\Delta x/x}=\frac{160\%}{40\%}=4$）。

计算结果表明：由于两年固定成本均为 1 500 万元，使得当销售额（产销业务量）增加至 4 000 万元时，息税前利润增加了 800 万元；从变动幅度来看，销售额的变动率为 40%，而息税前利润变动率高达 160%，远大于前者变动幅度，即销售额（产销业务量）每变动（增加或减少）一倍时，息税前利润将以 4 倍的幅度变动。这就是该公司 2015 年的经营杠杆效应，说明该公司的经营风险比较大。

实践总结

只要企业存在固定经营成本，就存在经营杠杆效应。测算经营杠杆效应程度时，常用的指标为经营杠杆系数。

1. 经营杠杆的计量

（1）经营杠杆系数的定义公式

经营杠杆系数 DOL，是息税前利润变动率与产销业务量变动率的比率。其计算公式如下：

经营杠杆系数=息税前利润变动率/产销业务量变动率

即

$$\text{DOL}=\frac{\Delta \text{EBIT}/\text{EBIT}}{\Delta S/S}\quad (\Delta S/S=\Delta x/x)$$

（2）经营杠杆系数的简化公式

上述公式经整理，也可以简化为：

$$\text{DOL}=\frac{\text{基期边际贡献}}{\text{基期息税前利润}}=\frac{M}{\text{EBIT}}=\frac{M}{M-a}$$

在工作资料 6-14 中：

$$\text{经营杠杆系数 DOL}=\frac{\Delta \text{EBIT}/\text{EBIT}}{\Delta S/S}=\frac{160\%}{40\%}=4$$

或

$$\text{DOL}=\frac{M}{\text{EBIT}}=\frac{2\,000}{2\,000-1\,500}=4$$

两个公式计算出的 2015 年经营杠杆系数是完全相同的。

2. 经营杠杆与经营风险的关系

经营风险是指企业由于生产经营上的原因而导致的资产报酬波动的风险，即未来的息税前利润的不确定性。引起企业经营风险的主要原因是市场需求和生产成本等因素的不确定性，经营杠杆本身并不是资产报酬不确定的根源，只是资产报酬波动的表现。但是，经营杠杆放大了市场和生产等因素变化对利润波动的影响。经营杠杆系数越大，表

明资产报酬波动程度越大，经营风险也越大。在企业不发生经营亏损、息税前利润为正的前提下，经营杠杆系数最低为1，不会为负数——只要有固定的生产经营成本存在，经营杠杆系数总是大于1。

影响企业经营风险的因素主要有固定成本比重、息税前利润水平。息税前利润水平受产品售价、产品销量、成本水平等因素高低的影响。固定成本比重越高、成本水平越高、产品销售数量和销售价格水平越低，经营杠杆效应越大，反之经营杠杆效应越小。

子任务二　财务杠杆效应的利用

工作资料 6-15　长江化工股份有限责任公司计划对关联企业进行投资，现在有甲、乙两家公司可供选择。为此，需要对两家公司 2015 年的有关财务指标和财务杠杆效应（见表 6.3）进行分析，以便为投资决策提供依据。

表 6.3　甲、乙公司 2015 年的有关财务资料　　万元

项　目	甲公司	乙公司
普通股	1 000（500 万股）	500（250 万股）
债券（利率 10%）	—	500
资金总额	1 000	1 000
息税前利润	200	200
减：利息	0	50（500×10%）
税前利润	200	150
减：所得税（税率 25%）	50	37.5
净利润	150	112.5
每股收益/（元/股）	0.3（150/500）	0.45（112.5/250）
净资产收益率	15%（150/1 000）	22.5%（112.5/500）

要求：通过分析两家公司的财务杠杆效应后，为公司投资提供决策依据。

分析　根据前述准备知识可知，财务杠杆效应是由于固定性资金成本的存在而导致的每股收益变动率大于息税前利润变动率的杠杆效应，称为财务杠杆效应。

根据表 6.3 所示资料可知：

（1）甲公司。资金 1 000 万元全部是权益资本（普通股股本 500 万股），没有负债未使用财务杠杆。因此，息税前利润 EBIT 等于税前利润，普通股每股收益 *EPS* 为 0.3 元。

（2）乙公司。资金 1 000 万元中，有 500 万元是权益资本（普通股股本 250 万股），有 500 万元是债务资金，即债务比率为 50%。很明显，企业取得 200 万元息税前利润 *EBIT* 时，由于需要偿付固定利息 50 万元，税后利润减少为 105 万元，但由于普通股股本数减少为 250 万股，故普通股每股收益 EPS 增加为 0.45 元。

以上计算结果表明：甲公司没有负债未使用财务杠杆；乙公司有 50%的负债，因为固定利息有 50 万元，即利用了财务杠杆，给普通股股东带来了额外的收益。

（3）为进一步分析乙公司财务杠杆效应的大小，需要分析息税前利润变动引起每股收益变动的幅度。假定甲、乙两家公司2016年预计息税前利润EBIT增长幅度均为20%，按表6.3所示计算步骤计算，结果如表6.4所示。

表6.4　甲、乙公司2016年预计有关财务指标（EBIT增长20%）　万元

项　目	甲公司	乙公司
普通股	1 000（500万股）	500（250万股）
债券（利率10%）	0	500
资金总额	1 000	1 000
息税前利润（增长20%）	240	240
减：利息	0	50
税前利润	240	190
减：所得税（税率25%）	60	47.5
净利润	180	142.5
每股收益（元/股）	0.36	0.57

以上计算结果表明：

① 甲公司息税前利润EBIT增长幅度ΔEBIT/EBIT=(240−200)/200×100%=20%

每股收益EPS增长幅度ΔEPS/EPS=(0.36−0.3)/0.3×100%=20%

$$\frac{\Delta EPS / EPS}{\Delta EBIT / EBIT}=20\%/20\%\times100\%=1$$

结论：甲公司由于没有负债，每股税后利润EPS增长幅度与息税前利润EBIT增长幅度相同，即无财务杠杆作用。

② 乙公司息税前利润EBIT增长幅度ΔEBIT/EBIT=(240−200)/200×100%=20%

每股税后利润EPS增长幅度ΔEPS/EPS=(0.57−0.45)/0.45×100%=26.67%

$$\frac{\Delta EPS / EPS}{\Delta EBIT / EBIT}=26.67\%/20\%\times100\%=1.33$$

结论：乙公司由于负债50%，每股税后利润EPS增长幅度大于息税前利润EBIT增长幅度，企业资金有负债资金，每股税后利润EPS增长幅度大于息税前利润EBIT增长幅度（26.67%>20%），即发挥了财务杠杆作用，给普通股股东带来了额外的收益。

实践总结

只要企业的筹资方式中有固定资金成本（利息或固定股息），就会存在财务杠杠效应。但不同企业财务杠杆的作用程度是不完全一致的，为此需要对财务杠杆进行计量。对财务杠杆计量的主要指标是财务杠杆系数。

1. 财务杠杆的计量

（1）财务杠杆系数的定义公式

财务杠杆系数DFL是指普通股每股收益变动率与息税前利润变动率的比率。其计算公式为：

财务杠杆系数=普通股每股收益变动率/息税前利润变动率

即：

$$DFL=\frac{\Delta EPS/EPS}{\Delta EBIT/EBIT}$$

（2）财务杠杆系数的简化公式

上式公式经整理，也可以简化为：

$$DFL=\frac{基期息税前利润}{基期税前利润}=\frac{EBIT}{EBIT-I}$$

在工作资料 6-15 中：

财务杠杆系数 $DFL=\frac{\Delta EPS/EPS}{\Delta EBIT/EBIT}$=26.67%/20%=1.33

或

$DFL=\frac{EBIT}{EBIT-I}$=200/150=1.33

两个公式计算出的 2015 年财务杠杆系数是完全相同的。

如果有优先股，则上述计算公式为：

$$DFL=\frac{EBTT}{EBIT-I-D/(1-T)}$$

式中：D 为基期优先股股利；T 为所得税税率。

2. 财务杠杆与财务风险的关系

财务风险是指由于筹资产生的资金成本负担而导致的普通股每股收益波动的风险。引起企业财务风险的主要原因是资产报酬的不利变化和资金成本的固定负担。由于财务杠杆的作用，当企业的息税前利润下降时，企业仍然需要支付固定的资金成本，导致普通股剩余收益以更快的速度下降，财务风险也越大。财务杠杆是一把双刃剑，运用得当，会使企业锦上添花；运用不当，会使企业雪上加霜。企业应尽量发挥财务杠杆的正效应，避免财务杠杆负效应的发生。

只要在企业的筹资方式中有固定性融资费用的债务或优先股，就会存在息税前利润的较小变动引起每股收益较大变动的财务杠杆效应。

财务杠杆系数 DFL=1，表明固定资金成本 I 为 0 或企业没有负债资本，也没有优先股。利息越大，则财务杠杆系数越大，而 EBIT 越大，则财务杠杆系数越小。

在资本总额、息税前利润相同的情况下，负债比率越高，财务杠杆系数越高，财务风险越大。如果息税前利润率高于借入资金利润率，预期普通股盈余（投资者收益）也越大，财务杠杆效应越强，财务风险越大。

控制财务风险的方法是：控制负债比率，即通过合理安排资本结构，适度负债，使财务杠杆利益抵消风险增大所带来的不利影响。企业利用财务杠杆获得财务杠杆利益，需要承担由此引起的财务风险，所以必须在财务杠杆利益与财务风险之间做出合理的抉择。

子任务三　复合杠杆效应的利用

工作资料 6-16　长江化工股份有限责任公司的有关资料如表 6.5 所示。

表 6.5　长江化工股份有限责任公司有关财务指标　　万元

项　目	2014 年	2015 年	变动额	变动率/%
销售量/件（单价 10 元）	1 000	1 200	200	20
销售收入	10 000	12 000	2 000	20
变动成本（单位 4 元）	4 000	4 800	800	20
边际贡献	6 000	7 200	1 200	20
固定成本	4 000	4 000	0	0
息税前利润（EBIT）	2 000	3 200	1 200	60
利息	800	800	0	0
利润总额	1 200	2 400	1 200	100
净利润（税率 25%）	900	1 800	900	—
每股收益（2 000 万股）	0.45	0.9	0.45	100

要求：分析该公司 2015 年的复合杠杆效应。

分析　根据前述准备知识可知，复合杠杆是由于固定生产经营成本和固定财务费用的共同存在而导致的普通股每股收益变动率大于产销量变动率的杠杆效应。事实上，它是经营杠杆和财务杠杆的联合效应。

根据表 6.5 所示的资料可知：

（1）销售量由 1 000 件增加到 1 200 件，即Δx=200（件），则

销售量的变动率$\Delta x/x$=200/1 000=20%

（2）息税前利润由 2 000 万元增加到 3 200 万元，即ΔEBIT=1 200（万元），则

息税前利润变动率ΔEBIT/EBIT=1 200/2 000×100%=60%

（3）每股收益由 0.45 元增加到 0.9 元，即ΔEPS=0.45（元），则

每股收益变动率ΔEPS/EPS=0.45/0.45×100%=100%

很明显，每股收益变动率远大于销售量的变动率，且为 5 倍（$\dfrac{\Delta \text{EPS}/\text{EPS}}{\Delta x/x}=\dfrac{100\%}{20\%}=5$）。

计算结果表明：销售量只增加 20%，每股收益却增长了 100%，复合杠杆的作用使得每股收益变动的幅度相对于销售量的变动幅度扩大了 5 倍；反之，如果销售量下降 20%，企业的每股收益也会下降 100%。这个结果说明该公司风险较大。

实践总结

只要企业同时存在固定的生产经营成本和固定的利息费用等财务支出，就会存在复合杠杆的作用。对复合杠杆计量的主要指标是复合杠杆系数。

1. 复合杠杆的计量

（1）复合杠杆系数的定义公式

复合杠杆系数是普通股每股收益变动率相当于业务量变动率的倍数。其计算公式如下。

复合杠杆系数（DCL）=普通股每股收益变动率/产销量变动率

即

$$DCL=\frac{\Delta EPS/EPS}{\Delta x/x}$$

（2）复合杠杆系数的简化公式

复合杠杆系数=基期边际贡献/基期利润总额

$$DCL=\frac{M}{M-a-I}$$

（3）经营杠杆系数、财务杠杆系数与复合杠杆系数之间的关系

复合杠杆系数=财务杠杆系数×经营杠杆系数

即

$$DCL=DOL\times DFL$$

在工作资料 6-16 中：

复合杠杆系数 $DCL=\frac{\Delta EPS/EPS}{\Delta x/x}=\frac{100\%}{20\%}=5$

或

$DCL=DOL\times DFL=3\times 1.67=5$（其中，$DOL=\frac{6\,000}{2\,000}=3$，$DFL=\frac{2\,000}{1\,200}=1.67$）

或

$DCL=\frac{M}{M-a-I}=\frac{6\,000}{1\,200}=5$

以上 3 个公式的计算结果完全一致。

2. 复合杠杆与公司风险的关系

公司风险（复合风险）包括公司的经营风险和财务风险。复合杠杆系数反映了经营杠杆和财务杠杆之间的关系，用以评价企业的整体风险水平。在复合杠杆系数一定的情况下，经营杠杆系数与财务杠杆系数此消彼长。在其他因素不变的情况下，复合杠杆系数越大，公司风险越大；复合杠杆系数越小，公司风险越小。

复合杠杆效应的意义在于：第一，能够说明产销业务量变动对普通股收益的影响，据以预测未来的每股收益水平；第二，揭示了财务管理的风险管理策略，即要保持一定的风险状况水平，需要维持一定的复合杠杆系数，经营杠杆和财务杠杆可以有不同的组合。只要企业同时存在固定成本和固定的财务支出，就存在营业收入较小变动，引起每股收益较大变动的复合杠杆效应。从复合杠杆系数中能够估计出营业收入变动对每股收益造成的影响。

一般来说，在企业初创阶段，产品市场占有率低，产销业务量小，经营杠杆系数大，此时企业筹资主要依靠权益资本，在较低程度上使用财务杠杆；在企业扩张成熟期，产品市场占有率高，产销业务量大，经营杠杆系数小，此时在企业资本结构中可扩大债务资本，所以可在较高程度上使用财务杠杆。

课后自测

基础知识训练

一、单项选择题

1．从公司理财的角度看，与长期借款筹资相比较，普通股筹资的优点是（　　）。

A．筹资速度快　　B．筹资风险小　　C．筹资成本小　　D．筹资弹性大

2．某企业取得银行为期一年的周转信贷协定，金额为100万，年度内使用了60万（使用期平均8个月）。假设利率为每年12%，年承诺费率为0.5%，则年终企业应支付利息和承诺费共为（　　）万元。

A．5　　B．5.1　　C．7.4　　D．6.3

3．某企业需要借入资金600万元，贷款银行要求将贷款金额的20%作为补偿性余额，则企业需要向银行申请的贷款数额为（　　）万元。

A．750　　B．720　　C．600　　D．500

4．某公司经营风险较大，准备采取系列措施降低杠杆程度，则无法达到这一目的的措施是（　　）。

A．降低利息费用　　B．降低固定成本水平

C．降低变动成本　　D．提高产品销售单价

5．如果企业的资金来源全部为自有资金，且没有优先股存在，则企业财务杠杆系数（　　）。

A．等于0　　B．等于1　　C．大于1　　D．小于1

6．如果企业一定期间内的固定生产成本和固定财务费用均不为0，则由上述因素共同作用而导致的杠杆效应属于（　　）。

A．经营杠杆效应　　B．财务杠杆效应

C．复合杠杆效应　　D．风险杠杆效应

7．能够引起企业自有资金增加的筹资方式是（　　）。

A．吸收直接投资　　B．发行公司债券

C．利用商业信用　　D．留存收益转增资本

8．按（　　），可以将筹资分为直接筹资和间接筹资。

A．企业所取得资金的权益特性不同

B．筹集资金的使用期限不同

C．是否以金融机构为媒介

D．资金的来源范围不同

9．预计某公司2016年的财务杠杆系数为1.2，2015年息税前利润为720万元，则2015年该公司的利息费用为（　　）万元。

A．120　　B．144　　C．200　　D．600

10．某企业2015年的销售额为5 000万元，变动成本为1 800万元，固定经营成本为

1 400 万元，利息费用为 50 万元，则 2012 年该企业的总杠杆系数为（　　）。

A．1.78　　B．1.03　　C．1.83　　D．1.88

二、多项选择题

1．从公司理财的角度看，与普通股筹资相比较，长期借款筹资的优点是（　　）。

A．筹资速度快　　B．筹资风险小

C．筹资成本小　　D．不分散控制权

2．在事先确定企业资金规模的前提下，吸收一定比例的负债资金，可能产生的结果有（　　）。

A．降低企业资金成本　　B．降低企业财务风险

C．加大企业财务风险　　D．提高企业经营能力

3．关于经营杠杆系数的叙述，不正确的有（　　）。

A．经营杠杆系数等于息税前利润与固定成本之和除以息税前利润

B．固定成本不变，销售额越大，经营杠杆系数就越大，经营风险就越小

C．经营杠杆系数表明经营杠杆是利润不稳定的根源

D．降低经营杠杆系数的措施有增加销售额、降低单位变动成本和固定成本

4．资金成本包括用资费用和筹资费用两部分，其中筹资费用包括（　　）。

A．向债权人支付的利息　　B．证券发行费

C．向股东支付的股利　　D．借款手续费

5．个别资金成本的计算中，不需要考虑所得税影响的是（　　）。

A．长期借款的成本　　B．留存收益成本

C．债券资金成本　　D．普通股成本

6．各项费用中，属于占用费的有（　　）。

A．借款手续费　　B．公司债券的发行费

C．股利　　D．借款利息

7．某公司经营杠杆系数为 2，财务杠杆系数为 3，如果产销量增加 1%，则（　　）说法不正确。

A．息税前利润将增加 2%　　B．息税前利润将增加 3%

C．每股收益将增加 3%　　D．每股收益将增加 6%

8．银行借款按企业取得贷款用途划分，不包括（　　）。

A．信用贷款　　B．担保贷款　　C．专项贷款　　D．基本建设贷款

9．属于吸收直接投资的有（　　）。

A．吸收国家投资　　B．吸收债权人投资

C．合资经营　　D．吸收社会公众投资

三、判断题

1．无论是经营杠杆系数变大，还是财务杠杆系数变大，都可能导致企业的复合杠杆系数变大。（　　）

2．从理论上说，债权人不得干预企业的资金投向和股利分配方案。（　　）

3．资金成本是指企业筹资付出的代价，一般用相对数表示，即资金占用费加上资金筹

集费之和除以筹资总额。（　　）

4．最优资金结构是使企业筹资能力最强，财务风险最小的资金结构。（　　）

5．在计算个别资本成本时，长期债券筹资不需要考虑所得税抵减作用。（　　）

6．筹资渠道解决的是资金来源问题，筹资方式解决的是通过何种方式取得资金的问题，它们之间不存在对应关系。（　　）

7．当企业的经营杠杆系数等于 1 时企业的固定成本为 0，此时企业仍然存在经营风险。（　　）

8．企业进行筹资时，首先应利用内部筹资，然后再考虑外部筹资。（　　）

9．根据我国《公司法》等法律法规的规定，投资者可以采取货币资产和非货币资产两种形式出资，全体投资者的货币出资金额不得低于公司注册资本的 30%。（　　）

10．与普通股股票筹资相比，留存收益筹资的特点是财务风险小。（　　）

实践训练

1．天山公司只生产和销售 A 产品，其总成本习性模型为 Y=10 000+3X。假定该企业 2015 年度 A 产品销售量为 10 000 件，每件售价为 5 元。按市场预测，2014 年 A 产品的销售数量将增长 15%。

要求：（1）计算 2015 年该企业的边际贡献总额。

（2）计算 2015 年该企业的息税前利润。

（3）计算销售量为 10 000 件时的经营杠杆系数。

（4）计算 2016 年息税前利润增长率。

（5）假定企业 2015 年发生负债利息 5 000 元，且无优先股股息，计算复合杠杆系数。

2．某公司目前拥有资金 2 000 万元。其中，长期借款 800 万元，年利率 10%；普通股 1 200 万元，上年支付的每股股利 2 元，预计股利增长率为 5%，发行价格 20 元，目前价格也为 20 元。该公司计划筹集资金 100 万元，企业所得税税率为 25%。有以下两种筹资方案。

方案 1　增加长期借款 100 万元，借款利率上升到 12%，假设公司其他条件不变。

方案 2　增发普通股 40 000 股，普通股市价增加到每股 25 元，假设公司其他条件不变。

要求：（1）计算该公司筹资前的计算银行借款资本成本、普通股资本成本、债券资本成本及加权平均资金成本。

（2）用比较资金成本法确定该公司最佳的资金结构。

3．某公司拟筹资 2 000 万元，现有甲、乙两个备选方案，有关资料如表 6.6 所示。

表 6.6　甲、乙备选方案

筹资方式	甲方案		乙方案	
	筹资额/万元	资金成本/%	筹资额/万元	资金成本/%
长期借款	500	6	600	6
债券	700	6.5	400	7
普通股	800	12	1 000	11.5
合　计	2 000		2 000	

要求：确定该公司的最佳资本结构。

模拟沙盘实训

划分学习小组，以小组为单位选择金蝶软件（中国）有限公司“理财之道——财务管理电子对抗系统”实训软件或类似财务管理实训软件开展沙盘模拟演练。

1．通过实际演练明确资金筹集管理在理财工作中的重要性。

2．实际体验资金筹划及管理策略。

3．运用所学知识进行资金成本计算、比较和资本结构决策。

4．通过演练结果，评价本组筹资管理效果，总结并分析原因。

项目七

利润分配管理

项目引言

利用假期打工的你，当挣到人生的第一桶金时，该如何分配这笔钱？是拿来孝敬父母，还是和同学、好友一起分享？是为自己添置些学习、生活用品，还是为自己开立个小小的账户，以备不时之需用？大多数的同学都会花一部分，留一部分。实际上，在企业里也是这样，采用高股利发放的企业信誉好，投资者信心足，但是企业的内部留存就会减少，需要新的资金时还要继续筹集；而采用低股利发放的企业，内部留存充足，降低了再筹资成本，但是还要兼顾到投资者的利益。因此，企业每年的利润分配工作是非常重要的内容之一。

项目内容概述

利润分配是利用价值形式对企业劳动者创造的社会剩余产品所进行的分配。生产决定分配，而分配对生产又起着积极的促进作用。通过利润分配能正确处理企业与各方面的经济关系，调动各方面的积极性，促进生产经营的发展。因此，利润分配具有重要的意义。

首先，通过利润分配，国家财政能动员、集中一部分利润，由国家有计划地分配使用，实现国家政治职能和经济宏观调控职能，发展高新技术、能源交通和原材料基础工业，为社会经济的发展创造良好条件。

其次，通过利润分配，企业由此形成一部分自行安排使用的积累性资金，增强了企业生产经营的财力，有利于企业适应市场需要发展生产，改善职工生活福利。

最后，通过利润分配，投资者能实现预期的收益，从而提高企业的信誉程度，有利于增强企业继续融通资金的能力，有利于生产经营发展的需要。

本项目主要包括利润分配原则与项目的确定、股利分配政策的选择及股利分配方案制定等任务。

知识目标

利润分配的原则与项目；利润分配的法定程序；股利政策类型；股利分配程序和类型。

能力目标

能够确定企业利润分配原则与项目；能够根据企业实际情况选择适合的利润分配政策；能够制定合理的股利分配方案。

任务一　利润分配原则与项目的确定

分析思路

企业的净利润按道理是应该归股东所有的，但是这不意味着股东们能按他们的股份分享企业所有的利润。企业必须依法分配，同时兼顾各方面利益等原则来确定相关的利润分配项目。

知识铺垫

利润分配是指企业按照国家财经法规和企业章程，对所实现的净利润在国家、企业与投资者之间及利润分配各项目之间进行分配。

（一）利润分配的原则

企业利润分配主要是确定企业的净利润如何在分发给投资者和用于再投资这两方面进行分配。广义的利润分配是指对企业收入和利润进行分配的过程；狭义的利润分配是指对企业净利润的分配。为了合理组织企业财务活动和正确处理财务关系，企业在进行利润分配时应遵循以下原则。

1．依法分配原则

国家对于利润分配的内容、比例及程序都做了原则性的规定，企业必须遵守国家法律，履行企业的社会责任，依法分配，不得违反。

2．兼顾各方面利益原则

利润分配要坚持全局观念，必须兼顾企业所有者、经营者和职工的利益；坚持兼顾各方利益的原则，既要保障投资者的利益，又要考虑到调动经营者和职工的积极性。

3．分配与积累并重原则

企业在进行利润分配时，应兼顾近期利益和长期利益，处理好分配与积累的关系。一方面应当考虑为了扩大再生产的需要积累足够的资金，另一方面还应考虑向投资者分配利润，来增强投资者的信心，维持企业的形象；坚持分配与积累并重原则，做到后备有余，增强企业的发展实力。

4．投资与收益对等原则

实践证明，能够提供稳定回报的企业比利润分配高低极不稳定的企业更受投资者青睐，其股票价格将更高更稳定，所以企业应制定合适的分配政策，保持稳定的分红比例，坚持投资与收益对等原则。

（二）利润分配的项目

企业缴纳所得税后，便可进行利润分配。利润分配的项目包括以下几个部分。

1. 弥补以前年度亏损

按照现行制度规定，企业发生的以前年度亏损，可以用下一年度的税前利润弥补；下一年度利润不足弥补的，可以在5年内延续弥补，5年内不足弥补的，可以用税后利润弥补。

2. 提取法定盈余公积金

法定盈余公积金从净利润中提取形成，用于弥补企业亏损、扩大企业生产经营或转为增加企业资本。企业分配当年的净利润时应当按照净利润扣除以前年度亏损后的10%的比例提取法定盈余公积金。当法定盈余公积金累计额达到企业注册资本的50%时，可不再继续提取。

3. 提取任意盈余公积金

股份制企业提取法定盈余公积金后，经过股东大会决议或按照公司章程，可以提取任意盈余公积金，其他企业也可根据需要提取任意盈余公积金。任意盈余公积金的提取比例由企业视情况而定。

4. 向投资者分配的利润或股利

企业向投资者分配利润或股利，要在提取盈余公积金后。利润分配应以各投资者在企业的投资额为依据，每一个投资者分得的利润或股利与其投资额成正比。

任务实施

工作资料7-1 长江化工股份有限责任公司2015年实现的净利润为1 650万元，公司提取的法定盈余公积金比例为10%，任意盈余公积金比例为10%。经股东大会讨论通过，确定按净利润的30%分配股利。该公司流通在外的普通股股数为10 000万股（每股面值为1元），无优先股。

要求：写出利润分配的过程，并计算每股股利是多少。

分析 按照利润分配的法定程序，计算如下。

① 由于以前年度没有亏损，故不用弥补亏损。

② 提取法定盈余公积=1 650×10%=165（万元）

③ 提取任意盈余公积=1 650×10%=165（万元）

④ 可供分配的利润=1 650−165−165=1 320（万元）

⑤ 根据股东大会决议，分配给股东的股利为1 650×30%=495（万元）

每股股利=495÷10 000=0.049 5（元/股）

实践总结

按照我国的相关法律规定，利润分配必须依法分配。

1. 一般企业的利润分配程序

根据我国《企业财务通则》及行业财务制度，企业缴纳所得税后的利润除国家另有规定者外，按下列顺序分配。

（1）用于抵补被没收的财物损失，支付违反税法规定的各项滞纳金和罚款。

（2）弥补企业以前年度亏损。

（3）提取法定盈余公积金。法定盈余公积金按照税后利润扣除弥补企业以前年度亏损后的10%提取。

（4）向投资者分配利润。企业以前年度未分配的利润，可以并入本年度向投资者分配。企业当年无利润不得向投资者分配利润。

2. 股份有限公司的利润分配程序

股份有限公司提取法定盈余公积金后，利润按下列顺序分配。

（1）支付优先股股利。

（2）提取任意盈余公积金。任意盈余公积金按照公司章程或股东大会决议提取和使用。

（3）支付普通股股利。

公司当年无利润时，一般不得向股东分配股利。

任务二　股利分配政策的选择

分析思路

股利分配政策是股份制公司就股利分配所采用的方针策略。企业的股利分配政策，不仅要兼顾企业和投资者的眼前利益，更要考虑企业的长远发展。股利分配政策的核心问题就是确定股利与留存利润之间的比例关系，也即股利支付比率问题。

知识铺垫

股利政策是指股份有限公司对股利支付有关事项的确定。股利政策是现代财务管理的三大主要政策之一，对公司的筹资决策、投资决策有着重要意义。

（一）影响股利政策的因素

股利分配政策是股份有限公司财务管理的一项重要内容。在制定股利政策时应考虑到以下因素的影响。

1. 法律因素

我国《公司法》、《证券法》和《税法》对股利政策都有一定的限制，主要表现在以下几个方面。

① 资本保全限制。为了保护公司能有足够的资本以保护债权人的权益，要求公司的净利润在弥补亏损和提取法定盈余公积金之前不得分配股利，不得用募集的经营资本发放股利。

② 资本积累限制。这一规定要求企业在向投资者或股东分配股利前，先按照一定比例和基数提取盈余公积金，贯彻无利润不分配的原则。

③ 偿债能力限制。如果公司已经无力偿还债务或因发放股利将极大影响公司的偿债能力，则不准发放股利。

④ 超额累积利润积累约束。由于存在股东接受股利缴纳的所得税高于其进行股票交易的资本利得税，于是许多国家规定公司不得超额累积利润，一旦公司的保留盈余超过法律认可的水平，将被加征额外税额。我国法律对公司累积利润尚未做出限制性规定。

2．股东因素

站在股东从自身需要的角度出发，对公司的股利分配往往会产生一定的影响，主要表现在以下几个方面。

① 稳定的收入要求方面的考虑。一些依靠股利维持生活的股东，往往要求公司支付稳定的股利，如果公司留存较多的利润将受到这部分股东的反对。

② 控制权的稀释方面的考虑。一些高股利收入的股东出于避税的考虑，又为了维持在公司的控制权，宁愿不分配股利。

③ 股东为保护控制权而要求限制发放股利。公司支付较高的股利就会导致留存盈余减少，这意味着将来依靠发行股票等方式筹集资金的可能性增大，而发行新股，尤其是普通股，意味着企业控制权有旁落他人或其他公司的可能，因为发行新股必然稀释公司的控制权，这是公司原先持有控制权的股东们不愿看到的局面。因此，如果他们拿不出更多的资金购买新股以满足公司的需要，宁肯不分配股利而反对募集新股。

3．公司因素

就公司的经营需要来讲，也同样会存在一些影响股利分配的因素，主要表现在以下几个方面。

① 盈余的稳定性。公司是否能获得长期稳定的盈余是其股利决策的重要基础。盈余相对稳定的公司能够较好地把握自己，有可能支付比盈余不稳定的公司较高的股利，而盈余不稳定的公司一般采取低股利政策。对于盈余不稳定的公司来讲，低股利政策可以减少因盈余下降而造成的股利无法支付、股价急剧下降的风险，还可将更多的盈余再投资，以提高公司权益资本比重，减少财务风险。

② 资产的流动性。如果企业资产的流动性较高，即持有大量的货币资金和其他流动资产，变现能力强，就可以采取较高的股利率分配股利，反之就应该采取低股利率。一般来说，企业不应该也不会为了单纯地追求发放高额股利而降低企业资产的流动性，削弱企业的应变能力去冒较大的财务风险。

③ 举债能力。具有较强举债能力（与公司资产的流动性相关）的公司因为能够及时地筹措到所需的现金，有可能采取较宽松的股利政策，而举债能力弱的公司则不得不多滞留盈余，因而往往采取较紧的股利政策。

④ 投资机会。有着良好投资机会的公司需要有强大的资金支持，因而往往少发放股利，将大部分盈余用于投资；缺乏良好投资机会的公司，保留大量现金会造成资金的闲置，于是倾向于支付较高的股利。正因为如此，处于成长中的公司多采取低股利政策，陷于经营收缩的公司多采取高股利政策。

⑤ 资金成本。与发行新股相比，保留盈余不需花费筹资费用，是一种比较经济的筹资渠道。因此，从资金成本考虑，如果公司有扩大资金的需要，应当采取低股利政策。

⑥ 债务需要。具有较高债务偿还需要的公司可以通过举借新债、发行新股筹集资金偿还债务，也可直接用经营积累偿还债务。如果公司认为后者适当的话（比如，前者资金成

本高或受其他限制难以进入资本市场），将会减少股利的支付。

4．其他因素

公司的股利政策还可能受到其他因素的影响，如债务合同约束、国家经济环境、通货膨胀，以及公司股票价格的变动。

（二）股利政策类型

由于股利政策受到多种因素的影响，所以不同的公司在不同时期要结合自身的具体情况来制定不同的股利政策。实务中，经常用到的股利分配政策如下。

1．剩余股利政策

剩余股利政策是指在公司有良好的投资机会时（即投资机会的预期报酬率高于股东要求的必要报酬率），可以考虑在一定的目标资本结构下，按比例测算出满足投资所需的权益资本，然后将剩余的税后利润再用于支付股利。

其基本步骤如下。

① 设定目标资本结构，即确定权益资本与债务资本的比例。

② 按资本预算和目标资本结构的要求计算投资方案所需的权益资本数额。

③ 计算税后利润能满足投资方案所需权益资本的最大限额。

④ 满足上述需要后，将剩余利润作为股利支付。

2．固定股利或稳定增长股利政策

这是一种稳定的股利政策，要求公司在较长时期内，无论公司经济情况怎样，都支付固定的股利额，当公司对未来利润增长确有把握，并且这种增长被认为是不会发生逆转时，才增加每股股利额。

3．固定股利支付率政策

固定股利支付率政策是公司确定固定的股利支付率，并长期按此比率从净利润中支付股利的政策。各年股利随公司经营的好坏而上下波动，获得较多盈余的年份股利额高，获得盈余少的年份股利额低。采用此政策，由于企业的盈利能力在年度间是经常变动的，因此，每年的股利也随着企业收益的变动而变动。

4．正常股利加额外股利政策

正常股利加额外股利政策是指公司每年按某一固定的数额向股东支付正常股利，当企业盈利较大幅度增加时，再根据实际需要，向股东追加一笔额外分红。这是一种介于固定与变动股利政策之间的折中股利政策。

任务实施

子任务一　剩余股利分配政策的选择

工作资料 7-2　长江化工股份有限责任公司 2015 年税后盈利为 1 650 万元。2016 年公司面临一项投资机会，投资总额为2 500万元，公司目标资本结构负债为40%，权益为60%。现在公司面临股利分配政策的选择，假设采用剩余股利分配政策。

要求：按照目标资金结构的要求，2016年公司投资方案所需的自有资金数额为多少？采用剩余股利分配政策，计算2015年向投资者发放的股利为多少。

分析 根据公司目标资本结构的要求，企业2016年计划所需的资金需要内部资金的数额为1 500万元（即2 500×60%=1 500）。这样，公司将净利润的1 500万元作为留存利润，然后通过举债筹集1 000万元（即2 500×40%=1 000）。

又根据该公司2015年税后利润1 650万元，则2015年向投资者分红数额为165万元（即1 650−1 500=165）。

实践总结

1. 剩余股利政策的优点

剩余股利政策的优点是充分利用了留存收益这一权益筹资中成本最低的资金来源，保持了理想的资本结构，使综合资金成本最低，实现了企业价值的长期最大化。

2. 剩余股利政策的缺点

完全遵照执行剩余股利政策，将使股利发放额每年随投资机会和盈利水平的波动而波动，不利于投资者安排收入与支出，也不利于公司树立良好的形象。

剩余股利政策一般适用于公司初创阶段。

子任务二 固定股利或稳定增长股利政策的选择

工作资料7-3 长江化工股份有限责任公司2014年税后盈利540万元，分配股利162万元，2015年税后盈利1 650万元。现在公司面临股利分配政策的选择，假设该公司进入稳定增长期，稳定增长率为3%，采用固定股利或稳定增长股利的股利分配政策。

要求：计算2015年向投资者发放的股利为多少。

分析 从工作资料中可知，该公司进入稳定增长期，稳定增长率为3%。可知公司采用稳定增长的股利政策，即在2014年162万元的股利支付额上增加3%，则2015年支付的股利为166.86万元[即162×(1+3%)=166.86]。

如果该公司没有进入稳定增长期，采用该种股利分配政策也就是采用固定股利的股利分配政策，即2015年支付的股利与2014年相同，都是162万元。

实践总结

1. 固定或稳定增长股利政策的优点

① 固定的股利有利于公司树立良好的形象，有利于稳定公司股票价格，从而增强投资者对公司的信心。

② 稳定的股利有利于投资者安排收入与支出，特别是那些对股利有较强依赖性的股东更是如此。

2. 固定或稳定增长股利政策的缺点

① 公司股利支付与公司盈利相脱离，造成投资的风险与投资的收益不对称。

② 公司盈利较低时仍要支付较高的股利，容易引起公司资金短缺，导致财务状况恶

化，甚至侵蚀公司留存收益和公司资本。

③ 股利支付可能会影响投资计划的实施，或者使公司的资本结构偏离目标值，从而加大资金成本，不能像剩余股利政策那样保持较低的资金成本。

固定股利政策一般适用于经营比较稳定或正处于成长期、信誉一般的公司，但该政策很难被长期采用。

子任务三 固定股利支付率政策的选择

工作资料 7-4 长江化工股份有限责任公司 2014 年税后盈利 540 万元，分配股利 162 万元，2015 年税后盈利 1 650 万元。现在公司面临股利分配政策的选择，假设采用固定股利支付率的股利分配政策。

要求：计算 2015 年向投资者发放的股利为多少？

分析 根据资料可以获知，2014 年股利支付率为 30%(即 162÷540×100%=30%)。如果该公司采用固定股利支付率的股利分配政策，则 2015 年的股利支付率也是 30%。

又根据该公司 2015 年税后利润为 1 650 万元，则 2014 年支付的股利为 495 万元（即 1 650×30%=495）。

实践总结

公司按固定的百分比提取收益，以作为股利发放给股东，这种股利政策一方面体现出了投资收益均衡原则，但又容易造成股利上下波动，不利于公司形象的稳定。

1. 固定股利支付率政策的优点

① 使股利与企业盈余紧密结合，以体现多盈多分、少盈少分、不盈不分的原则。

② 由于公司的盈利能力在年度间是经常变动的，所以每年的股利也应随着公司收益的变动而变动，以保持股利与利润间的一定比例关系，体现投资风险与收益的对等。

2. 固定股利支付率政策的缺点

① 股利波动容易使外界产生公司经营不稳定的印象，公司财务压力较大，不利于股票价格的稳定与上涨。

② 公司每年按固定比例从净利润中支付股利，缺乏财务弹性。

③ 确定合理的固定股利支付率难度很大。

由于公司每年面临的投资机会、筹资渠道都不同，这些因素都会影响公司的股利分配，所以，一成不变地选择固定股利支付率政策的公司在实际中并不多见，固定股利支付率政策只是较适用于那些处于稳定发展且财务状况也较稳定的公司。

子任务四 低正常股利加额外股利政策的选择

工作资料 7-5 长江化工股份有限责任公司 2014 年、2015 年的资料同上面的工作资料。现在公司面临股利分配政策的选择，该公司采用低正常股利加额外股利政策。如果公司每年都支付给股东固定的股利为 108 万元，根据每年的盈余情况再额外发放股利，额外股利是当年税后盈余的 10%。

要求：计算 2015 年向投资者发放的股利为多少。

分析 低正常股利加额外股利政策的特点就是每年向股东发放一个较低的固定股利，根据每年经营情况再发放额外的股利，额外股利是不固定的。假设该公司 2014 年发放的股利 162 万元就是由固定股利 108 万元和额外股利 54 万元（即 540×10%=54）组成的。

因此，2015 年发放的股利为 273 万元（即 108+1 650×10%=273）。

实践总结

1. 低正常股利加额外股利政策的优点

① 具有较大的灵活性。由于平常股利发放水平较低，故在企业净利润很少或需要将相当多的净利润留存下来用于再投资时，企业仍旧可以维持既定的股利发放水平，避免股价下跌的风险，股东不会有股价跌落感；企业一旦拥有充裕的现金，就可以通过发放额外股利的方式，将其转移到股东的手中，这样做也有利于股价的提高，使股东增强对公司的信心。

② 既可以在一定程度上维持股利的稳定性，又有利于企业的资本结构达到目标资本结构，使灵活性与稳定性较好地相结合，因而为许多企业采用。

③ 当公司盈利较少或投资需要资金时，可以只支付较低的正常股利，这样既不会加大公司的财务压力，又能保证股东稳定的股利收入，可有效避免股价下跌的风险。

2. 低正常股利加额外股利政策的缺点

① 股利派发仍然缺乏稳定性，额外股利随盈利的变化而变化，时有时无，给人漂浮不定的印象。

② 如果公司较长时期一直发放额外股利，股东就会误认为这是正常股利，一旦取消，极易造成公司财务状况逆转的负面影响，股价下跌也就在所难免。

上面分析的几种股利政策中，固定股利政策和低正常股利加额外股利政策是被企业普遍采用，并为广大的投资者所认可的两种基本政策。企业在进行利润分配时，应充分考虑各种政策的优缺点和企业的实际情况，选择适宜的利润分配政策。

需要指出的是，实务中并没有一个严格意义上的最为科学的股利政策，往往是多种股利政策的结合。

任务三　股利分配方案的制定

分析思路

企业利润分配政策与方案会受到企业发展规划及筹资计划的影响，同时它也会影响到企业的筹资与投资决策，影响到企业长远利益与近期利益、整体利益与局部利益等关系的处理和协调，所以必须慎重对待。

知识铺垫

（一）股利支付的程序

《公司法》规定，公司分配股利，首先由公司董事会根据公司盈余情况和股利政策，拟定股利分配方案（包括配股方案），然后提交股东大会审议通过。只有经股东大会审议通过的股利分配方案才具有法律效力，才能向社会公布。股利分配方案经股东大会审议通过后，公司必须及时予以公开宣布，并确定股利宣告日、股权登记日、除权除息日和股利发放日等。

1. 股利宣告日

股利宣告日是公司股东会议决定的股利分配情况予以公告的日期。公告中将宣布每股应支付的股利、股权登记日、除息日及股利发放日。

2. 股权登记日

股权登记日是有权领取本期股利的股东资格登记截止日期。只有这一天在公司股东名册上登记有名的股东，方有权领取最近一次发放的股利。在股权登记日以后购买股票的新股东无权参与本次分配。股权登记日一般在分配方案宣布后的10～20天内。

3. 除权除息日

除权除息日是除去股利的日期，也就是领取股利的权利和股票相互分离的日期。在除息日前，股利包含在股票的价格之中，该股票称为含权股（含息股），持有股票就享有获取股利的权利。除权除息日开始，股利权与股票相互分离，股票价格会下降，此时，股票称为除息股或除权股。在除息日当天或以后新购买股票的股东不能享受这次股利。除息日是股权登记日的下一个交易日。

4. 股利支付日

股利支付日是公司按照公布的分红方案向股权登记日在册的股东正式发放股利的日期。

（二）股利支付方式

股利支付有多种，常见的有以下几种。

① 现金股利。这是以现金支付的股利，是企业最常见的，也是最易被投资者接受的股利支付方式。

② 股票股利。股票股利是公司以增发的股票作为股利的支付方式，我国实务中通常也称为“红股”。

③ 财产股利。财产股利是以现金以外的资产支付的股利，主要是以公司所拥有的其他企业的有价证券，如债券、股票等作为股利支付给股东。

④ 负债股利。负债股利是公司以负债支付的股利，通常以公司的应付票据支付给股东，在不得已的情况下也以发行公司债券方式支付股利。

财产股利和负债股利实际上是现金股利的替代。这两种股利方式目前在我国公司实务中很少使用，但并非法律所禁止。

任务实施

工作资料 7-6 长江化工股份有限责任公司于 2016 年 4 月 11 日公布 2015 年的最后分红方案。其公告如下："2016 年 4 月 7 日召开了股东大会，通过了董事会关于每股分配 0.049 5 元的股息分配方案。股权登记日为 4 月 22 日，除权除息日为 4 月 25 日，股东可在 5 月 13 日至 23 日之间通过深圳证券交易所按交易方式领取股息。特此公告。"

要求：根据上述公告确定该公司股利的支付程序。

分析 确定股利支付程序事实上就是确定股利宣告日、股权登记日、除权除息日和股利发放日等。根据上述公司公告内容可确定股利支付程序如图 7.1 所示。

图 7.1 股利支付程序

工作资料 7-7 巨龙公司在发行股票前资产负债表上的股东权益账户如表 7.1 所示。

表 7.1 公司发放股票股利前的部分资产负债 万元

项　目	金　额
股本（普通股面值 4 元，已发行 1 000 万股）	4 000
资本公积	600
留存收益	1 400
股东权益合计	6 000

假定该公司宣布发放 10%的股票股利，即对股东按 10∶1 的比例增发普通股，公司共发放 100 万股普通股股利。当时股票的公开市价为每股 10 元。

要求：根据巨龙公司股票股利分配方案确定对股东权益各项目的影响。

分析 随着股票股利的发放，留存收益中有 1 000 万元（即 100×10=1 000）的资金要转移到股本和资本公积账户上，使之减少到 400 万元，转移到股本账户使股本增加 400 万元（即 100×4=400）而达到 4 400 万元，其余转移到资本公积账户上，使资本公积增加 600 万元（即 1 000−400=600）而达到 1 200 万元。因此，股票股利发放对资产负债表中股东权益各账户的影响如表 7.2 所示。

表 7.2 公司发放股票股利后的部分资产负债 万元

项　目	金　额
股本（普通股面值 4 元，已发行 1 100 万股）	4 400（即 4 000+400=4 400）
资本公积	1 200（即 600+600=1 200）
留存收益	400（即 1 400−1 000=400）
股东权益合计	6 000

从表 7.2 中可以看出，A 公司的股东权益总额保持不变，只是内部构成发生了变化。发放股利后，由于增加了股数份额，因此，每股净资产将会下降，并且股票市场供应量增加，将会使股票价格有所下跌。如果发放股票股利后股票价格的下跌幅度小于每股净资产的下降幅度，股东将会收益，反之股东将受损。

实践总结

确定股利分配方案主要包括确定股利支付程序和股利支付方式等。确定股利支付程序包括确定宣告日、股权登记日、除权除息日和股利发放日等。

股利支付常见的有现金股利、股票股利、财产股利和负债股利，其中我国最常用的是前面两种。

现金股利减少公司的所有者权益和现金，增加了企业的支付压力，因此，选择发放现金股利除了要有累计盈余（特殊情况下可用弥补亏损后的盈余公积金支付）外，还要有足够的现金，而现金充足与否往往成为公司发放现金股利的主要制约因素。

股票股利对公司来说，不会引起资产的流出或负债的增加，不改变每位股东的股权比例，只涉及股东权益内部结构的调整，将资金从未分配利润转换为股本和资本公积，因此不会引起股东权益总额的改变。公司发放股票股利，可能是出于考虑保留现金、避免股东增加税收负担、满足股东投资的意愿及降低公司的股价等方面的需要。股票股利是企业以增发股票作为股利的支付方式，尽管不直接增加股东的财富，也不增加企业的价值，但是对股东和企业都有特殊的意义。

课后自测

基础知识训练

一、单项选择题

1．股份有限公司向股东支付股利，其股利支付过程的顺序为（　　）。

A．除权除息日—股利宣告日—股权登记日—股利发放日

B．股利宣告日—股权登记日—除权除息日—股利发放日

C．股利宣告日—除权除息日—股权登记日—股利发放日

D．股权登记日—股利宣告日—除权除息日—股利发放日

2．在下列股利分配政策中，能保持股利与利润之间一定的比例关系，并体现风险投资与风险收益对等原则的是（　　）。

A．剩余股利政策　　B．固定股利政策

C．固定股利比例政策　　D．正常股利加额外股利政策

3．公司以股票形式发放股利，可能带来的结果是（　　）。

A．引起公司资产减少　　B．引起公司负债减少

C．引起股东权益内部结构变化　　D．引起股东权益和负债变化

4．制定利润分配政策时，应该考虑的股东经济利益限制的是（　　）。

A．未来投资机会　　B．筹资成本
C．资产的流动性　　D．控制权的稀释

5．按照剩余股利政策，假定某公司资本结构目标产权比率为 2/3，明年计划投资 600 万元，当今年年末股利分配时，应从税后净利涵中保留（　　）用于投资需要。

A．400 万元　　B．200 万元　　C．360 万元　　D．240 万元

6．某公司原发行普通股 300 000 股，拟发放 15%的股票股利，已知原每股盈余为 3.68 元。如果盈余总额不定，发放股票股利后的每股盈余将为（　　）元。

A．3.2　　B．4.3　　C．0.4　　D．1.1

7．容易造成股利支付额与本期净利润相脱节的股利分配政策是（　　）。

A．剩余股利政策　　B．固定股利政策
C．固定股利支付率政策　　D．低正常股利加额外股利政策

8．以下股利分配政策中，最有利于股价稳定的是（　　）。

A．剩余股利政策　　B．固定或持续增长股利政策
C．固定股利支付率政策　　D．低正常股利加额外股利政策

9．在盈余一定的条件下，现金股利支付比率越高，资产的流动性（　　）。

A．越高　　B．越低
C．不变　　D．可能出现上述任何一种情况

10．主要依靠股利维持生活的股东最不赞成（　　）政策。

A．剩余股利政策　　B．固定股利或稳定增长股利政策
C．固定股利支付率政策　　D．低正常股利加额外股利政策

二、多项选择题

1．股利政策的制定受多种因素的影响，包括（　　）。

A．国家法律法规　　B．公司未来的投资机会
C．公司资金来源及其成本　　D．股东对当期收入的相对偏好

2．关于股利分配政策，说法正确的是（　　）

A．剩余股利政策能充分利用筹资成本最低的资金源，保持理想的资金结构
B．固定股利政策有利于公司股票价格的稳定
C．固定股利比例政策体现了风险投资与风险收益的对等
D．正常股利加额外股利政策有利于股价的稳定

3．股份公司的股利支付方式一般有（　　）

A．现金股利　　B．财产股利　　C．股票股利　　D．负债股利

4．属于剩余利润分配政策的优点是（　　）。

A．保持理想的资金结构　　B．充分利用资金成本最低的资金来源
C．收益分配稳定　　D．有利于公司股票价格的稳定

5．会导致企业采取低股利政策的事项有（　　）。

A．物价持续上升　　B．金融市场利率走势下降
C．企业资产的流动性较弱　　D．企业盈余不稳定

6．股利决策涉及的内容很多，包括（　　）。

A．股利支付程序中各日期的是确定　　　　B．股利支付比率及方式的确定

C．公司利润分配顺序的确定　　　　　　　D．支付现金股利所需现金的筹集

7．在股利支付方式中，目前在我国公司实务中很少使用，但并非法律所禁止的有（　　）。

A．现金股利　　B．财产股利　　C．负债股利　　D．股票股利

三、判断题

1．公司不能用资本包括股本和资本公积发放股利。（　　）

2．对于盈余不稳定的公司而言，采用低股利政策可以减少账务风险。（　　）

3．固定或持续增长股利政策的主要目的是避免出现由于经营不善而削减股利的情况。（　　）

4．发放股票股利和进行股票分割对公司所有者权益的影响是相同的。（　　）

5．在连续通货膨胀的条件下，公司应采取偏紧的股利政策。（　　）

6．股东为防止控制权稀释，往往希望公司提高盈利支付率。（　　）

7．处于成长中的公司多采取低股利政策；陷于经营收缩的公司多采取高股利政策。（　　）

实践训练

1．红叶股份有限公司2015年实现的税后净利润为1 000万元，法定盈余公积、法定公益金的提取比例为15%。如果2016年的投资计划所需资金为800万元，公司的目标资本结构为自有资金占60%。

要求：（1）如果公司执行剩余股利政策，则计算2015年年末可发放多少股利。

（2）如果公司发行在外的股数为1 000万股，计算每股利润及每股股利。

（3）如果2016年决定将公司的股利政策改为逐年稳定增长的股利政策，假设股利的逐年增长率为2%，投资者要求的必要报酬率为12%，计算该股票的价值。

2．振兴股份有限公司2014年的税后净利润为1 200万元，分配的现金股利为420万元，2015年的税后净利润为900万元，预计2016年该公司的投资计划需要资金500万元。该公司的目标资本结构为股权资本占60%，债权资本占40%。

要求：（1）如果采用剩余股利政策，计算该公司2015年应分配的现金股利额。

（2）如果采用固定股利政策，计算该公司2015年应分配的现金股利额。

（3）如果采用固定股利支付率股利政策，计算该公司2015年应分配的现金股利额。

（4）如果采用低正常股利加额外股利政策，该公司每年发放300万元现金股利为正常股利额，根据当年盈利情况发放额外股利，额外股利为当年税后净利润的10%，计算该公司2015年应分配的现金股利额。

3．某上市公司于2016年4月15日公布2015年度的最后分红方案。其公告如下：“2016年4月13日在北京召开的股东大会，通过了董事会关于每股分派0.32元的2015年股息分配方案。股权登记日为4月28日，除息日为4月29日，股东可在5月19日至31日间通过深圳证券交易所按交易方式领取股息。特此公告。”

要求：根据上述公告确定该公司的股利支付程序。

项目八

财务预算

项目引言

新学期开始，大学生都要收到家长的生活费，尤其在异地求学的学子们，通常都是带着一学期的费用开始学习生活的，有的同学还通过利用课余时间做兼职等带来其他收入，有的同学每月还可以收到国家的助学贷款，甚至还有奖学金。那么，除了要支付每月固定的费用外，还要考虑存在购置一些学习用品，参加各种培训班等额外支出的情况，这时我们是否应该合理规划这一学期的资金收支呢？企业也是如此，为了更好地实现企业目标，需要对企业的资源及经营、投资和财务等活动做出详细安排和具体计划。

项目内容概述

预算是关于企业在未来一定预期内，全部经济活动各项目行动计划及相应措施的预期数值的说明。财务预算是企业全面预算的核心组成部分，它与其他预算联系在一起，形成了一个数字相互衔接的整体。全面预算是根据企业目标编制的经营、资本、财务等年度收支计划，即以货币和其他数量形式反映的有关企业在未来一段期间内全部经营活动各项目标的行动计划与相应措施的数量说明。它主要包含特种决策预算、日常业务预算和财务预算等内容。

本项目主要包括业务预算的编制和财务预算的编制等任务。

知识目标

固定预算与弹性预算编制方法；增量预算与零基预算编制方法；定期预算和滚动预算编制方法。

能力目标

能够运用各类编制方法编制各种业务预算；能够综合编制财务预算。

任务一　业务预算的编制

思路分析

通过目标利润预算确定利润目标以后，就可以此为基础编制全面预算。全面预算的编制应以销售预算为起点，根据各种预算之间的勾稽关系，按顺序从前往后逐步进行，需要在编制生产预算、直接材料预算、直接人工预算和制造费用预算的基础上，直至编制出产品生产成本预算表。

知识铺垫

预算是根据企业目标所编制的经营、资本、财务等年度收支计划，即在预测、决策的基础上，以货币及其他数量形式反映的有关企业在未来一定时期内全部经营活动各项目标的行动计划，是对各种资源和企业活动的详细安排。

根据预算内容的不同，可以分为业务预算（即经营预算）、专门决策预算和财务预算。这些预算是一个有机联系的整体，一般将其组成的预算体系称为全面预算体系。

① 业务预算又叫经营预算，是指与企业日常经营活动直接相关的经营业务的各种预算。它主要包括销售预算、生产预算、直接材料耗用量及采购预算、直接人工预算、制造费用预算、产品生产成本预算、销售费用和管理费用预算等内容。

② 专门决策预算，是指企业不经常发生的，需要根据特定决策临时编制的一次性预算。专门决策预算包括经营决策预算和投资决策预算两种类型。

③ 财务预算，是一系列专门反映企业在未来一定预算期内预计财务状况和经营成果，以及现金收支等价值指标的各种预算的总称。它具体包括现金预算、财务费用预算、预计利润表、预计利润分配表和预计资产负债表等内容。

企业在编制预算时，根据不同的预算项目，可以分别采用固定预算、弹性预算、增量预算、零基预算、定期预算和滚动预算等方法进行编制。

（一）固定预算与弹性预算编制方法

编制预算的方法按其业务量基础的数量特征不同，可分为固定预算编制方法和弹性预算编制方法两大类。

1. 固定预算编制方法

固定预算，又称静态预算，是指在编制预算时，只根据预算期内正常的，可实现的某一既定业务量（如生产量、销售量）水平作为基础来编制预算的一种方法。

固定预算编制方法存在的缺点为：第一，过于呆板，适应性差。因为编制预算的业务量基础是事先假定的某个业务量。在此方法下，不论预算期内实际业务量水平可能发生哪些变动，都只能按事先确定的某一个业务量水平作为编制预算的基础。第二，可比性差。当实际的业务量与编制预算所依据的业务量发生较大差异时，有关预算指标的实际数与预算数就会因业务量基础不同而失去可比性。对于那些未来业务量不稳定，经济水平发生波动的企业来说，采用固定预算编制方法，可能会对企业预算的业绩考核和评价产生扭曲甚至误导作用。这种现象在采用完全成本法的企业表现得尤其突出。一般来说，固定预算编制方法只适用于业务量水平较为稳定的企业或非营利组织编制预算时使用。

2．弹性预算编制方法

弹性预算，又称变动预算或滑动预算，是指为克服固定预算方法的缺点而设计的，在按照成本（费用）习性分类的基础上，根据量、本、利之间的依存关系，考虑到计划期间业务量可能发生的变动，编制出一套适应多种业务量的费用预算，以便分别反映在不同业务量情况下应支出的成本费用水平。

编制弹性预算所依据的业务量可以是生产量、销售量、直接人工工时、机器工时、材料消耗量或直接人工工资等。

与固定预算编制方法相比，弹性预算编制方法的优点表现为：第一，预算范围宽，弹性预算编制方法能够反映预算期内与一定相关范围内可预见的多种业务量水平相对应的不同预算额，从而扩大了预算的适用范围，便于预算指标的调整；第二，可比性强，在弹性预算编制方法下，如果预算期的实际业务量与计划业务量不一致，可以将实际指标与实际业务量相应的预算额进行对比，从而能够使预算执行情况的评价与考核建立在更加客观和可比的基础上，以便更好地发挥预算的控制作用。

理论上，该方法适用于编制全面预算中所有与业务量有关的预算，但在实务中，主要用于编制弹性成本费用预算和弹性利润预算，尤其是编制费用预算。

弹性预算编制方法又分为公式法和列表法两种具体方法。

（1）公式法

① 用公式法编制弹性成本预算，关键是进行成本性态（成本习性）分析，将全部成本最终区分为变动成本和固定成本两大类——变动成本按业务量控制、固定成本按总额控制。假设成本和业务量之间存在线性关系，成本总额、固定成本总额、业务量和单位变动成本之间的变动关系可以表示为：

$$Y=a+bX$$

式中，Y 是成本总额；a 表示不随业务量变动而变动的那部分固定成本；b 是单位变动成本；X 是业务量。

② 业务量的选择包括业务量计量单位的选择和业务量变动范围的选择。

计量单位选择。一般来说，生产单一产品的部门，可以选用产品实物量；生产多种产品的部门，可以选用人工工时、机器工时等；修理部门可以选用修理工时。以手工操作为主的企业应选用人工工时；机械化程度较高的企业应选用机器工时。

业务量变动范围选择。一般来讲，可将业务量变动范围定在正常生产能力的 70%～120%，或者以历史上最高业务量和最低业务量为其上、下限。在公式法下，如果事先确定了有关业务量的变动范围，只要根据有关成本项目的 a、b 参数，就可以方便地推算出业务量在许可范围内任何水平上的各项预算成本。

公式法的优点是：在一定范围内预算可以随业务量变动而变动，可比性和适应性强，编制预算的工作量相对较小。

公式法的缺点是：按公式进行成本分解比较麻烦，对每个费用子项目甚至需要细目逐一进行成本分解，工作量很大。

（2）列表法

列表法是指通过列表的方式，将与各种业务量对应的预算数列示出来的一种弹性预算编制方法。

列表法的优点是：可以直接从表中查得各种业务量下的成本费用预算，无须再另行计算，因而直接、简便，预算结果较为精确，便于预算的控制和考核，可以在一定程度上弥补公式法的不足。

列表法的缺点是：编制工作量较大，而且由于预算数不能随业务量变动而任意变动，故不能包括所有业务量条件下的费用预算，因此适用面较窄，弹性仍然不足。

（二）增量预算与零基预算编制方法

编制预算的方法按其出发点的特征不同，分为增量预算方法（调整预算方法）和零基预算方法两大类。

1．增量预算编制方法

增量预算又称调整预算方法，是指以基期成本费用水平为基础，结合预算期业务量水平及有关降低成本的措施，通过调整有关原有费用项目而编制预算的一种方法。增量预算以过去的费用发生水平为基础，主张不需在预算内容上做较大的调整，所以必须是建立在企业现有业务活动及各项业务开支水平的合理假设基础上，以现有业务活动及开支水平来确定预算期各项活动的预算数。

增量预算编制方法的缺点是：①不加分析地保留或接受原有的成本费用项目，可能使原来不合理的费用继续开支而得不到控制，继而导致不必要开支的合理化，造成预算上的浪费；②仅按成本项目平均削减或只增不减，却不调动各部门降低成本费用的积极性，进而滋长了预算中的“平均主义”和“简单化”；③只对目前已存在的费用项目编制预算，而对企业未来发展有利的费用项目未予考虑，因而不利于企业未来的发展。

2．零基预算编制方法

零基预算的全称为“以零为基础的编制计划和预算的方法”，是在编制费用预算时，不考虑以往会计期间所发生的费用项目或费用数额，一切以 0 为出发点，从实际需要逐项审议预算期内各项费用的内容及其开支标准是否合理，在综合平衡的基础上编制费用预算的一种方法。

零基预算的编制程序如下。

① 动员企业内部各级部门的员工，根据企业的生产经营目标，详细讨论计划期内应该发生的费用项目，并对每一费用项目编写一套方案，提出费用开支的目的，以及需要开支的费用数额。

② 划分不可避免费用项目和可避免费用项目。在编制预算时对不可避免费用项目必须保证资金供应；对可避免费用项目，需要逐项进行成本与效益分析，尽量控制不可避免项目纳入预算当中。

③ 划分不可延缓费用项目和可延缓费用项目。在编制预算时，应根据预算期内可供支配的资金数额在各费用之间进行分配。应优先安排不可延缓费用项目的支出，然后再根据

需要，按照费用项目的轻重缓急确定可延缓项目的开支。

（三）定期预算与滚动预算编制方法

编制预算的方法按其预算的预算时间特征不同，可分为定期预算与滚动预算预算方法两大类。

1．定期预算编制方法

定期预算是指在编制预算时，以不变的会计期间（如日历年度）作为预算期的一种编制预算的方法。这种方法的优点是能够使预算期间与会计期间相对应，从而便于将实际数与预算数进行对比，也有利于对预算执行情况进行分析和评价。但这种方法固定以一年为预算期，在执行了一段时期之后，往往使管理人员只考虑剩下来的几个月的业务量，而缺乏长远打算，进而导致一些短期行为的出现。因此，该方法的缺点是具有盲目性（远期指导性差）、滞后性（灵活性差）和间断性（连续性差）。

2．滚动预算编制方法

滚动预算又称连续预算或永续预算，是指在编制预算时，将预算期与会计期间脱离开，随着预算的执行不断地补充预算，逐期向后滚动，使预算期始终保持为一个固定长度（一般为 12 个月）的一种预算方法。

编制滚动预算的基本做法是使预算期始终保持 12 个月，每过一个月或一个季度，立即在期末增列一个月或一个季度的预算，逐期往后滚动，因而在任何一个时期都使预算保持为 12 个月的时间长度。这种预算能使企业各级管理人员对未来始终保持整整 12 个月时间的考虑和规划，从而保证企业的经营管理工作能够稳定且有序地进行。采用滚动预算法编制预算，按照滚动的时间单位不同可分为逐月滚动、逐季滚动和混合滚动。

任务实施

子任务一　销售预算编制

工作资料 8-1　假设长江化工股份有限责任公司于 2016 年（计划年度）只生产和销售一种甲产品，年初应收账款数据和各季度预测的销售价格和销售数量等资料如表 8.1 所示。每季的产品销售有 50%属现销，于当期收到现金；有 50%属赊销，于下一个季度收到现金。上一年（基期）末的应收账款为 1 740 万元。

表 8.1　长江化工股份有限责任公司预计销售单价、预计销售量和其他资料

账款单位：万元

项　目	一季度	二季度	三季度	四季度	全年	年初应收账款	收现率	
							首期	二期
预计销售量/万件	12	15	12	21	60	1 740	50%	50%
销售单价/（元/件）	300	300	300	300	300			

要求：编制该公司计划年度的分季销售表和经营现金收入预算表。

分析 根据表 8.1，编制出该公司计划年度的分季销售预算表，如表 8.2 所示。

表 8.2 长江化工股份股份有限责任公司销售预算表

收入单位：万元

项 目	一季度	二季度	三季度	四季度	全 年	资料来源
预计销量/万件	12	15	12	21	60	见表 8.1
单价/元	300	300	300	300	300	见表 8.1
预计销售收入	3 600	4 500	3 600	6 300	18 000	

再根据表 8.1 和表 8.2，编制出经营现金收入预算表，如表 8.3 所示。

表 8.3 长江化工股份有限责任公司的经营现金收入预算表

金额单位：万元

项 目	1	2	3	4	全 年	资 料 来 源
预计销售收入	3 600	4 500	3 600	6 300	18 000	见表 8.2
应收账款期初	1 740				1 740	见表 8.1
一季度销售收现	1 800	1 800			3 600	
二季度销售收现		2 250	2 250		4 500	
三季度销售收现			1 800	1 800	3 600	年末应收账款余额 3 150
四季度销售收现				3 150	3 150	
现金收入合计	3 540	4 050	4 050	4 950	16 590	

实践总结

销售预算是在销售预测的基础上，根据企业年度目标利润确定的预计销售量、销售单价和销售收入等参数编制的，用于规划预算期销售活动的一种业务预算。在编制过程中，应根据年度内各季度市场预测的销售量和单价确定预计销售收入，并根据各季现销收入与收回前期的应收账款反映现金收入额，以便为编制现金收支预算提供资料。

子任务二 生产预算编制

工作资料 8-2 假设长江化工股份有限责任公司 2016 年年初结存产成品 1 万件，单位成本 220 元，本年各季度末结存产成品分别为：一季度末 10 万件、二季度末 9 万件、三季度末 10 万件、四季度末 11 万件。预计销售量如表 8.1 所示。

要求：编制该公司计划年度的生产预算表。

分析 根据上述资料及表 8.1，编制出该公司的生产预算表，如表 8.4 所示。

表 8.4 长江化工股份有限责任公司生产预算表

万件

项 目	一季度	二季度	三季度	四季度	全 年	资料来源
预计销量	12	15	12	21	60	见表 8.1
加：预计期末结存	10	9	10	11	11	

（续表）

项　目	一季度	二季度	三季度	四季度	全　年	资料来源
预计需要量	22	24	22	32	71	
减：期初结存量	9	10	9	10	9	
预计生产量	13	14	13	22	62	

实践总结

生产预算是指为规划预算期生产数量而编制的一种业务预算。生产预算是所有日常业务预算中唯一种使用实物量计量单位的预算。它是在销售预算的基础上编制的，并可以作为编制材料采购预算和生产成本预算的依据。编制生产预算的主要依据是预算期各种产品的预计销售量及存货期初期末资料。其具体计算公式为：

预计生产量=预计销售量+预计期末结存量−预计期初结存量

生产预算的要点是确定预算期的产品生产量和期末结存产品数量。前者为编制材料预算、人工预算、制造费用预算等提供基础，后者是编制期末存货预算和预计资产负债表的基础。

编制生产预算时，应注意保持生产量、销售量、存货量之间合理的比例关系，以避免储备不足、产销脱节等。

子任务三　直接材料预算编制

工作资料8-3　假设长江化工股份有限责任公司2016年期初材料结存量为10万千克。本年各季度结存材料分别为：一季度末20万千克，二季度末15万千克，三季度末10万千克，四季度末30万千克。单位产品材料耗用量15千克/件，每季度的购料款于当季支付50%，剩余50%于下一个季度支付，应付账款年初余额为1 200万元。其他资料参见销售预算表和生产预算表。

要求：编制该公司计划年度分季材料采购预算表。

分析　根据上述资料及表8.4，编制出材料采购预算表，如表8.5所示。

表8.5　长江化工股份有限责任公司材料采购预算表

金额单位：万元

项　目	一季度	二季度	三季度	四季度	全年	资料来源
预计生产量/万件	13	14	13	22	62	见表8.4
单位产品材料耗用量/（千克/件）	15	15	15	15	15	
预计生产需要量/万千克	195	210	195	330	930	
加：期末结存量	100	95	90	110	110	
预计需要量合计	295	305	285	440	1 040	
减：预计期初结存量	90	100	95	90	90	
预计材料采购量	205	205	190	350	950	
材料计划单价	10	10	10	10	10	
预计购料金额	2 050	2 050	1 900	3 500	9 500	

再根据表 8.5，编制出直接材料采购现金支出预算表，如表 8.6 所示。

表 8.6　长江化工股份有限责任公司直接材料采购现金支出预算表

元

项　目	1	2	3	4	全　年	资料来源
预计购料金额	2 050	2 050	1 900	3 500	9 500	见表 8.5
应付账款年初余额	1 200				1 200	年末应付账款余额 1 750
一季度购料付现	1 025	1 025			2 050	
二季度购料付现		1 025	1 025		2 050	
三季度购料付现			950	950	1 900	
四季度购料付现				1 750	1 750	
现金支出合计	2 225	2 050	1 975	2 700	8 950	

实践总结

材料采购预算是为了规划预算期材料消耗情况及采购活动编制的，用于反映预算期各种材料消耗量、采购量、材料消耗成本和材料采购成本等计划信息的一种业务预算。材料采购预算一般是以销定产、以产定耗、以耗定购、以购定采购支付款项，因此，依据预计产品生产量和材料单位耗用量，确定生产需要耗用量，再根据材料的期初期末结存情况，确定材料采购量，最后根据采购材料款的付现，确定现金支出情况。相关计算公式为：

某种材料耗用量=产品预计生产量×单位产品材料消耗量

某种材料采购量=某种材料耗用量+该种材料期末结存量−该种材料期初结存量

材料采购预算的要点是反映预算材料消耗量、采购量和期末结存数量，并确定预算期材料采购现金支出。材料期末结存数量的确定可以为编制期末存货预算提供依据，现金支出的确定可以为编制现金预算提供依据。

子任务四　直接人工预算编制

工作资料 8-4　假设长江化工股份有限责任公司 2016 年单位产品耗用工时为 5 小时，单位工时的工资率为 8 元。

要求：编制长江化工股份有限责任公司计划年度各季人工工资预算表。

分析　根据上述资料和表 8.4，编制出该公司计划年度各季人工工资预算表，如表 8.7 所示。

表 8.7　长江化工股份有限责任公司直接人工预算表

人工成本单位：万元

项　目	一季度	二季度	三季度	四季度	全　年	资料来源
预计生产量/万件	13	14	13	22	62	见表 8.4
单耗工时/小时	5	5	5	5	5	
直接人工小时数	65	70	65	110	310	
单位工时工资率/（元/工时）	8	8	8	8	8	
预计直接人工成本	520	560	520	880	2 480	

由于工资一般都要全部支付现金，所以直接人工预算表中的预计直接人工成本总额就是现金预算中的直接人工工资支付额。

实践总结

直接人工预算是一种既反映预算期内人工工时消耗水平，又规划人工成本开支的业务预算。这项预算是根据生产预算中的预计生产量及单位产品所需的直接人工工时和单位小时工资率编制的。

子任务五　制造费用预算编制

工作资料 8-5　假设长江化工股份有限责任公司制造费用项目单位变动费用和固定费用资料如表 8.8 所示，制造费用弹性预算表如表 8.9 所示。工时变动范围为 300～500 万工时。

表 8.8　长江化工股份有限责任公司制造费用项目单位变动费用和固定费用资料

费用明细项目	单位变动费用/（元/工时）	费用明细项目	固定费用/万元
变动费用：		固定费用：	
间接人工	0.5	维护费用	300
间接材料	0.2	折旧费用	600
维护费用	0.3	管理费用	100
水电费用	0.8	保险费用	150
机物料	0.2	财产税	90
小　计	2.00	小　计	1 240

表 8.9　长江化工股份有限责任公司制造费用弹性预算表（公式法）　元

项　目	a	b
维护费用	300	0.30
折旧费用	600	—
管理费用	100	—
保险费用	150	—
财产税	90	—
间接人工	—	0.5
间接材料	—	0.2
水电费用	—	0.8
机物料	—	0.2
小　计	1 240	2

要求：编制制造费用预算及制造费用现金支出预算表。

分析　根据上述资料及表 8.7、表 8.8 和表 8.9 编制出制造费用预算表，如表 8.10 所示。

表 8.10 长江化工股份有限责任公司制造费用预算表

金额单位：万元

变动费用项目	金 额	固定费用项目	金 额	资料来源
间接人工	0.5×310=155	维护费用	300	
间接材料	0.2×310=62	折旧费用	600	见表 8.7
维护费用	0.3×310=93	管理费用	100	见表 8.8
水电费用	0.8×310=248	保险费用	150	见表 8.9
润滑剂	0.2×310=62	财产税	90	
小 计	2.0×310=620	小 计	1 240	
现金支出	620	减：折旧费用	600	非付现成本
		现金支出	640	各季支出 160

再根据表 8.7、表 8.8 和表 8.10 编制出制造费用现金支出预算表，如表 8.11 所示。

表 8.11 长江化工股份有限责任公司的制造费用现金支出预算表

金额单位：万元

季 度	1	2	3	4	全 年	资料来源
变动性制造费用分配率/（元/工时）	2.0	2.0	2.0	2.0	2.0	见表 8.8
直接人工工时/工时	65	70	65	110	310	见表 8.7
变动性制造费用	130	140	130	220	620	
固定性制造费用	160	160	160	160	640	见表 8.10
现金支出合计	290	300	290	380	1 260	

实践总结

制造费用预算是反映生产成本中除直接材料、直接人工以外的一切不能直接计入产品制造成本的间接制造费用的预算。这些费用必须按成本习性划分为固定费用和变动费用，分别编制变动制造费用预算和固定制造费用预算。变动制造费用以生产预算为基础来编制；固定制造费用需要逐项进行预计，通常与本期产量无关，可按各期生产需要等情况加以预计，然后求出全年数。在制造费用预算表下还要附加预计现金支出表，以方便编制现金预算。制造费用中的非付现费用，如折旧费，在计算现金支出时应予以扣除。

子任务六 产品成本预算编制

工作资料 8-6 假设长江化工股份有限责任公司 2016 年采用制造成本法，生产成本包括变动生产成本和固定生产成本。根据前面已编制的各种业务预算表的资料，存货采用先进先出法计价，假设没有在产品。

要求：编制该公司产品成本预算表。

分析 根据上述资料及表 8.1、表 8.4、表 8.5、表 8.7 和表 8.10 编制出该公司产品成本预算表，如表 8.12 所示。

表 8.12　长江化工股份有限责任公司产品成本预算表

万元

成本项目	全年生产量/万件				资料来源
	单位用量	单位价格	单位成本	总成本	
直接材料	15 千克	10 元/千克	150	9 300	见表 8.5
直接人工	5 小时	8 元/小时	40	2 480	见表 8.7
变动制造费用	5 小时	2.0 元/小时	10	620	见表 8.10
单位变动生产成本	—	—	200	12 400	
单位固定制造费用	5 小时	1 240÷310=4	20	1 240	见表 8.10
单位生产成本	—	—	220	13 640	
产成品存货	数量/万件	—	单位成本	总成本	
期初存货预算	9	—	220	1 980	见表 8.4
期末存货预算	11	—	220	2 420	见表 8.4
本年销售	60	—	—	13 200	见表 8.1

实践总结

产品生产成本预算是指为规划预算期内各种产品的单位产品成本、生产成本、销售成本等内容而编制的一种日常业务预算。这种预算是在生产预算、直接材料消耗及采购预算、直接人工预算和制造费用预算的基础上编制的，同时，也为编制预计利润表和预计资产负债表提供了数据。本预算必须按照各种产品归类进行编制，且与存货的计价方法密切相关，不同的存货计价方法，需采取不同的预算编制。该预算通常反映各产品单位生产成本，有时还要反映年初年末存货水平及销售成本。

子任务七　销售与管理费用预算编制

工作资料 8-7　假设长江化工股份有限责任公司 2016 年销售和行政管理部门根据计划期间的具体情况如上面所述。

要求：编制销售与管理费用预算表及销售与管理费用现金支出预算。

分析　根据前述资料合并编制了销售与管理费用预算表，如表 8.13 所示。

表 8.13　长江化工股份有限责任公司销售费用与管理费用预算表

万元

	项　目	金　额
销售费用	销售人员工资	200
	广告费	600
	运输费用	400
	销售费用合计	1 200

（续表）

	项　目	金　额
管理费用	管理人员工资	500
	福利费	100
	办公费	150
	保险费用	50
	折旧费用	500
	管理费用合计	1 300
合　计	销售及管理费用总额	2 500
	减：折旧费用（非付现成本）	500
	每季度支付现金（2 000/4）	500

实践总结

销售及管理费用预算是以价值形式反映整个预算期内为销售产品和维持一般行政管理工作而发生的各项目费用支出计划的费用预算。该预算与制造费用预算一样，需要划分固定费用和变动费用列示，但对随销售量成正比例变动的那部分变动性销售管理费用，只需反映各个项目的单位产品费用分配额即可。对于固定性费用，只需按项目反映全年预计水平。在该项预算表下面也应附列计划期间预计销售和管理费用的现金支出计算表，以便编制现金预算。

任务二　财务预算的编制

思路分析

财务预算是财务控制的工具，建立完善的财务预算制度是保证财务预算纳入财务管理日程的不可忽视的必要手段。预计财务报表也称为企业总预算，是企业财务管理的重要工具，是控制企业预算期内资金、成本和利润总量的重要手段。

知识铺垫

财务预算是一系列专门反映企业未来一定预算期内预计财务状况和经营成果，以及现金收支等价值指标的各种预算的总称。财务预算必须在日常业务预算的基础上进行编制，具体包括现金预算、财务费用预算、预计利润表、预计利润分配表和预计资产负债表等内容。财务预算作为全面预算体系中的最后环节，也称总预算，特种决策预算和日常业务预算是服务于编制财务预算的，因此被称为辅助预算或分预算。

任务实施

子任务一　现金预算编制

工作资料 8-8　假设长江化工股份有限责任公司根据前面编制的各业务预算表的资料，该公司年初现金余额为 1 920 万元，每季支付各种流转税 35 万元，每季预交所得税 90 万元。同时，在预算年度该公司准备投资 1 800 万元购入设备，于第四季度和下年第一季度支付价款的 50%。如果资金不足，可从银行借入款项（1 000 元倍数，年利率为 10%，每年年末支付）。

要求：编制该公司现金预算表。

分析　根据上述资料及前面所编制的相关业务预算表，编制出该公司现金预算表，如表 8.14 所示。

表 8.14　长江化工股份有限责任公司现金预算

万元

季　度	1	2	3	4	全　年	资料来源及计算依据
① 期初现金余额	2 340	2 220	2 735	3 375	2 340	年初数等于第 1 季度期初数
② 经营现金收入	3 540	4 050	4 050	4 950	16 590	见表 8.3
③ 可运用现金合计	5 880	6 270	6 785	8 325	18 930	①+②
④ 经营现金支出	3 692	3 585	3 442	4 671	15 390	
直接材料采购	2 225	2 050	1 975	2 700	8 950	见表 8.6
直接人工支出	520	560	520	880	2 480	见表 8.7
制造费用支出	290	300	290	380	1 260	见表 8.11
销售与管理费用	500	500	500	500	2 000	见表 8.13
支付流转税	35	35	35	35	140	估算预交 140 万元
预交所得税	90	90	90	90	360	估算预交 360 万元
分配股利						
⑤ 资本性现金支出				900	900	估计数
购置固定资产				900	900	
⑥ 现金支出合计	3 660	3 535	3 410	5 485	16 090	④+⑤
⑦ 现金余缺	2 220	2 735	3 375	2 840	2 840	③-⑥
⑧ 资金筹措及运用				−877	−877	
加：长期借款						
减：支付短期借款利息				72.5	72.5	年利息率 5%，每年年末支付
支付长期借款利息				604.5	604.5	年利息率 10%，每年年末支付
归还短期借款				200	200	200 万上半年到期

（续表）

季　度	1	2	3	4	全　年	资料来源及计算依据
购买有价证券						
⑨ 期末现金余额	2 220	2 735	3 375	1 963	1 963	⑨=⑦+⑧

实践总结

现金预算是以业务预算和专门决策预算为依据编制的，专门反映预算期内预计现金收入与支出，以及为满足理想现金余额而进行现金投融资的预算。现金预算由现金收入、现金支出、现金余缺数、现金投放与筹措 4 部分构成。现金预算实际上是销售预算、直接材料预算、直接人工预算、制造费用预算、销售费用预算、管理费用预算和特种决策预算中有关现金收支部分的汇总，以及收支差额平衡措施的具体计划。

子任务二　预计利润表编制

工作资料 8-9　假设长江化工股份有限责任公司根据前面编制的各业务预算表的资料，每季预提的财务费用如表 8.14 所示。

要求：编制该公司预计利润表。

分析　根据表 8.14 及前面所编制的相关业务预算表，编制出该公司预计利润表，如表 8.15 所示。

表 8.15　长江化工股份有限责任公司预计利润

万元

项　目	一季度	二季度	三季度	四季度	全　年	资料来源
营业收入	3 600	4 500	3 600	6 300	18 000	见表 8.2
减：营业成本	2 640	3 300	2 640	4 620	13 200	见表 8.2、表 8.12
销售毛利	960	1 200	960	1 680	4 800	
减：营业税金及附加	35	35	35	35	140	见表 8.14
销售及管理费用	625	625	625	625	2 500	见表 8.13
财务费用	169	169	169	170	677	见表 8.14
营业利润	131	371	131	850	1 483	
减：所得税（估计）	90	90	90	90	360	见表 8.14
净利润	41	281	41	760	1 123	

实践总结

预计利润表用来综合反映企业在计划期的预计经营成果，是企业最主要的财务预算之一。编制预计利润表的依据是各业务预算、专门决策预算和现金预算。要注意按照权责发生制来编制，而且所得税项目的金额通常不是根据利润总额乘以所得税税率计算出来的，只是预先估计的数额。

子任务三　预计资产负债表编制

工作资料8-10　假设长江化工股份有限责任公司根据期初资产负债表及计划期各项预算中的有关资料进行调整。

要求：编制出2016年年末的预算资产负债表。

分析　根据表8.14及前面所编制的相关业务预算表，编制出该公司2016年年末的预算资产负债表，如表8.16所示。

表8.16　预计资产负债表

编制单位:长江化工股份有限责任公司　　　　万元

资　产	期初数	期末数	负债和所有者权益	期初数	期末数
流动资产：			流动负债：		
货币资金	2 340	1 963	短期借款	1 450	1 250
应收账款	1 740	3 150	应付账款	1 200	1 750
预付款项	480	480	预收款项	300	300
存货	2 880	3 520	应付股利		336.9
其他流动资产	120	120	其他应付款	100	100
流动资产合计	7 560	9 233	流动负债合计	3 050	3 736.9
			非流动负债：		
非流动资产：			长期借款	6 045	6 045
持有至到期投资	600	600	非流动负债合计	6 045	6 045
长期股权投资	2 100	2 100	负债合计	5 750	9 781.9
固定资产	30 360	30 160	所有者权益：		
无形资产	1 440	1 440	实收资本	10 000	10 000
其他非流动资产	300	300	资本公积	13 550	13 550
非流动资产合计	34 800	34 600	盈余公积	3 230	3 454.6
			未分配利润	6 485	7 046.5
			所有者权益合计	33 265	34 051.1
资产总计	42 360	43 833	负债和所有者权益总计	42 360	43 833

实践总结

预计资产负债表是用来反映企业在计划期末预计的财务状况。它的编制需要以计划期开始日的资产负债表为基础，结合计划期间各项预算的有关资料做必要的调整而编制完成。它是编制全面预算的终点。

课后自测

基础知识训练

一、单项选择题

1．全面预算的最后环节是（　　）。

A．日常业务预算集　　B．财务预算

C．特种决策预算　　D．弹性利润预算

2．在编制预算时，将预算期与会计年度脱离，随着预算的执行不断延伸补充预算，逐期向后滚动，使预算期永远保持为一个固定期间的预算编制方法称为（　　）。

A．连续预算　　B．滑动预算

C．定期预算　　D．增量预算

3．下列预算中不是在生产预算的基础上编制的是（　　）。

A．直接材料预算　　B．直接人工预算

C．产品成本预算　　D．管理费用预算

4．可以保持预算的连续性和完整性，并能克服传统定期预算缺点的预算方法是（　　）。

A．弹性预算　　B．零基预算

C．滚动预算　　D．固定预算

5．以预算期内正常的、可实现的某一业务量水平为唯一基础来编制预算的方法称为（　　）。

A．零基预算　　B．定期预算

C．静态预算　　D．滚动预算

6．关于零基预算的说法错误的是（　　）。

A．零基预算不受现有费用开支水平的限制

B．零基预算的编制工作量很大

C．零基预算有可能使不必要开支合理化

D．采用零基预算，要逐项审议各种费用项目或数额是否必要合理

7．在全面预算管理中，不属于总预算内容的是（　　）。

A．现金预算　　B．生产预算

C．预计利润表　　D．预计资产负债表

8．在预算编制方法中，基于一系列可预见的业务量水平编制的，能适应多种情况的预算是（　　）。

A．弹性预算　　B．固定预算

C．增量预算　　D．零基预算

9．（　　）是预算编制的起点。

A．生产预算　　B．销售预算

C．现金预算　　D．直接人工预算

10．现金预算的内容不包括（　　）。

A．现金收入　　B．现金支出

C．预计实现的利润　　D．资金的筹措及运用

二、多项选择题

1．属于滚动预算优点的有（　　）。

A．远期指导性强　　B．稳定性

C．连续性　　D．完整性

2．属于日常业务预算的有（　　）。

A．销售预算　　B．现金预算

C．生产预算　　D．销售费用预算

3．属于财务预算内容的有（　　）。

A．销售预算　　B．生产预算

C．现金预算　　D．预计利润表

4．现金预算中，计算“现金余缺”时，现金支出包括（　　）。

A．经营性现金支出　　B．直接材料采购

C．支付利息　　D．支付流转税

5．在全面预算中，属于总预算内容的是（　　）。

A．产品成本预算　　B．生产预算

C．现金预算　　D．预计利润表

6．与编制零基预算相比，编制增量预算的主要缺点包括（　　）。

A．可能不加分析地保留或接受原有成本支出

B．可能按主观臆断平均削减原有成本支出

C．容易使不必要的开支合理化

D．增加了预算编制的工作量，容易顾此失彼

7．与生产预算有直接联系的预算是（　　）。

A．直接材料预算　　B．变动性制造费用预算

C．变动销售费用预算　　D．直接人工预算

8．现金预算中不涉及的预算有（　　）。

A．销售预算　　B．生产预算

C．产品成本预算　　D．经营与管理费用预算

三、判断题

1．在财务预算的编制过程中，编制预计财务报表的正确程序是：先编制预计资产负债表，然后再编制预计利润表。（　　）

2．生产预算是在销售预算的基础上编制的。按照“以销定产”的原则，生产预算中各季度的预计生产量应该等于各季度的预计销售量。（　　）

3．特种决策预算包括经营决策预算和投资决策预算。在一般情况下，特种决策预算的数据要纳入日常业务预算和现金预算。（　　）

4．总预算是企业所有以货币及其他数量形式反映的，有关企业未来一段时间内全部经

营活动各项目标的行动计划与相应措施的数量说明。　　（　　）

5．企业在编制零基预算时，需要以现有费用项目为依据，但不以现有的费用水平为基础。　　（　　）

6．编制预计资产负债表时，对表中的年初项目和年末项目均需根据各种日常业务预算和专门决策预算的预计数据分析填列。　　（　　）

7．永续预算能够使预算期间与会计年度相配合，便于考核预算的执行结果。　　（　　）

8．全面预算的编制应以销售预算为起点，根据各种预算之间的勾稽关系，按顺序从前往后逐步进行，直至编制出预计财务报表。　　（　　）

9．材料采购预算和直接人工预算均同时计算业务量消耗和成本消耗，但后一种预算的支出均属于现金支出。　　（　　）

实践训练

1．预计某公司 2016 年制造费用的相关资料如表 8.17 所示。

直接人工工时：22 400～35 200（小时）

生产能力利用程度：70%～110%

其中，半变动或半固定费用项目已经被分解。

表 8.17　2015 年制造费用相关资料

元

费用明细项目	单位变动费用	费用明细项目	固定费用
变动费用		固定费用	
间接人工	0.6	维护费用	8 500
间接材料	0.15	折旧费用	3 900
维护费用	0.45	管理费用	2 600
小　计	1.2	小　计	15 000

要求：编制某公司 2016 年制造费用弹性预算表（按 10%为业务量间距）。

2．某公司 2016 年的现金预算简表如表 8.18 所示（假定企业没有其他现金收支业务，也没有其他负债）。

表 8.18　某公司 2016 年的现金预算简表

万元

项　目	第一季度	第二季度	第三季度	第四季度
期初现金余额	180			
本期经营性现金收入	4 970	5 200	E	4 500
本期经营性现金支出	A	5 350	6 000	4 000
现金余缺	650	C	（650）	G
取得短期借款		100	900	
归还借款	450			H
期末现金余额	B	D	F	200

要求：根据表中资料填写表中字母表示的部分。

3. 某企业生产和销售A种产品，计划2015年4个季度预计销售数量分别为1 800件、2 400件、3 200件和2 600件；A种产品预计单位售价为200元。假设每季度销售收入中，本季度收到现金60%，另外40%要到下季度才能收回，上年年末应收账款余额为68 000元。

要求：（1）编制2016年销售预算表及预计现金流入表，如表8.19和表8.20所示。

（2）确定2016年年末应收账款余额。

表8.19　销售预算

元

季度	1	2	3	4	全　年
销售数量					
销售单价/（元/件）					
销售收入					

表8.20　预计现金流入

元

上年应收账款					
第一季度					
第二季度					
第三季度					
第四季度					
现金流入合计					

模拟沙盘实训

划分学习小组，以小组为单位选择金蝶软件（中国）有限公司“理财之道——财务管理电子对抗系统”实训软件或类似财务管理实训软件开展沙盘模拟演练。

1. 通过实际演练明确全面预算在理财工作中的重要性。
2. 运用所学知识实际体验全面预算过程。
3. 通过演练结果，评价本组全面预算的准确程度，总结并分析原因。

项目九

成本控制

项目引言

如果你负责家庭生活，日常开销计划已事先规划好，你要怎样控制实际支出以与预算计划相一致？企业也面临同样的问题，只有全面控制，企业才会稳定发展。企业为了全面落实、实现预算，要采取什么样的程序和方式对成本进行控制？制定怎样的控制标准，又如何分解落实责任？有什么指标可以用来分析？对分析指标又如何评价？

项目内容概述

编制全面预算以后，为了保证全面预算所确定的各项目标和任务能够顺利完成，就必须对企业日常发生的一切经济活动进行控制，其中成本控制是最关键的一环。生产过程中的成本控制，就是在产品的制造过程中，对成本形成的各种因素按照事先拟定的标准严格加以监督，发现偏差就及时采取措施加以纠正，从而使生产过程中的各项资源的消耗和费用开支限定在标准规定的范围之内。成本控制的目标就是降低成本。成本控制的作用是由它在财务管理中的地位决定的，主要体现为：它是实现财务计划、执行财务预算的基本手段；它是财务预测、财务预算和财务决策得以落实的保证；它能保证、促进、监督和协调财务管理目标的实现。

本项目主要包括量本利分析与应用、标准成本控制与分析、责任中心的控制与考核等任务。

知识目标

量本利分析基本关系式；标准成本制定基本原理；责任中心类型及责任成本。

能力目标

能够进行单一产品量本利分析及目标利润分析；能够正确制定标准成本并进行成本差异计算分析；能够对责任中心进行合理评价。

任务一　量本利分析与应用

思路分析

量本利分析，或叫盈亏平衡分析，是指在成本性态分类基础上，通过研究企业在一定期间内的成本、业务量和利润三者之间的内在联系，揭示变量之间的内在规律性，为企业预测、决策、规划和业绩考评提供必要的财务信息的一种定量分析方法。

知识铺垫

量本利分析主要包括量本利分析基本关系式的建立、保本分析、目标利润分析等内容。

（一）量本利分析的基本原理

量本利分析建立在成本性态分类基础上，即将企业所发生的全部成本区分为变动成本和固定成本，并且变动成本总额与业务量成正比例变动，固定成本总额保持不变。

1．量本利分析的基本关系式

量本利分析所考虑的相关因素主要包括销售量、单价、销售收入、单位变动成本、固定成本和息税前利润等，这些相互联系的变量已在项目六的任务五中详细介绍。其基本关系式为：

息税前利润=销售量×单价−销售量×单位变动成本−固定成本

$$EBIT=px-bx-a$$

2．边际贡献

边际贡献是指销售收入减去变动成本后的差额。它有两种表现形式：一种是以绝对额表现的边际贡献，分为边际贡献总额 M 和单位边际贡献 m；另一种是以相对数表示的边际贡献率 mR，是边际贡献与销售额的比率。边际贡献的相关计算为：

边际贡献总额 $M=px-bx=(p-b)x$

单位边际贡献 $m=p-b$

边际贡献率 $mR=M/px=(p-b)/p$

（二）单一产品量本利分析原理

1．保本分析原理

保本分析，又称盈亏临界分析，是当企业恰好处于保本状态时量本利关系的一种定量分析方法，是量本利分析的核心内容。保本是指企业在一定期间处于收支相等，所有销售收入刚好弥补全部成本的状态。保本分析的关键是保本点的确定。保本点，又称盈亏临界点，是指企业达到保本状态的业务量或金额，即企业一定时期的总收入等于总成本、利润为0时的业务量或金额。

2．安全边际分析原理

安全边际是指企业实际（或预计）销售量与保本销售量之差，或者实际（或预计）销售额与保本销售额之间的差额，表明销售量、销售额下降多少的情况下企业仍不至于亏损。

安全边际通常有两种表现形式：一种是绝对数，即安全边际量（额）；另一种是相对数，即安全边际率。其相关的计算公式为：

安全边际量=实际或预计销售量-保本点销售量

安全边际额=实际或预计销售额-保本点销售额=安全边际量×单价

安全边际率=安全边际量÷实际或预计销售量×100%

=安全边际额÷实际或预计销售额×100%

（三）单一产品目标利润分析原理

目标利润是企业在一定时期内作为利润奋斗目标而制定的，用以衡量实际利润是否达到预期目标的标准。一般情况下，企业都不会满足利润为 0 的保本分析，而更加注重于在目标利润下的量本利分析。

单一产品目标利润的分析是建立在以下量本利基本关系式展开分析的。

目标利润=（单价-单位变动成本）×销售量-固定成本

它的主要任务就是确定为实现目标利润的销售量和销售额。

任务实施

子任务一　单一产品量本利分析

工作资料 9-1　假设长江化工股份有限责任公司生产 A 产品，售价为 280 元/件，单位变动成本为 200 元，固定成本总额为 140 000 元，当年产销量 3 000 件（正常销量）。

要求：（1）根据上述资料确定 A 产品单位边际贡献、边际贡献总额、边际贡献率及息税前利润。

（2）确定 A 产品的保本销售量及保本销售额。

（3）确定 A 产品正常销量下的安全边际及安全边际率。

分析　根据前述知识铺垫及工作资料数据，建立量本利基本关系如下。

息税前利润 EBIT = $px-bx-a$

这里，p=280 元，b=200 元，x=3 000 件（正常销量），a=200 000 元。

（1）单位边际贡献 $m=p-b$=280-200=80（元）

边际贡献总额 $M=(p-b)x$=80×3 000=240 000（元）

边际贡献率 $mR=(p-b)/p$=80÷280×100%=28.57%

息税前利润 EBIT=$M-a$=240 000-140 000=100 000（元）

（2）保本分析是指企业达到保本状态的业务量或金额，即企业一定时期的总收入等于总成本、利润为 0 时的业务量或金额，因此有 0=280x-200x-140 000。

由此确定的销售量即保本销售量，确定的销售额即保本销售额。

保本销售量 x=140 000÷(280-200)=1 750（件）

保本销售额 *px*=1 750×280=490 000（元）

计算结果表明，该企业的销售量达到 1 750 件或销售额达到 490 000 元时刚好处于不盈不亏的状态，即保本。

（3）安全边际是指企业实际（或预计）销售量与保本销售量之差，或者实际（或预计）销售额与保本销售额之间的差额。

安全边际量=3 000−1 750=1 250（件）

安全边际额=1 250×280=350 000（元）

安全边际率=1 250÷3 000=41.67%

实践总结

量本利分析的关键是基本关系式的建立，即息税前利润 $EBIT=px-bx-a$，边际贡献首先要补偿固定成本，如补偿固定成本还有剩余，才能为企业提供利润；如果边际贡献不足以弥补固定成本，那么企业就会发生亏损。

1. 单一产品的保本点分析

单一产品的保本点有两种表现形式：一种是以实物量来表现，称为保本销售量；另一种以货币单位表示，称为保本销售额。

当利润 EBIT 为 0 时，求出的销售量就是保本销售量。其计算公式为：

保本销售量=固定成本÷（单价−单位变动成本）=a/(p−b)

保本销售额=保本销售量×单价

单一产品量本利分析也可以用量本利分析图直观体现。横坐标代表销售量，纵坐标代表收入和成本，则销售收入线和总成本线的交叉点就是保本点，如图 9.1 所示。

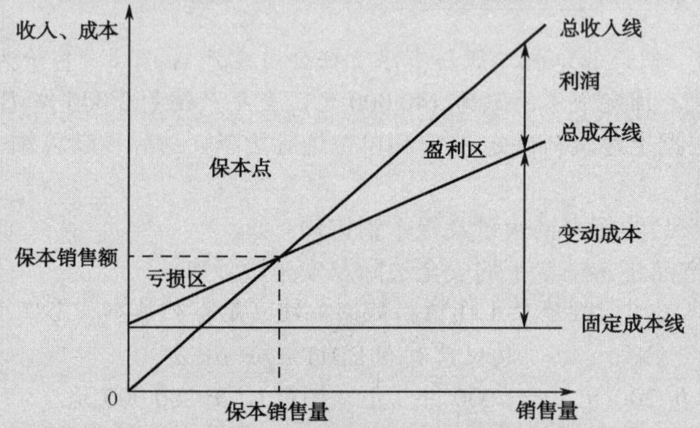

图 9.1 基本的量本利分析

企业经营管理者总是希望企业的保本销售量即保本点越低越好，保本点越低，企业的经营风险就越小。从保本点的计算公式可以看出，降低保本点的途径主要有 3 个：一是降低固定成本总额，二是降低单位变动成本，三是提高销售单价。

2. 单一产品的安全边际分析

一般来讲，企业的销售量超过保本点越多，安全边际就越大，说明企业发生亏损的可能性越小，企业的经营也就越安全；反之则相反，企业经营的安全性就越差。

当保本销售量产生的边际贡献能够弥补全部的固定成本，只有当企业的销售量超过保本销售量时，超出的部分所创造的边际贡献才能形成企业的利润，而超出的部分就是安全边际。因此，要提高企业的销售息税前利润率主要有两种途径：一是扩大现有销售水平，提高安全边际率；二是降低变动成本水平，提高边际贡献率。

安全边际体现了企业在生产经营中的风险程度大小。安全边际或安全边际率越大，反映出该企业的经营风险越小，反之则相反。

子任务二　单一产品目标利润分析

工作资料 9-2　参见工作资料 9-1，将其中的目标利润定为 120 000 元。

要求：计算实现目标利润的销售量和销售额。

分析　根据前述知识铺垫，建立实现目标利润的量本利分析基本关系式为：

目标利润 120 000=$(p-b)x-a$=$(280-200)x-140\,000$

目标利润销售量 x=(120 000+140 000)/(280−200)=3 250（件）

目标利润销售额 px=280×3 250=910 000（元）

计算结果表明，该企业为了实现 120 000 元的目标利润，需要销售 3 250 件产品或实现 910 000 元的销售额。

实践总结

在目标利润一定的情况下，企业需要的边际贡献总额应该是在固定成本的基础之上再加上目标利润。由此，目标利润的计算公式为：

目标利润销售额=（固定成本+目标利润）/单位边际贡献率=$(a+\text{EBIT})/(p-b)$

或

目标利润销售额=目标利润销售量×销售单价

目标利润分析也称保利分析，就是当企业确定了利润目标后，为实现利润目标而进行的产品销售数量规划。通过目标利润分析，可以确定为实现利润目标而应达到的销售量目标或销售额目标，从而以销定产，确定生产量目标、生产成本目标及资金需要量等。上述目标利润一般是指息税前利润。其实，从税后利润来进行目标利润的规划和分析，更符合企业生产经营的需要。

如果企业在经营中根据实际情况规划了目标利润，则为了保证目标利润的实现，在其他因素不变时，需要提高销售数量或销售价格，降低固定成本或单位变动成本。

任务二　标准成本控制与分析

思路分析

成本控制的关键是合理确定成本标准即标准成本。标准成本是指通过调查分析，运用技术测定等方法制定的，在有效经营条件下所能达到的目标成本。标准成本控制与分析是指以标准成本为基础，将实际成本与标准成本进行对比，揭示成本差异形成的原因和责任，进而采取措施，对成本进行有效控制的管理方法。

知识铺垫

（一）标准成本的分类

标准成本一般有理想标准成本和正常标准成本两类。

① 理想标准成本，是指假设在生产过程无浪费、机器无故障、人员无闲置、产品无废品的条件下制定的成本标准。

② 正常标准成本，是指在正常情况下，企业经过努力可以达到的成本标准。这类标准成本考虑了生产中不可避免的损失、故障和偏差等因素。

通常来说，理想标准成本小于正常标准成本，正常标准成本具有客观性、现实性和激励性等特点，因此，在实践中得到广泛应用。

（二）标准成本制定基本原理

产品成本是由直接材料、直接人工及制造费用 3 部分构成的，因此标准成本的制定包含了直接材料、直接人工及制造费用标准成本制定等内容，而每一部分的标准成本需要确定用量标准和价格标准。其计算公式为：

单位产品的标准成本=直接材料标准成本+直接人工标准成本+制造费用标准成本

=∑（用量标准×价格标准）

其中，用量标准主要由工程技术部门根据历史经验、工艺研究及生产操作人员意见等因素研究决定，价格标准则由会计部门会同有关责任部门研究决定。

（三）成本差异的计算基本公式

标准成本控制与分析，关键是在成本差异计算的基础上，具体对差异原因进行分析，最终得出结论性报告，然后据以采取有效措施，巩固成绩或克服不足。因此，成本差异的计算和分析是实现标准成本管理的关键。

由于产品成本是由直接材料、直接人工及制造费用 3 部分构成的，因而产品成本差异计算包括直接材料成本差异、直接人工成本差异和制造费用成本差异计算等内容。而每一部分的标准成本确定都是由用量标准和价格标准两部分构成的，故成本差异的产生是因为实际用量与标准用量差异、实际价格与标准价格差异共同作用的结果。其相关计算公式为：

用量差异=标准价格×（实际用量−标准用量）

价格差异=（实际价格−标准价格）×实际用量

总差异=用量差异+价格差异

实际成本大于标准成本的差异称为超支差异即不利差异，实际成本小于标准成本的差异称为节约差异，即有利差异。

要特别注意的是，以上成本差异计算基本公式适合于变动性生产成本差异的计算与分析，在运用于制造费用成本差异计算时，由于固定制造费用不随产量变动的特点，其计算和分析有其特殊性。详见工作资料 9-7 后面的“实践总结”内容。

任务实施

子任务一　标准成本的制定

工作资料 9-3　假设长江化工股份有限责任公司生产 A 产品，其直接材料、直接人工成本资料如表 9.1 所示。标准变动制造费用总额为 36 000 元，标准固定制造费用总额为 72 000 元。

表 9.1　A 产品材料耗用、直接人工相关信息

项　目	标　准
甲材料价格标准	10 元/千克
甲材料用量标准	15 千克/件
标准总工时	18 000 小时
标准总工资	144 000 元
单位产品工时用量标准	5 小时/件

要求：（1）确定 A 产品直接材料标准成本。

（2）确定 A 产品直接人工标准成本。

（3）确定 A 产品制造费用标准成本。

（4）确定 A 产品单位产品标准成本。

分析　根据以上工作资料数据，结合前述标准成本制定原理得出如表 9.2 所示数据。

表 9.2　A 产品直接材料、直接人工标准成本及制造费用标准成本

		项　目	标　准
直接材料		甲材料价格标准①	10 元/千克
		甲材料用量标准②	15 千克/件
		直接材料标准成本③=①×②	150 元/件
直接人工		月标准总工时④	18 000 小时
		月标准总工资⑤	144 000 元
		标准工资率⑥=⑤÷④	8 元/小时
		单位产品工时用量标准⑦	5 小时/件
		直接人工标准成本⑧=⑦×⑥	40 元/件
制造费用	变动制造费用	标准变动制造费用总额⑨	36 000 元
		标准变动制造费用分配率⑩=⑨÷④	2 元/小时
		变动制造费用标准成本⑪=⑦×⑩	10 元/件
	固定制造费用	标准固定制造费用总额⑫	72 000 元
		标准固定制造费用分配率⑬=⑫÷④	4 元/小时
		固定制造费用标准成本⑭=⑦×⑬	20 元/件
	制造费用标准成本⑮=⑪+⑭		30 元

A 产品单位产品标准成本由直接材料、直接人工和制造费用标准成本 3 部分构成，根据表 9.2 的资料制定 A 产品单位产品标准成本卡，如表 9.3 所示。

表 9.3 A 产品单位产品标准成本卡

成本项目	单耗标准	单价标准	标准成本
直接材料	15 千克	10 元	150 元
直接人工	5 小时	8 元	40 元
变动性制造费用	5 小时	2 元	10 元
固定性制造费用	5 小时	4 元	20 元
单位产品标准成本		220 元	

实践总结

由于产品成本是由直接材料、直接人工和制造费用 3 部分构成的，因而标准成本的制定包含直接材料、直接人工和制造费用标准成本制定。即：

单位产品的标准成本=直接材料标准成本+直接人工标准成本+制造费用标准成本

1. 直接材料标准成本的制定

直接材料标准成本的制定是由材料的用量标准和价格标准来确定的。材料的用量标准是指在现有生产技术条件下，生产单位产品所需的材料数量。材料的价格标准通常采用企业编制的计划价格。直接材料标准成本的计算公式为：

直接材料标准成本=∑（单位产品材料用量标准×材料价格标准）

2. 直接人工标准成本的制定

直接人工标准成本的制定是由直接人工用量和直接人工的价格两项标准确定的。人工用量标准，即工时用量标准，是在指现有的生产技术条件下，生产单位产品所耗用的必要的工作时间，包括对产品直接加工工时、必要的间歇或停工工时，以及不可避免的废次品所耗用的工时等。直接人工的价格标准即为工资率标准。其相关的计算公式为：

标准工资率=标准工资总额/标准总工时

直接人工标准成本=工时用量标准×工资率标准

3. 制造费用标准成本的制定

制造费用标准成本的制定是由制造费用用量标准和制造费用价格标准两项因素确定的。制造费用的用量标准，即工时用量标准；制造费用价格标准，即制造费用的分配率标准。其相关的计算公式为：

标准制造费用分配率=标准制造费用总额/标准总工时

制造费用标准成本=工时用量标准×标准制造费用分配率

制定费用标准时，也应分别制定变动制造费用和固定制造费用的成本标准。

标准成本法是一种比较科学的成本管理方法，是企业对其在生产经营过程中资源耗用予以标准化的一种方法，在实际成本管理工作中具有很高的应用价值。在制定标准成本的过程中，企业需要考虑成本效益性原则，且需要注意控制最终制定的标准成本不宜过高或过低。

标准成本法简化了成本计算，使单位的成本核算人员从以往繁重的成本计算工作中解脱了出来，可以把更多的精力投入到成本分析和成本控制中去，及时发现生产中存在的问题，并及时加以纠正，促使各种产品成本不断降低，提高企业的经济效益。

子任务二　成本差异的计算与分析

工作资料 9-4　标准成本的资料见表 9.3。假定企业本月投产 A 产品 3 000 件，实际材料领用为 14.5 千克/件，实际价格为 11 元/千克。

要求：计算 A 产品的材料成本差异。

分析　根据前述知识铺垫可知，成本差异的产生是因为实际用量与标准用量差异、实际价格与标准价格差异共同作用的结果，而材料成本差异是由材料用量差异和材料价格差异组成的。

甲材料直接材料成本差异=(11×14.5−10×15)×3 000=28 500（元）（超支）

其中，材料用量差异=10×(14.5−15)×3 000=−15 000（元）（节约）

材料价格差异=(11−10)×14.5×3 000=43 500（元）（超支）

因此，材料直接材料成本差异=材料用量差异+材料价格差异=−15 000+43 500=28 500（元）。

工作资料 9-5　标准成本的资料见表 9.3。假定企业本月投产 A 产品 3 000 件，实际用工 14 500 小时，实际应付直接人工工资总额为 125 000 元。

要求：计算 A 产品直接人工成本差异。

分析　根据前述知识铺垫可知，直接人工成本成本差异是由直接人工工资率（价标）差异和直接人工用量（量标）差异即效率差异组成的。

直接人工成本差异=125 000−3 000×40=5 000（元）（超支）

其中，直接人工效率差异=(14 500−3 000×5)×8=−4 000（元）（节约）

直接人工工资率差异=(125 000÷14 500−8)×14 500=9 000（元）（超支）

因此，直接人工成本差异=直接人工效率差异+直接人工工资率差异=−4 000+9 000=5 000（元）。

工作资料 9-6　标准成本的资料见表 9.3。假定企业本月投产 A 产品 3 000 件，实际用工 14 500 小时，实际发生变动制造费用 33 000 元，实际发生固定制造费用 73 000 元。

要求：计算 A 产品制造费用成本差异。

分析　根据根据前述知识铺垫可知，制造费用成本差异是由变动制造费用和固定制造费用差异两部分构成的。

制造费用成本差异=变动制造费用成本差异+固定制造费用成本差异

=(33 000−10×3 000)+（73 000−20×3 000）=3 000+13 000=16 000（元）

（1）变动制造费用成本差异

变动制造费用成本差异是由分配率（价标）差异和效率（量标）差异构成的。

变动制造费用成本差异=33 000−10×3 000=3 000（元）（超支）

其中，变动制造费用效率差异=(14 500−3 000×5)×2=−1 000（元）（节约）

变动制造费用分配率差异=(33 000÷14 500−2)×14 500=4 000（元）（超支）

即：变动制造费用成本差异=−1 000+4 000=3 000（元）

（2）固定制造费用成本差异

固定制造费用成本差异=73 000−20×3 000=13 000（元）

固定制造费用成本差异可以分解为固定制造费用预算差异和固定制造费用产量差异。

固定制造费用预算差异=73 000−72 000=1 000（元）（超支）

固定制造费用产量差异=72 000−20×3 000=12 000（元）（超支）

即：固定制造费用成本差异=1 000+12 000=13 000（元）

而从固定制造费用产量差异计算中可见，这类差异一是由于生产数量（14 500 工时）未达到标准能量（18 000 工时）引起的成本差异（能力利用差异），二是由于实际产量（3 000 件）下工时差异引起的成本差异（效率差异），所以可以进一步分析。

固定制造费用效率差异=(14 500−3 000×5)×4=−2 000（元）（节约）

固定制造费用能力利用差异=（18 000−14 500）×4=14 000（元）（超支）

即：固定制造费用产量差异=−2 000+14 000=12 000（元）

故：固定制造费用成本差异=1 000+(−2 000+14 000)=13 000（元）

工作资料 9-7 根据前 3 项工作资料，确定本月投产 A 产品 3 000 件的成本差异。

分析 根据前 3 项成本差异计算结果，综合得到：

A 产品成本差异=直接材料成本差异+直接人工成本差异+制造费用成本差异

=28 500+5 000+3 000+13 000=49 500（元）

详见表 9.4。

表 9.4 A 产品成本差异计算表（实际产量：3 000 件）

元

成本项目	标准成本	实际成本	成本差异
直接材料	450 000（150×3 000）	478 500（11×14.5×3 000）	28 500
直接人工	120 000（40×3 000）	125 000	5 000
变动性制造费用	30 000（10×3 000）	33 000	3 000
固定性制造费用	60 000（20×3 000）	73 000	13 000
产品成本	660 000（220×3 000）	709 500	49 500
单位产品成本	220	236.5（709 500÷3 000）	16.5

实践总结

产品成本差异计算与分析包括直接材料成本差异、直接人工成本差异和制造费用成本差异计算与分析。其计算公式为：

产品的成本差异=直接材料成本差异+直接人工成本差异+制造费用成本差异

1. 直接材料成本差异计算与分析

直接材料成本差异是指直接材料的实际总成本与实际产量下标准总成本之间的差异。它可进一步分解为直接材料用量差异和直接材料价格差异两部分。其相关的计算公式为：

直接材料成本差异=直接材料用量差异+直接材料价格差异

直接材料用量差异=（实际用量-实际产量下标准用量）×标准价格

直接材料价格差异=实际用量×（实际价格-标准价格）

直接材料的用量差异，主要由生产部门承担责任，材料价格差异主要由采购部门承担责任。

2. 直接人工成本差异计算与分析

直接人工成本差异是指直接人工的实际总成本与实际产量下标准总成本之间的差异。它可分为直接人工工资率差异和直接人工效率差异两部分。其相关的计算公式为：

直接人工成本差异=直接人工效率差异+直接人工工资率差异

直接人工效率差异=（实际工时-实际产量下标准工时）×标准工资率

直接人工工资率差异=实际工时×（实际工资率-标准工资率）

直接人工效率差异，其主要责任还是在生产部门；工资率差异是价格差异，劳动人事部门更应对其承担责任。

3. 制造费用成本差异计算与分析

制造费用成本差异由变动制造费用成本差异和固定制造费用成本差异两部分构成，其计算区别于前两项成本差异，有其自身的特点。

（1）变动制造费用成本差异的计算和分析

变动制造费用成本差异是指实际发生的变动制造费用总额与实际产量下标准变动费用总额之间的差异。它可以分解为耗费差异（即分配率差异）和效率差异两部分。其相关的计算公式为：

变动制造费用成本差异=变动制造费用效率差异+变动制造费用耗费差异

变动制造费用效率差异=（实际工时-实际产量下标准工时）×变动制造费用标准分配率

变动制造费用耗费差异=实际工时×（变动制造费用实际分配率-变动制造费用标准分配率）

由于变动制造费用是由许多明细项目所组成的，其总额与一定生产水平相联系，对其差异的分析应结合构成变动制造费用的具体明细项目做进一步深入分析。在实际工作中，需要编制弹性预算表，将弹性预算中的各具体明细项目与实际发生额进行比较，进一步查明这些明细项目产生差异的原因，采取恰当的措施加以控制引导，总结经验，巩固成绩。

（2）固定制造费用成本差异的计算分析

固定制造费用成本差异是指实际发生的固定制造费用与实际产量下标准固定制造费用的差异。其计算公式为：

固定制造费用成本差异=实际固定制造费用-实际产量下标准固定制造费用

① 两差异分析法

固定制造费用可以分为预算差异和产量差异两部分。其计算公式为：

固定制造费用成本差异=预算差异+产量差异

预算差异=实际固定制造费用-固定制造费用预算（预算产量下标准工时×标准分配率）

产量差异=固定制造费用预算-实际产量下标准固定制造费用

（实际产量下标准工时×标准分配率）

② 三差异分析法

所谓的固定制造费用成本差异三差异分析法，事实上就是将固定制造费用产量差异进一步分解为固定制造费用能力利用差异和固定制造费用效率差异两部分。其计算公式为：

固定制造费用成本差异=预算差异+能力利用差异差异+效率差异

其中：

能力利用差异=（预算产量下标准工时-实际工时）×标准分配率

效率差异=（实际工时-实际产量下标准工时）×标准分配率

能力利用差异是指由于生产数量未达到标准能量引起的成本差异；效率差异是指实际产量下工时差异引起的成本差异。

固定制造费用与变动制造费用类似，也是由许多明细项目所组成的，但在相关范围内，其总额与生产水平没有联系。在实际工作中，一般是通过固定制造费用的明细项目的静态预算与实际发生额进行比较，再进一步查明这些明细项目产生差异的原因，采取恰当的措施加以控制引导，总结经验，巩固成绩。

标准成本既是一种成本计算的方法，又是集事前、事中、事后为一体的成本控制方法。事前的控制是确定成本标准；事中的控制是计算成本和标准成本的差异；事后的控制需要进行标准成本差异的处理。

使用标准成本法在进行成本差异分析时，可以通过设立一系列辅助记录的成本差异账户（如“材料价格差异”、“材料数量差异”、“直接人工效率差异”、“制造费用耗费率差异”等）来记录实际成本耗费与标准成本耗费的差异，从而能随时提供实际成本与标准成本的差异信息。这样，可随时进行差异分析比较，及时纠正生产管理中的失误，有利于生产过程中对生产成本进行控制，从而提高企业成本控制水平。

任务三　责任中心的控制与考核

思路分析

责任中心是指根据其管理权限承担一定的经济责任，并能反映其经济责任履行情况的企业内部（责任）单位。划分责任中心并不是以成本利润或投资的发生额大小为依据的，而是依据发生与否和是否能分清责任。如何建立责任中心，建立多少责任中心，完全取决于企业内部控制、考核要求。责任中心可分为成本（费用）中心、利润中心和投资中心。其目的就是为了有效进行企业内部控制。

知识铺垫

责任中心可以使企业进行有效的内部协调和控制，按照统一领导，分级管理的原则，在其内部合理划分责任单位，明确责任单位应承担的经济责任、应有的权利和利益，促使各责任单位各尽其能、协同配合，对企业发挥着至关重要的作用。

（一）责任中心的特征

1．责任中心是权责利结合的实体

每个责任中心都必须对一定的财务指标承担完全的责任，还赋予责任中心与其所承担责任的范围和大小相适应的权利，并规定出业绩考核标准和利益分配标准。

2．责任中心具有承担经济责任的条件

责任中心具有履行其经济责任中各种条款的行为能力，还具有承担其经济责任后果的能力。

3．责任中心所承担的责任和行使的权力都是可控的

每个责任中心只能对其责任范围内的可控成本、收入、利润和投资负责，在企业预算和业绩考核中也应包括它们能控制的项目。可控是相对而言的，不同的责任层次，其可控的范围并不一样——一般而言，责任层次越高，其可控的范围就越大。

4．责任中心具有相对独立的经营业务和财务收支活动

这是确定经济责任的客观对象，是责任中心得以存在的前提条件。

5．责任中心便于进行责任会计核算或单独核算

责任中心不仅要划清责任而且要单独核算，划清责任是前提，单独核算是保证，只有既划清责任又能进行单独核算的企业内部单位，才能作为一个责任中心。

（二）责任中心的种类

责任中心按其范围及业务流动的特点，一般可分为成本中心、利润中心和投资中心三大类。

1．成本中心

成本中心是指对成本或费用承担责任的责任中心，不会形成可以用货币计量的收入，因而不对收入、利润或投资负责。成本中心一般包括负责产品生产的生产部门、劳务提供部门及给予一定费用指标的管理部门。

成本中心的应用范围很广泛，上至工厂一级，下至车间，工段，班组、个人，都可以划分为成本中心。

（1）成本中心类型

成本中心有两种类型：标准成本和费用成本中心。

① 标准成本中心所生产的产品稳定而明确，并且已经知道单位产品所需要的投入量，可以相对可靠的估算出成本。在产品生产中，这类成本中心的投入与产出有着明确的函数对应关系，不仅能够计量产品产出的实际数量，而且每个产品因有明确的原材料、人工和制造费用的数量标准和价格标准，从而可以对生产过程实施有效的弹性成本控制。其典型的代表是制造业工厂、车间、工段和班组等。

② 费用成本中心是指投入和产出之间没有密切关系的内部单位。这种费用的发生主要是为企业提供一定的专业服务，发生额的多少由管理人员决定。它不能反映可以用货币计量的成果，其控制应着重于预算总额的审批上。其典型的代表是行政管理部门、研究开发

部门及某些销售部门等。

（2）可控成本和责任成本

为了计算和考核责任成本，应首先把成本费用按照其责任主体是否能控制分为可控成本和不可控成本。

凡是责任中心能够控制其发生及发生数量的成本为可控成本。可控成本通常应符合 4 个条件：第一，成本中心能够通过一定的方式事先知道将要发生哪些成本及在何时发生；第二，成本中心能够对发生的成本进行计量；第三，成本中心能够通过自己的行为对成本进行调节和控制；第四，成本中心能够把有关成本的控制责任分解落实，并进行考核评价。凡不能同时具备这 4 个条件的成本均为不可控成本。

值得说明的是，一般来说，成本中心的变动成本大多是可控成本，而固定成本大多是不可控成本。但也不完全如此，还应结合有关情况具体分析。管理人员工资属固定成本，但其发生额可以在一定程度上为部门负责人所决定或影响，因而，也可能作为可控成本。从成本发生同各个成本中心的关系看，各成本中心直接发生的成本是直接成本，其他部门分配的成本是间接成本。一般而言，直接成本大多是可控成本，间接成本大多是不可控成本。尽管如此，也要具体情况具体分析，一个成本中心所使用的固定资产所发生的折旧费是直接成本，但不是可控成本。从其他部门分配来的间接成本又可分为两类：一种是某些服务部门为生产部门提供服务，只为生产部门正常开展生产活动提供必要的条件，与生产活动本身并无直接联系，如人事部门所提供的服务；另一种是某些服务部门提供的服务是生产部门在生产中耗用的，可随生产部门的生产需要而改变，如动力电力部门提供的服务。一般情况下，前一种间接成本属于不可控成本，后一种间接成本如果采用按各成本中心实耗量进行分配，就是各成本中心的可控成本。

责任成本就是某责任中心的各项可控成本之和。从考评的角度看，成本中心的业绩好坏，应以可控成本作为主要依据。在确定责任中心的责任成本时，应尽可能地使责任中心发生的成本成为可控成本。

（3）成本中心的考核指标

成本中心的考核指标包括责任成本变动额和责任成本变动率两个指标。其计算公式为：

$$\text{责任成本变动额}=\text{实际责任成本}-\text{预算责任成本}$$

$$\text{责任成本变动率}=\frac{\text{责任成本变动额}}{\text{预算责任成本}}\times 100\%$$

在进行成本中心指标考核时，如果预算产量与实际产量不一致，应按弹性预算的方法先行调整预算指标，然后再按上述指标进行计算。

2. 利润中心

利润中心是指对利润负责的责任中心。由于利润是收入减去成本费用，利润中心还要对成本和收入负责。

利润中心一般运用于企业管理中具有独立收入来源的较高阶层，如分公司、分厂等。目前，许多企业将比较成熟的车间或部门也建成了利润中心，这类中心被视同为有独立收入的部门。利润中心一般还具有独立的经营权，与成本中心相比，其权利和责任都相对较大，不仅要降低成本，还要寻求收入的增长，并使收入的增长超过成本的增长。

（1）利润中心类型

利润中心按照收入特征的不同分为自然利润中心和人为利润中心两种基本类型。

① 自然利润中心既能向企业内部其他责任单位提供产品或劳务获得结算收入，又能直接对外销售产品或提供劳务而获得实际收入，赚取利润。虽然它是企业内部的一个责任单位，却类似于独立企业。这种利润中心直接面向市场，具有产品销售权，能够根据市场决定销售什么产品，销售多少及销售区域和具体的销售方式。为保证自然利润中心责任利润的可控性，它还具有相应的价格制定权、材料采购权和生产决策权。这类公司能独立地控制成本，取得收入，最典型的形式就是公司事业部。

② 人为利润中心是指一般不对外直接销售产品，只对企业内部责任单位提供产品和劳务，根据内部转移价格，取得“内部销售收入”的利润中心。例如，大型钢铁公司的采矿、炼铁、炼钢、轧钢等部门，其产品主要在公司内部转移，只有少量对外销售，或者全部对外销售由专门的销售机构完成，这些部门就是人为利润中心。人为利润中心一般应具有相对独立的经营权，能自主决定本中心的产品品种、产品产量、作业方法、人员调配、资金使用等。

必须指出，利润中心的产品可能是物质产品，也可能是各种劳务。为了计算和考评它们的经济效益，每个利润中心必须认真地进行记录、计算和转让，客观地计算出净利润、增长利润或边际利润。

（2）利润中心的考核指标

利润中心考核指标的计算方法如下。

① 当利润中心不计算共同成本或不可控成本时，其考核指标是利润中心边际贡献总额，该指标等于利润中心销售收入总额与可控成本总额（或变动成本总额）的差额。值得说明的是，如果可控成本中包含可控固定成本，就不完全等于变动成本总额。但一般而言，利润中心的可控成本是变动成本。其计算公式为：

利润中心边际贡献总额=该利润中心销售收入总额-该利润中心可控成本总额（或变动成本总额）

② 当利润中心计算共同成本或不可控成本，并采取变动成本法计算成本时，其考核指标包括利润中心边际贡献总额、利润中心负责人可控利润总额及利润中心可控利润总额等。其相关的计算公式为：

利润中心边际贡献总额=该利润中心销售收入总额-该利润中心变动成本总额

利润中心负责人可控利润总额=该利润中心边际贡献总额-该利润中心负责人可控固定成本

利润中心可控利润总额=该利润中心负责人可控利润总额-该利润中心负责人不可控固定成本

3．投资中心

投资中心就是既对成本、收入、利润负责，又对投入的全部资产的使用效果负责的责任中心。投资中心的负责人不仅能控制除企业分摊的管理费用外的全部成本和收入，而且能控制占有的资产。

投资中心适用于规模和经营管理权力较大的部门，一般是企业的最高层次。一些大型集团所属的子公司、分公司、事业部往往都是投资中心。这些单位在其经营活动中有较大的独立性，有独立的资金来源，需要对投资的经济效益负责，故应拥有充分的经济决策权和投资决策权，有一定的方法考核投入资产的使用效果。

（1）投资中心和利润中心的区别

① 权利不同

利润中心只是在企业投资形成后进行具体的经营，没有投资的决策权；投资中心不仅在产品的生产和销售上享有自主权，而且在投资决策方面也享有充分的自主权，能独立地运用所掌管的资产，有权构建或处理固定资产，扩大或缩减现有的生产能力。

② 考核方法不同

在考核利润中心的业绩时，只考核其取得利润的多少，不联系其投入或占有资产的多少，即不进行投入产出的比较；在考核其取得利润的多少时，不联系其投入或占用资产的多少，即不进行投入产出的比较；在考核投资中心业绩时，必须将所获得的利润与所占用的资产联系起来，进行投入产出的比较。

（2）投资中心的考核指标

① 投资利润率

投资利润率又称投资收益率，是指投资中心所获得的利润与投资额之间的比率。它可用于考评和考核由投资中心掌握、使用的全部净资产的获利能力。其计算公式为：

$$投资利润率=\frac{利润}{投资额}\times 100\%$$

投资利润率这一指标，还可进一步展开为以下形式：

$$\begin{aligned}投资利润率&=\frac{销售收入}{投资额}\times\frac{成本费用}{销售收入}\times\frac{利润}{成本费用}\\&=资本周转率\times 销售成本率\times 成本费用利润率\end{aligned}$$

以上公式中，投资额是指投资中心的总资产扣除负债后的余额，即投资中心的净资产。因此，该指标也可以称为净资产利润率，它主要说明投资中心运用“公司产权”供应的每一元资产对整体利润贡献的大小，或投资中心对所有者权益的贡献程度。

② 剩余收益

剩余收益是指投资中心获得的利润扣减其最低投资收益后的余额。最低投资收益是投资中心的投资额（或资产占用额）按规定或预期的最低报酬率计算的收益。其计算公式为：

$$剩余收益=利润-投资额\times 预期的最低投资报酬率$$

如果考核指标是总资产息税前的利润率，则剩余收益计算公式应做相应调整。其计算公式为：

$$剩余收益=息税前利润-总资产占用额\times 规定或预期的总资产息税前利润$$

以剩余收益作为投资中心经营业绩评价指标，各投资中心只要投资利润率大于规定或预期的最低投资报酬率（或总资产息税前利润率大于规定或预期的最低总资产息税前利润率），该项投资（或资产占用）便是可行的。

任务实施

子任务一　成本中心的控制与考核

工作资料 9-8　长江化工股份有限责任公司内部甲车间为成本中心，生产 A 产品，预算产量为 3 600 件，单位成本为 220 元，实际产量为 3 000 件，单位成本为 236.5 元。

要求：计算该成本中心考核指标。

分析　根据工作资料数据，结合成本中心考核指标公式，可以得出：

责任成本变动额=实际责任成本-预算责任成本

$$=236.5\times3\,000-220\times3\,000$$

$$=709\,500-660\,000$$

$$=49\,500\text{（元）}$$

$$\text{责任成本变动率}=\frac{\text{责任成本变动额}}{\text{预算责任成本}}\times100\%$$

$$=\frac{49\,500}{220\times3\,000}\times100\%$$

$$=7.5\%$$

计算结果表明，该成本中心的成本超支额为 49 500 元，超支率为 7.5%。

实践总结

成本中心没有收入来源，只对成本负责，因而也只考核其责任成本，即将成本中心实际发生的责任成本同预算的责任成本和目标成本进行比较。为确保考核的有效性和合理性，责任成本除包括成本中心发生的直接可控成本外，还应该包括分摊给本中心并由本中心负责的间接可控成本。

子任务二　利润中心的控制与考核

工作资料 9-9　长江化工股份有限责任公司内部的甲车间是一个自然利润中心。本期实现销售收入为 840 000 元，销售变动成本为 636 500 元，该中心负责人可控固定成本为 73 000 元，中心负责人不可控应由该中心负担的固定成本为 67 000 元。

要求：计算该利润中心考核指标。

分析　根据工作资料数据，结合利润中心考核指标，该中心的实际考核指标分别为：

利润中心边际贡献总额=840 000-636 500=203 500（元）

利润中心负责人可控利润总额=203 500-73 000=130 500（元）

利润中心可控利润总额=130 500-67 000=63 500（元）

实践总结

利润中心既对成本负责，又对收入和利润负责，在进行考核时，应以销售收入、边际贡献为重点进行分析、评价，特别是应通过一定期间实际利润与预算利润的对比，分析及其形成原因，明确责任，借以对责任中心的经营得失和有关人员的功过做出正确评价，做到奖罚分明。

子任务三　投资中心的控制与考核

工作资料 9-10　长江化工股份有限责任公司甲、乙两个投资中心的相关信息如表 9.5 所示。

表 9.5　甲、乙投资中心的相关信息

投资中心	利润/万元	投资/万元	投资利润率/%
甲	150	1 000	15
乙	90	1 000	9
全公司	240	2 000	12

假定甲投资中心面临一个投资机会，其投资额为 1 000 万元，可获利润 130 万元，投资利润率为 13%，同时假定全公司预期最低平均投资利润率为 12%。

要求：评价甲投资中心是否应该接受这个投资机会。

分析　如果甲中心接受该投资，则甲、乙投资中心的相关数据重新计算如表 9.6 所示。

表 9.6　甲、乙投资中心的相关数据计算

投资中心	利润/万元	投资/万元	投资利润率/%
甲	150+130=280	1 000+1 000=2 000	14
乙	90	1 000	9
全公司	370	3 000	12.3

（1）用投资利润率指标来衡量业绩。就全公司而言，接受投资后，投资利润率增加了 0.3%，应该接受该项投资。但是，由于甲投资中心投资利润率下降了 1%，该责任中心可能会不接受这项投资。

（2）用剩余收益指标来衡量业绩。

甲责任中心接受新投资前的剩余收益=150−1 000×12%=30（万元）

甲责任中心接受新投资后的剩余收益=280−2 000×12%=40（万元）

因此，如果以剩余收益来衡量投资中心的业绩，则甲投资中心应该接受这项投资。

实践总结

为了准确地计算各种投资中心的经济效益，应该对各投资中心共同使用的资产划定界限；对共同发生的成本按适当的标准进行分配；各投资中心之间相互调剂使用的现金、存货、固定资产等均应计息清偿，实行有偿使用。在此基础上，根据投资中心应按投入产出比进行业绩评价与考核的要求，除考核利润指标外，更需要计算和分析利润与投资额的关系性指标，即投资利润率和剩余收益。

1. 投资利润率的优缺点

① 投资利润率的优点。投资利润率能反映投资中心的综合盈利能力；会比较不同投资额的投资中心的业绩大小，具有横向可比性，应用范围广；以投资利润率作为评价投资中心经营业绩的尺度，可以正确引导投资中心的经营管理行为，使其行为长期化；投资利润率也可以作为选择投资机会的依据，有利于调整资产的存量，优化资源配置。该指标反映了投资中心运用资产并使资产增值的能力，如果投资中心资产运用不当，会增加资产或投资占用规模，也会降低利润。因此，以投资利润率作为评价与考核的标准，将促使各投资中心盘活闲置资产，减少不合理资产占用，及时处理过时、变更、毁损资产等。

② 投资利润率的缺点。利润计算时受人为因素的影响，导致利润计算内容失真，使投资利润率指标无法反应投资中心的实际盈利能力；投资利润率指标往往会使各投资中心只顾本身利益而放弃对整个企业有利的投资项目，缺乏全局观念，造成投资中心的近期目标与整个企业的长远目标背离；投资利润率的计算与资本支出预算所用的现金流量分析方法不一致，不便于投资项目建成投产后与原定目标的比较。从控制角度看，由于一些共同费用无法为投资中心所控制，投资利润率的计量不完全是投资中心所能控制的。

为了克服投资利润率的某些缺陷，可采用剩余收益作为评价指标。

2. 剩余收益特点

剩余收益指标具有两个特点：一是体现了投入产出关系，由于减少投资（或降低资产占用）同样可以达到增加剩余收益的目的，因而与投资利润率一样，该指标也可以用于全面评价和考核投资中心的业绩；二是避免了本位主义，即避免各投资中心单纯追求投资利润而放弃一些有利可图的投资项目。

因为以剩余收益作为衡量投资中心工作成果的尺度，投资中心将尽量提高剩余收益，即只要有利于增加剩余收益绝对额，投资行为就是可取的，而不只是尽量提高投资利润率。

课后自测

基础知识训练

一、单项选择题

1．既对成本和利润负责，又对投资效果负责的责任中心称为（　　）。

A．成本中心　　B．利润中心

C．投资中心　　D．费用中心

2．已知某公司加权平均的最低投资利润率为20%，其下设的甲投资中心投资额为200

万元，剩余收益为 20 万元，则该中心的投资利润率为（　　）。

A．40%　　B．30%　　C．20%　　D．10%

3．有关量本利分析的说法中，错误的是（　　）。

A．按成本习性划分成本是量本利分析的基本前提条件

B．在进行量本利分析时，最通常的是依据业务量来规划目标利润

C．量本利分析假设销售收入与业务量呈完全线性关系

D．量本利分析时，要考虑存货水平的变动对利润的影响

4．进行责任成本内部转结的实质，就是将责任成本按照经济损失的责任归属结转给（　　）。

A．发生损失的责任中心　　B．发现损失的责任中心

C．承担损失的责任中心　　D．下游的责任中心

5．如果企业在经营中根据实际情况规划了目标利润，则为了保证目标利润的实现，需要对其他因素做出相应的调整。调整不正确的是（　　）。

A．提高销售数量　　B．提高销售价格

C．提高固定成本　　D．降低单位变动成本

6．如果直接人工效率差异为 1 500 元，标准工资率为 5 元/小时，变动制造费用的标准分配率为 1.5 元/小时，则变动制造费用的效率差异为（　　）元。

A．300　　B．200　　C．150　　D．450

二、多项选择题

1．企业要想提高边际贡献总额，可采取的措施有（　　）。

A．降低固定成本　　B．提高销售单价

C．降低单位变动成本　　D．扩大销售量

2．可以提高销售利润率的措施包括（　　）。

A．提高安全边际率　　B．提高边际贡献率

C．降低变动成本率　　D．降低保本作业率

3．甲利润中心常年向乙利润中心提供劳务，在其他条件不变的情况下，如果提高劳务的内部转移价格，可能出现的结果有（　　）。

A．甲利润中心内部利润增加　　B．乙利润中心内部利润减少

C．企业利润总额增加　　D．企业利润总额不变

4．适合于建立费用中心进行成本控制的单位是（　　）。

A．生产企业的车间　　B．行政管理部门

C．研究开发部门　　D．餐饮店的制作间

5．需要利用内部转移价格在有关责任中心之间进行责任转结的有（　　）。

A．因供应部门外购材料的质量问题造成的生产车间超定额耗用成本

B．因上一车间加工缺陷造成的下一车间超定额耗用成本

C．因生产车间生产质量问题造成的销售部门降价损失

D．因生产车间自身加工不当造成的超定额耗用成本

6．有关标准成本制定的说法中，正确的有（　　）。

A．无论是确定哪一个项目的标准成本，都需要分别确定其用量标准和价格标准

B．材料的价格标准一般由生产、采购、人事和会计部门共同制定

C．人工用量标准，一般由生产技术部门、劳动工资部门和财务部门等运用特定的技术测定方法和分析统计资料后确定

D．制定费用标准时，应分别制定变动制造费用和固定制造费用的成本标准

三、判断题

1．边际贡献首先用于补偿企业的变动成本，然后补偿固定成本，补偿完变动成本和固定成本后，才能为企业提供利润。（　　）

2．在经营决策中应用量本利分析法的关键在于确定“成本分界点”，找到了成本分界点，就可以在一定的业务量范围内，选择出最优的方案。（　　）

3．标准成本的确定以标准成本控制与分析为起点，通过差异的计算、分析等得出结论性报告，然后据以采取有效措施，巩固成绩或克服不足。（　　）

4．人为利润中心通常不仅要计算可控成本，而且还要计算不可控成本。（　　）

5．成本中心是指既能控制收入又能控制成本的责任单位。（　　）

6．对一个企业而言，变动成本和直接成本大多是可控成本，而固定成本和间接成本大多是不可控成本。（　　）

实践训练

1．某企业生产销售A产品，单位售价为12元，单位变动成本为6元，固定成本总额为36 000元，预计2016年的销售量为10 000件。

要求：（1）计算保本销售量和保本销售额。

（2）计算2016年安全边际销售量及安全边际销售额。

（3）计算该企业2016年的利润。

2．某企业生产甲产品，实际产量为9 600件，实际工时为17 280小时，实际变动制造费用与固定制造费用分别为88 128元和200 000元。本月预算产量为8 000件，单位工时标准为1.6小时/件，标准变动制造费用分配率为4元/小时，标准固定制造费用分配率为6.4元/小时。

要求：（1）制定单位产品的变动制造费用标准成本。

（2）制定单位产品的固定制造费用标准成本。

（3）计算变动制造费用效率差异。

（4）计算变动制造费用耗费差异。

3．某集团公司下设两个投资中心A和B，A投资中心的投资额为500万元，投资利润率为12%；B中心的投资利润率为15%，剩余收益为30万元。集团公司要求的平均投资利润率为10%。集团公司决定追加投资200万元，如果投向A公司，每年增加利润25万元；如果投向B公司，每年增加利润30万元。

要求：（1）计算追加投资前A中心的剩余收益。

（2）计算追加投资前B中心的投资额。

（3）计算追加投资前集团公司的投资利润率。

（4）如果 A 公司接受追加投资，其剩余收益和投资利润率。

（5）如果 B 公司接受追加投资，其投资利润率和剩余收益。

（6）从集团公司看，应向谁追加投资？

（7）计算追加投资后的集团公司的投资利润率。

模拟沙盘实训

划分学习小组，以小组为单位选择金蝶软件（中国）有限公司“理财之道——财务管理电子对抗系统”实训软件或类似财务管理实训软件开展沙盘模拟演练。

1．通过实际演练明确成本控制在理财工作中的重要性。

2．实际体验在全面预算基础上怎样进行成本控制。

3．通过演练结果，评价本组成本控制效果，总结并分析原因。

项目十

会计报表分析

项目引言

飞机驾驶员仅仅知道仪表上的各项数字的含义是不够的，还必须清楚各数字之间的关系，清楚哪些指标是正常的，哪些指标是异常的，进而做出调整飞行的决策。企业也一样，不仅必须为财务信息的需求者提供准确无误的财务报表资料，同时还需要利用财务报表的数据资料，运用专门的分析方法，系统分析和评价企业自身的财务状况和经营成果，从而为挖掘潜力、改进工作、合理实施投资决策提供重要的财务信息。这是企业之所以成功的极为重要的一环。

项目内容概述

财务分析是以财务报告及其他相关资料为依据，对企业的财务状况和经营成果进行评价和剖析，反映企业在经营过程中的利弊得失和发展趋势，从而为改进企业财务管理工作和优化经济决策提供重要的财务信息，以利于企业经营管理者、投资者、债权人及国家财税机关掌握企业财务活动情况和进行经营决策的一项管理工作。财务分析是企业财务管理的重要内容和基本手段，是人们认识、了解财务活动最根本的手段之一。

本项目主要包括财务分析方法导入、企业偿债能力分析、企业营运能力分析和企业盈利能力分析等任务。

知识目标

财务分析的意义；财务分析的内容；财务分析基本方法、含义及分析原理。

能力目标

能够运用财务分析基本方法进行会计报表分析，并通过偿债能力、营运能力、盈利能力指标计算评价企业的全面财务状况和经营成果。

任务一　财务分析方法导入

思路分析

财务分析信息的需求者主要包括企业所有者、企业债权人、企业经营决策者和政府等。不同主体出于不同的利益考虑，对财务分析信息有着各自不同的要求。开展财务分析，需要运用一定的方法，分析方法服从于分析目的，应当根据不同的分析目的，采用不同的分析方法。财务分析的方法主要包括趋势分析法、比较分析法、结构分析法、相关比率分析法和因素分析法。

知识铺垫

（一）财务分析的意义

财务分析的主要目的在于进一步了解企业的财务状况和经营状况。诸如通过资产负债表中流动资产和流动负债资料的对比，可以从一个侧面反映企业的偿债能力，说明企业的财务状况；通过利润表中的净利润与资产负债表中的资本金总额的对比，可以反映资本金的获利能力，说明企业经营状况和财务状况的优劣。

财务分析对不同的信息使用者来说有着不同的意义。具体来说，财务分析的意义主要体现在如下几个方面。

① 可以全面评价企业的财务状况。通过会计报表中的各个项目，了解企业的财务状况，分析企业的资产分布状况是否合理、资金来源结构比例是否合适，及时发现资金管理中存在的问题，形成企业的财务预警系统，改变事后算账，管理被动的局面。

② 可以判断企业的财务实力。通过对资产负债表和利润表有关资料进行分析和计算相关指标，可以分析企业的偿债能力、盈利能力及营运能力等财务实力，及时发现其背后隐藏的企业经营管理中的薄弱环节，以避免就事论事，能够做到有针对性的进行管理。

③ 可以评价和考核企业的经营业绩，揭示财务活动存在的问题。通过指标的计算、分析和比较，能够评价和考核企业的盈利能力和资产周转状况，揭示其经营管理的各个方面和各个环节问题，找出差距，得出分析结论。

④ 可以评价企业的发展趋势。通过各种财务分析，可以判断企业的发展趋势，预测其生产经营的前景及偿债能力，从而为企业领导层进行生产经营决策、投资者进行投资决策和债权人进行信贷决策提供重要的依据，避免因决策错误给其带来重大损失。

（二）财务分析的内容

财务分析的内容是要满足不同主体对财务分析信息的不同要求。

企业所有者作为投资人，必然高度关心其资本的保值和增值状况，所以较为重视企业获利能力指标，即对企业投资回报率极度关注；企业债权人因不能参与企业剩余收益分享，所以首先关注其债权的安全性，即重视企业偿债能力指标；企业经营决策者必须对企业经营理财的各个方面，包括营运能力、偿债能力、获利能力及发展能力的全部信息予以详尽的了解和掌握；政府经济管理机构身兼多重身份，既是宏观经济管理者，又是国有企业的所有者和重要的市场参与者，因而除关注投资所产生的经营效应外，还必然对投资的社会效益予以考虑。

总的来说，财务分析的基本内容包括偿债能力分析、营运能力分析、获利能力分析和发展能力分析，四者是相辅相成的关系。

（三）财务分析的基本方法

财务分析应当根据不同主体对财务分析信息的要求即不同的分析目的，采用不同的分析方法。财务分析的方法主要包括趋势分析法、比较分析法、结构分析法、相关比率分析法和因素分析等。

① 趋势分析法。这是将连续数期会计报表中的相同指标进行对比，确定其增减变动的方向、数额和幅度，以说明企业财务状况或经营成果的变动趋势的一种方法。采用这种方法，可以分析引起变化的主要原因、变动的性质，并预测企业未来的发展前景。

② 比较分析法。这是通过会计报表指标间的对比，从数量上揭示指标间的差异的一种分析方法。其主要作用在于揭示指标间客观存在的差距，并为进一步分析指出方向。比较时，既要计算出表中有关项目增减变动的绝对额，又要计算出其增减变动的百分比。

③ 结构分析法。这是在会计报表比较的基础上发展而来的，是将会计报表中的某一关键项目金额作为100%，再将其余有关项目金额换算为对该关键项目的百分比，以揭示会计报表中各项目的相对地位和总体结构关系。

趋势分析法、比较分析法、结构分析法也可以统称趋势分析法。在采用这3种方法时，必须注意几个问题：第一，用于进行对比的各个时期的指标，在计算口径上必须一致；第二，剔除偶发性项目的影响，使作为分析的数据能反映正常的经营状况；第三，应运用例外原则，对某项有显著变动的指标做重点分析，研究其产生的原因，以便采取对策，趋利避害。

④ 相关比率分析法。这是指运用同一张会计报表的不同项目之间、不同类别之间，或者两张不同会计报表的有关项目之间的比率关系，从相对数上对企业的财务状况进行分析和考察，借以评价企业的财务状况和经营成果存在的问题的一种方法。在运用比率分析法时，应首先确定在被分析的不同项目之间存在着联系，这是运用比率分析法的前提条件。

相关比率分析法在整个会计报表分析中占有十分重要的地位，它对企业同一时期财务状况和获利能力的分析都较为全面。主要财务指标包括偿债能力指标、运营能力指标、获利能力指标。比率分析具体分解为三大类，即对企业偿债能力的分析、营运能力的分析和企业盈利能力的分析，详细内容见任务二至任务四。采用这一方法时应该注意几点：对比项目的相关性；对比口径的一致性；衡量标准的科学性。

⑤ 因素分析法。这是依据分析指标与其影响因素的关系，从数量上确定各因素对分析指标影响方向和影响程度的一种方法。采用这种方法的出发点在于当有若干因素对分析指标发生影响作用时，假定其他各个因素都无变化，顺序确定每一个因素单独变化所产生的影响。例如，利用经济关系式“材料费用总额=产品产量×单耗×单价”分析材料费用总额变动受产品产量、单耗及单价变动的影响程度。这种分析法事实上在项目九中得到了广泛运用，在此不再赘述。因素分析法提供了定量解释差异成因的工具，适用于多种因素构成的

综合性指标的分析，如成本、利润、资金周转等方面的指标。

任务实施

子任务一　趋势分析法导入

工作资料 10-1　长江化工股份有限责任公司 2011—2015 年连续 5 年利润表主要项目如表 10.1 所示。

表 10.1　2011—2015 年利润表主要项目数据

万元

项　目	2011 年	2012 年	2013 年	2014 年	2015 年
营业收入	10 600	15 600	19 800	12 600	17 400
营业成本	7 600	11 500	14 700	9 450	12 750
销售费用	700	950	1 050	1 050	1 200
管理费用	1 300	1 400	1 450	1 350	1 500
营业利润	870	1 610	2 490	600	1 851
净利润	680	1 400	1 970	540	1 650

要求：运用趋势分析法观察利润表中主要项目增减变动情况及变动幅度，考察其发展趋势，预测发展前景。

分析　根据趋势分析法原理，为了观察利润表中主要项目增减变动情况及变动幅度，需要将连续 5 年利润表中的相同指标进行对比来确定其增减变动的方向、数额和幅度。为此，可以根据需要选取不同时期作为比较基数，以观察各期对基期的变化趋势。

（1）以表中第 1 年即 2011 年的指标作为比较基数，计算各项目变动幅度，如表 10.2 所示。

表 10.2　定基动态比率计算表

项　目	2011 年/%	2012 年/%	2013 年/%	2014 年/%	2015 年/%
营业收入	100	147.17	186.79	118.87	164.15
营业成本	100	151.32	193.42	124.34	167.76
销售费用	100	135.71	150.00	150.00	171.43
管理费用	100	107.69	111.54	103.85	115.38
营业利润	100	185.06	286.21	68.97	212.76
净利润	100	205.88	289.71	79.41	242.65

计算结果分析：以 2011 年为基期计算的营业收入、营业成本等项目的趋势百分数（见表 10.2）较之用绝对数（见表 10.1）反映的变化趋势，能更准确地说明该公司 5 年来营业收入、营业成本、净利润等项目的变动趋势。很明显，除 2014 年外，各年与 2011 年相比

各项目都有较大幅度增长，说明该公司总体在发展，而2014年显然出现了例外，营业收入增长幅度与前期相比出现大幅度下降，费用项目增长幅度下降不大，最终导致营业利润、净利润项目出现不增反减的现象，分析原因，主要还是受国际经济形势的影响，因而2015年又得到了大幅度回升。

（2）以表中前一年指标作为比较基数，计算各项目的变动幅度，如表10.3所示。

表10.3　环比动态比率计算表

项　目	2011年/%	2012年/%	2013年/%	2014年/%	2015年/%
营业收入	100	147.17	126.92	63.64	138.10
营业成本	100	151.32	127.83	64.29	134.92
销售费用	100	135.71	110.53	100.00	114.29
管理费用	100	107.69	103.57	93.10	111.11
营业利润	100	185.06	154.66	24.10	308.50
净利润	100	205.88	140.71	27.41	305.56

计算结果分析：以前一年为基期计算的各项目趋势百分数更能准确地说明该公司每一年各项目的变动趋势。很明显，除2014年下降之外，每一年都有不同程度的增长，尤其是2015年与2014年相比，由于营业收入项目增长幅度较大，尽管各费用项目也在增长，但总体增长幅度小于前者，故最终导致营业利润和净利润项目大幅度增长；而2014年与2013年相比，由于受国际经济形势的影响，营业收入及营业成本等项目均出现了大幅度下降，使得营业利润和净利润大幅度下降，2015年因经济复苏，营业收入、净利润等项目又得到了大幅度的回升。

实践总结

趋势分析法是将不同时期财务报告中的相同指标或比率进行比较，直接观察其增减变动情况及变动幅度，考察其发展趋势，预测其发展前景。对不同时期财务指标的比较，可以有以下两种方法。

1. 定基动态比率

定基动态比率是以某一时期的数额为固定的基期数额计算出来的动态比率。其计算公式为：

$$定基动态比率=\frac{分析期数额}{固定期数额}\times 100\%$$

2. 环比动态比率

环比动态比率是以每一分析期的前期数额为基期数额计算出来的动态比率。其计算公式为：

$$环比动态比率=\frac{分析期数额}{前期数额}\times 100\%$$

子任务二　比较分析法导入

工作资料 10-2　见本项目所附长江化工股份有限责任公司2015年年度资产负债表资料。

要求：运用比较分析法编制比较资产负债表，据以分析该公司财务状况的变化。

分析　根据比较分析法的原理，以资产负债表中的上一年，即2014年资产负债表各项目数据为比较标准，编制比较资产负债表，如表10.4所示。

表 10.4　长江化工股份有限责任公司比较资产负债表

资产项目	增加额/万元	增加百分比/%	负债及所有者项目	增加额/万元	增加百分比/%
流动资产：			流动负债：		
货币资金	380	19.39	短期借款	100	7.41
应收账款	670	62.62	应付账款	210	21.21
预付款项	90	23.08	预收款项	180	150.00
存货	300	11.63	其他应付款	10	11.11
其他流动资产	30	33.33	流动负债合计	500	19.61
流动资产合计	1 470	24.14	非流动负债：		
非流动资产：			长期借款	2 845	88.91
持有至到期投资	0	0.00	非流动负债合计	2 845	88.91
长期股权投资	−300	（12.50）	负债合计	3 345	58.17
固定资产	3 270	12.07	所有者权益：		
无形资产	−60	（4.00）	实收资本	0	0.00
其他非流动资产	120	66.67	资本公积	0	0.00
非流动资产合计	3 030	9.54	盈余公积	330	11.38
			未分配利润 0	825	14.58
			所有者权益合计	1 155	3.60
资产总计	4 500	11.89	负债和所有者权益总计	4 500	11.89

计算结果分析：长江化工股份有限责任公司2015年年末总资产规模增加了4 500万元，增长幅度达11.89%，主要是应收账款及固定资产增长较快，其中应收账款增加670万元，增幅达62.62%，固定资产增加3 270万元，增幅达12.07%；负债规模增加了3 345万元，增长幅度达58.17%，主要是应付账款和长期借款增长较大，其中长期借款增加2 845万元，增幅达88.91%，可能是因为生产规模扩大，增加固定资产投资需要；所有者权益增加了1 155万元，增幅3.60%，主要是未分配利润和盈余公积都有较大幅度增加，这说明2015年公司经营效果好转。

实践总结

在运用比较分析法时，应注意以下几点。

① 比较分析法主要用于会计报表的比较，具体包括资产负债表比较、利润表比较和现金流量表比较等。

② 在运用比较分析法时，用以对比的指标必须具有可比性，否则对比结果没有任何意义。

③ 比较分析法的比较信息根据分析目的，既可以是绝对数，也可以是相对数。

④ 比较分析的基本形式有本企业本期实际指标与计划或定额指标比较，以检查计划或定额的完成情况；本企业本期实际指标与以前各期（上期、上年同期或历史最好水平等）同类指标比较，以考察企业经济活动的变动情况和变动趋势；本企业实际指标与国内外同行业先进指标比较，以便在更大范围内比较出差距。

子任务三　结构分析法导入

工作资料 10-3　见本项目所附长江化工股份有限责任公司 2015 年年度利润表资料。

要求：运用结构分析法编制结构百分比利润表，据以分析该公司经营状况构成的变化。

分析　根据结构分析法的原理，以利润表中第 1 个指标营业收入数据为 100%，再计算出其各组成指标占该总体指标的百分比，编制结构百分比利润表如表 10.5 所示。

表 10.5　长江化工股份有限责任公司结构百分比利润表

项　目	2014 年/万元	结构百分比/%	2015 年/万元	结构百分比/%
营业收入	12 600	100.00	17 400	100.00
营业成本	9 450	75.00	12 750	73.28
营业税金及附加	105	0.83	135	0.78
销售费用	1 050	8.33	1 200	6.90
管理费用	1 350	10.71	1 500	8.62
财务费用	255	2.02	324	1.86
投资收益	210	1.67	360	2.07
营业利润	600	4.76	1 851	10.64
营业外收入	195	1.55	255	1.47
营业外支出	135	1.07	96	0.55
利润总额	660	5.24	2 010	11.55
所得税费用	120	0.95	360	2.07
净利润	540	4.29	1650	9.48

计算结果分析：营业成本占营业收入的比重较大，大约在 75%左右，2015 年有所下降，这说明成本得到了一定控制；销售费用、管理费用和财务费用构成比例都有所下降，投资收益、营业外收入构成比例一增一减，影响不大；营业利润、利润总额和净利润构成比例 2015 年比 2014 年有较大幅度提高，说明企业获利能力增强。

实践总结

结构分析对于资产负债表和利润表的分析是很有用的。企业在正常经营中，各个时期的资产负债表和利润表中各项目一般都应有一个正常的比例关系，即要有一个合理的分布结构。各项目结构百分比的任何异常变化，都应引起分析者的注意，并研究变化的原因，判断对今后财务状况和经营成果的影响。

任务二 企业偿债能力的分析

思路分析

偿债能力是指企业偿还到期债务（包括本息）的能力。影响企业偿债能力的因素取决于资产的规模与结构、负债的规模与结构、企业盈利能力及经营现金流量等，因此，主要通过资产负债表中资产与负债、所有者项目之间的比率关系及利润表、现金流量表中的相关数据即可分析企业偿债能力的大小。这是相关比率分析法的重要运用之一，是评价企业财务状况的主要手段。偿债能力分析包括短期偿债能力分析和长期偿债能力分析。

知识铺垫

企业偿债能力分析是通过短期偿债能力指标分析和长期偿债能力指标分析来实现的。

（一）短期偿债能力指标含义及计算公式

短期偿债能力是指企业流动资产对流动负债及时足额偿还的保障程度，是衡量企业当前财务能力，特别是流动资产变现能力的重要标志。影响短期偿债能力的因素主要取决于企业经营现金流量、流动负债规模与结构及流动资产规模与结构等。

企业短期偿债能力的衡量指标主要有流动比率、速动比率和现金流动负债比率 3 项。

（1）流动比率

这是流动资产与流动负债的比率。其计算公式为：

$$流动比率=\frac{流动资产}{流动负债}$$

流动比率表明企业每一元流动负债有多少流动资产作为偿还保证，反映企业可用在短期内转变为现金的流动资产偿还到期流动负债的能力。一般认为，企业合理的最低流动比率是 2，这是因为流动资产中变现能力最差的存货资产约占流动资产总额的一半，剩下的流动性较大的流动资产至少要等于流动负债，企业短期偿债能力才会有保证。

（2）速动比率

这是速动资产与流动负债的比率。速动资产是指流动资产减去变现能力较差且不稳定的存货、预付账款、一年内到期的非流动资产和其他流动资产等之后的余额。其计算公式为：

$$速动比率=\frac{速动资产}{流动负债}$$

其中，$速动资产=\frac{货币}{资金}+\frac{交易性}{金融资产}+\frac{应收}{账款}+\frac{应收}{票据}$

$$=\frac{流动}{资产}-存货-\frac{预付}{账款}-\frac{一年内到期的}{非流动资产}-\frac{其他}{流动资产}$$

说明：报表中如有应收利息、应收股利和其他应收款项目，可视情况归入速动资产项目。

速动比率表明企业每一元流动负债有多少速动资产作为偿还保证。速动比率较之流动比率能够更加准确、可靠地评价企业资产的流动性及其偿还短期负债的能力。一般认为，企业合理的最低速动比率是1。

（3）现金比率

这是企业现金资产同流动负债的比率。现金资产是速动资产中流动性最强的可直接用于偿债的资产，包括货币资金和交易性金融资产，表明企业每一元流动负债有多少现金资产作为偿还保证。现金比率指标与流动比率和速动比率相比，更能直接反映企业的短期偿债能力。其计算公式为：

$$现金比率=\frac{货币资金+交易性金融资产}{流动负债}$$

（二）长期偿债能力指标含义及计算公式

长期偿债能力是指企业偿还长期负债的能力。影响长期偿债能力的因素主要取决于非流动负债规模与结构、盈利能力及非流动资产规模与结构等。

企业长期偿债能力的衡量指标主要有资产负债率、产权比率、权益乘数、利息保障倍数等。

（1）资产负债率

资产负债率又称负债比率，是指企业负债总额对资产总额的比率。它表明在企业资产总额中，债权人提供资金所占的比重，以及企业资产对债权人权益的保障程度。其计算公式为：

$$资产负债率（又称负债比率）=\frac{负债总额}{资产总额}\times100\%$$

（2）产权比率和权益乘数

产权比率和权益乘数是资产负债率的另外两种表现形式，它同资产负债率的性质一样。其计算公式为：

$$产权比率=\frac{负债总额}{所有者权益总额}\times100\%$$

$$权益乘数=\frac{资产总额}{所有者权益总额}$$

产权比率表明每一元所有者权益借入的债务额，权益乘数表明每一元所有者权益拥有的资产额。

（3）利息保障倍数

这是指企业在一定时期内获取的收益（息税前利润）与所需支付的债务利息（利息支出）之间的比值，也称为利息支付倍数。它反映了获利能力对债务偿付的保证程度。其中，息税前利润总额指利润总额与利息支出的合计数，利息支出指实际支出的借款利息、债券利息等，但为方便起见，通常用财务费用替代。其计算公式为：

$$利息保障倍数=\frac{息税前利润总额}{利息支出}$$

其中，息税前利润总额=利润总额+利息支出=净利润+所得税+利息支出。

任务实施

子任务一　短期偿债能力分析

工作资料 10-4　见本项目所附长江化工股份有限责任公司 2015 年资产负债表资料。2015 年化工行业平均水平流动比率为 2.01，速动比率为 1.56。

要求：根据上述资料简要评价长江化工股份有限责任公司 2015 年年末短期偿债能力状况。

分析　根据知识铺垫可知，企业短期偿债能力的衡量指标主要有流动比率、速动比率和现金比率 3 项。根据上述资料及相应计算公式的计算结果如表 10.6 所示。

表 10.6　长江化工股份有限责任公司短期偿债能力指标计算结果一览

短期偿债能力指标	2014 年	2015 年
流动比率	2.39①	2.49②
速动比率	1.19③	1.38④
现金比率	0.77⑤	0.77⑥

注：① $\frac{6\,090}{2\,550}=2.39$

② $\frac{7\,560}{3\,050}=2.48$

③ $\frac{1960+1\,070}{2\,550}=1.19$

④ $\frac{2\,340+1\,740}{3\,050}=1.34$

⑤ $\frac{1960}{2\,550}=0.77$

⑥ $\frac{2\,340}{3\,050}=0.77$

计算结果分析：长江化工股份有限责任公司 2015 年年末流动比率 2.48（大于 2），表明 1 元的流动负债有 2.48 元流动资产作为偿还的基础；速动比率 1.34（大于 1），表明 1 元的流动负债有 1.34 元的速动资产可以及时保证偿还；现金比率为 0.77，表明 1 元的流动负债有 0.77 元现金资产可以用于随时支付。综合几个指标数据，按一般情况分析，表明该公司 2015 年短期偿债能力比较强，但还需要参照同行业平均水平和本企业历史情况对短期偿债能力进行判断。

长江化工股份有限责任公司 2015 年年末流动比率高于行业水平 2.01，而速动比率略低于行业水平 1.56，说明该企业短期偿债能力总体还比较强，但需要注意加速存货资产的周转，不要造成积压影响资产的流动性；该公司 2015 年年末流动比率和速动比率与 2014 年年末相比，均有所增加，现金比率一致，说明该公司 2015 年年末短期偿债能力强于 2015 年年初。

实践总结

短期偿债能力指标主要有流动比率、速动比率和现金流动负债比率 3 项。

一般情况下，这几项指标值越高，反映企业短期偿债能力越强，债权人的权益越有保证；指标值越低，反映企业短期偿债能力越弱，债权人的权益保证程度也越低。

1. 流动比率

在运用流动比率分析短期偿债能力时，应注意以下几点。

① 国际上通常认为，流动比率的下限为 1，等于 2 时较为适当，这表明企业财务状况稳定可靠，除了满足日常生产经营的流动资金需要外，还有足够的财力偿付到期的短期债务。

② 流动比率以 2 作为标准并不是绝对的，不同的行业应该有所差别，应参照同行业平均水平和本企业历史情况对短期偿债能力进行判断。

③ 流动比率指标会掩盖流动资产或流动负债的内部结构性矛盾，即使流动比率高，可能也是存货积压或滞销的结果，也可能是应收账款大量挂账或三角债导致的结果，甚至还可能是拥有过多的现金而未很好地加以利用的缘故。

为弥补流动比率的这一缺陷，财务人员还必须注意观察速动比率和现金比率等指标。

2. 速动比率

在运用流动比率分析短期偿债能力时，应注意以下几点。

① 国际上通常认为，速动比率等于 1 时较为适当。如果速动比率小于 1，必然使企业面临很大的偿债风险；如果速动比率大于 1，尽管债务偿还的安全性很高，但却会因企业现金及应收账款资金占用过多而大大增加企业的机会成本。

② 速动比率以 1 作为标准并不是绝对的，不同的行业应该有所差别，应参照同行业平均水平和本企业历史情况对短期偿债能力进行判断。

③ 应收账款的变现能力是影响速动比率可信性的重要因素。账面上的应收账款不一定都能变成现金，有时也会因贴现、抵押、客户破产等使其变现能力受到影响，甚至出现坏账，从而最终影响企业的短期偿债能力。

3. 现金比率

现金比率可以直观地反映出企业偿还流动负债的实际能力。在运用现金比率分析短期偿债能力时，应注意以下几点。

① 经验研究表明，0.2 的现金比率就可以接受。这一比率过高，会意味着企业过多资源占用在盈利能力较低的现金资产上从而影响企业的盈利能力。在评价企业变现能力

和短期偿债能力时，不宜将现金比率作为主要指标，它只是表明企业在最坏情况下对短期债务的应变能力。

② 现金类资产对流动负债比率反映了企业的即刻变现能力，意味着作为偿债保证的资产是变现力为百分之百的资产，因而，以此偿还流动负债也具有百分之百的稳定性和安全性，以此衡量企业偿还流动负债能力更为稳健。

③ 企业在进行会计报表分析时需要从最保守的角度对流动性进行分析，如在企业已将应收账款和存货作为抵押品的情况下，或者当财务分析人员怀疑企业存货和应收账款存在流动性问题时，评价企业短期偿债能力的最好指标就是现金比率。

子任务二　长期偿债能力分析

工作资料 10-5　见本项目所附长江化工股份有限责任公司 2015 年资产负债表和利润表资料。2015 年化工行业平均水平权益乘数为 2.23。

要求：根据上述资料简要评价长江化工股份有限责任公司 2015 年年末长期偿债能力状况。

分析　企业长期偿债能力的衡量指标主要有资产负债率、产权比率、权益乘数、利息保障倍数等。根据上述资料及相应计算公式的计算结果如表 10.7 所示（2014 年各项指标详细计算略）。

表 10.7　长江化工股份有限责任公司长期偿债能力指标计算结果一览

长期偿债能力指标	2014 年	2015 年
资产负债率	15.19%	21.47%①
产权比率	17.91%	27.34%②
权益乘数	1.18	1.27③
利息保障倍数	3.59	7.20④

注：① $\frac{9\,095}{42\,360}\times 100\% = 21.47\%$

② $\frac{9\,095}{33\,265}\times 100\% = 27.34\%$

③ $\frac{42\,360}{33\,265} = 1.27$

④ $\frac{2\,010+324}{324} = 7.20$

计算结果分析：长江化工股份有限责任公司 2015 年年末资产负债率为 21.47%（低于 50%），表明总资产中有 21.47%是通过借债筹集的，同时也说明 100 元的资产可以作为偿还 21.47 元负债的基础；产权比率 27.34%表明 27.34 元的负债由 100 元的所有者权益作为偿还保障；权益乘数 1.27 表明每 1 元所有者权益拥有 1.27 元资产；利息保障倍数 7.20 表明了 1 元债务利息有 7.20 元息税前利润作为保证。按一般情况分析，表明该公司 2015 年财务结构风险较低，长期偿债能力比较强，但还需要参照同行业平均水平和本企业历史情况对长期偿债能力进行判断。

长江化工股份有限责任公司 2015 年年末权益乘数远低于行业平均水平 2.23，说明长期偿债压力比较小；与 2014 年相比，资产负债率、产权比率及权益乘数等指标尽管都有所增加，但本身指标值很小，而且利息保障倍数高了一倍多，所以总体表明长期偿债压力比较小，该企业是有足够的长期偿债能力的。

实践总结

长期偿债能力的衡量指标主要有资产负债率、产权比率、权益乘数、利息保障倍数等。

1. 资产负债率

一般情况下，资产负债率越小，表明企业长期偿债能力越强；资产负债率越大，企业长期偿债能力越弱。在运用资产负债率分析企业长期偿债能力时，应注意以下几点。

① 保守的观点认为资产负债率不应高于 50%，而国际上通常认为资产负债率等于 60%时较为适当，如果高于 100%则表明企业资不抵债，视为达到破产界限。在进行财务分析时，应结合行业特点、企业收支水平、收支现状、营业周期及特定时期的宏观信贷政策等多种因素综合考虑。

② 当资产负债率在 50%至 100%之间变化时，属于“黄灯区”，表明企业负债较重，企业资产的大部分或全部是负债形成的，这类企业的经营和财务风险较大，对投资者和债权人都不利；当资产负债率超过临界点，大于 100%时，企业便进入“红灯区”，财务状况处于“红灯区”时，应对企业经营理财活动中存在的问题进行分析，找出亏损源，采取积极的对策。

③ 不同的信息使用者对该指标分析的角度也不同。对债权人来说，该指标越小越好，这样企业偿债越有保证。对企业所有者来说，如果该指标较大，说明利用较少的自有资本投资形成了较多的市场经营用资产，不仅扩大了市场经营规模，而且在经营状况良好的情况下，还可以利用杠杆的原理，得到较多的投资利润；如果该指标过小，则表明企业对财务杠杆利用不够。但资产负债率过大，也表明企业债务负担重，企业资金实力不强，不仅对债权人不利，而且企业有濒临倒闭的危险。

2. 产权比率和权益乘数

产权比率反映由债权人提供资本与所有者提供资本的相对关系，而权益乘数反映的是所有者提供的资本与拥有的资产的相对关系。二者均反映企业的基本财务结构是否稳定。产权比率和权益乘数低是低风险、低报酬的财务结构；产权比率和权益乘数高是高风险、高报酬的财务结构。从所有者来看，在通货膨胀加剧时期，企业多借债可以减少利息负担和财务风险；在经济繁荣时期，多借债可以获得额外的利润；在经济萎缩时期，少借债可以减少利息负担和财务风险。产权比率指标同时也表明债权人的资本受到股东权益保障的程度，或者说是企业清算时对债权人利益的保障程度。

产权比率和权益乘数与资产负债率对评价偿债能力的作用基本相同。其主要区别是：资产负债率侧重于分析债务偿付安全性的物质保障程度；产权比率和权益乘数侧重于揭示财务结构的稳健程度及自有资金对偿债风险的承受能力。

3. 利息保障倍数

一般情况下，利息保障倍数越大，说明企业支付利息和偿还债务的能力越强，债权人利益的保障程度越高；利息保障倍数越小，说明企业支付利息和偿还债务的能力越差，债权人利益的保障程度越低。国际上通常认为，该指标为3时较为适当。从长远看，如果要维持正常偿债能力，企业的利息保障倍数至少要大于1，否则便不能举债经营；如果利息保障倍数过小，企业将面临亏损及偿债的安全性与稳定性下降的风险。究竟企业利息保障倍数应是多少才算偿付能力强，要根据往年经验结合行业特点来判断。

任务三　企业获利能力的分析

思路分析

获利能力是指企业在一定时期内获取利润的能力。影响企业获利能力的因素取决于利润指标的大小、收入水平及投入资产的规模。因此，获利能力分析主要通过利润表及资产负债表相关项目的比率来评价的，这是相关比率分析法的重要运用之一，是评价企业经营成果的主要手段。保持最大的获利能力是企业的经营目标，同时也是企业实现持续、健康发展的根本保证。

知识铺垫

获利能力就是企业资金增值的能力，通常表现为企业收益数额的大小与水平的高低。反映企业盈利能力的指标很多，通常使用的主要有销售毛利率（毛利率）、营业利润率、销售净利率（净利率）、资产收益率、净资产收益率等指标；对于上市的股份有限责任公司还有每股收益、每股股利、市盈率、每股净资产等特殊指标。

（一）获利能力指标含义及计算公式

① 毛利率。这是企业一定时期的销售毛利与营业收入的比率。其计算公式为：

$$毛利率=\frac{销售毛利}{营业收入}\times 100\%$$

$$销售毛利=营业收入-营业成本$$

② 营业利润率。这是企业一定时期营业利润与营业收入的比率。其计算公式为：

$$营业利润率=\frac{营业利润}{营业收入}\times 100\%$$

③ 净利率。这是企业一定时期净利润与营业收入的比率。其计算公式为：

$$净利率=\frac{净利润}{营业收入}\times 100\%$$

④ 资产收益率。这是企业一定时期内获得的净利润与平均资产总额的比率。其计算公式为：

$$资产收益率=\frac{净利润}{平均总资产}\times 100\%$$

其中，$\text{平均总资产}=\dfrac{\text{总资产年初数}+\text{总资产年末数}}{2}$。

⑤ 净资产收益率。这是企业一定时期内获得的净利润与平均净资产的比率。其计算公式为：

$$\text{净资产收益率}=\frac{\text{净利润}}{\text{平均净资产}}\times 100\%$$

其中，$\text{平均净资产}=\dfrac{\text{所有者权益年初数}+\text{所有者权益年末数}}{2}$。

（二）上市公司特有获利能力分析指标含义及计算公式

① 每股收益。也称每股利润或每股盈余，反映企业普通股股东持有每一股份所能享有的企业利润和承担的企业亏损，是衡量上市公司获利能力时最常用的财务分析指标。其计算公式为：

$$\text{每股收益}=\frac{\text{净利润}}{\text{普通股的平均股数}}$$

如果发行有优先股，则净利润中应扣除优先股股利。为了与公式中当年获得的净利润保持一致性，公式的分母必须按当年流通在外的普通股加权平均计算。

② 每股股利。这是指上市公司本年发放的普通股现金股利总额与年末普通股总数的比值。其计算公式为：

$$\text{每股股利}=\frac{\text{普通股股利总额}}{\text{年末普通股股数}}$$

③ 市盈率。这是上市公司普通股每股市价相当于每股收益的倍数，反映投资者对上市公司每元净利润愿意支付的价格，可以用来估计股票的投资报酬和风险。其计算公式为：

$$\text{市盈率}=\frac{\text{普通股每股市价}}{\text{普通股每股收益}}$$

④ 每股净资产。这是上市公司年末净资产（即股东权益）与年末普通股总数的比值。其计算公式为：

$$\text{每股净资产}=\frac{\text{年末股东权益}}{\text{年末普通股总数}}$$

任务实施

子任务一　企业获利能力分析

工作资料 10-6　见本项目所附长江化工股份有限责任公司 2015 年会计报表资料。其中，2014 年年初所有者权益为 29 040 万元、资产总额为 37 140 万元；2015 年化工行业平均水平：毛利率 19.49%，营业利润率 0.5%，净利率 0.65%，资产收益率 4.91%，净资产收益率-14.19%。

要求：根据上述资料简要评价2015年长江化工股份有限责任公司的获利能力。

分析 根据前述准备知识可知，评价企业获利能力的指标通常使用的主要有销售毛利率（毛利率）、营业利润率、销售净利率（净利率）、总资产报酬率、净资产收益率等。根据上述资料和相关计算公式的计算结果如表10.8所示（2014年各项指标详细计算略）。

表10.8 长江化工股份有限责任公司获利能力指标计算结果一览

获利能力指标	2014年	2015年
毛利率	25.00%	26.72%①
营业利润率	4.76%	10.64%②
净利率	4.29%	9.48%③
净资产收益率	1.77%	5.05%④
资产收益率	1.44%	4.11%⑤

注：① $\frac{17\,400-12\,750}{17\,400}\times 100\%=26.72\%$

② $\frac{1851}{17\,400}\times 100\%=10.64\%$

③ $\frac{1\,650}{17\,400}\times 100\%=9.48\%$

④ $\frac{1650}{(32\,110+33\,265)/2}\times 100\%=5.05\%$

⑤ $\frac{1650}{(37\,860+42\,360)/2}\times 100\%=4.11\%$

计算结果分析：长江化工股份有限责任公司2015年毛利率为26.72%，表明100元营业收入中可以提供26.72元毛利来获取利润，毛利是企业获利能力提高或降低的基础；营业利润率为10.64%，表明100元的营业收入中可以提供10.64元的营业利润；净利率为9.48%，表明100元的营业收入中最终提供了9.48元的净利润。以上几个指标均是与收入相关的获利能力评价指标，与2015年行业平均水平（毛利率19.49%，营业利润率0.5%，净利率0.65%）相比，都是好的，与2014年相比，各项指标均有较大幅度提高，说明2014年获利能力较2014年好。

净资产收益率为5.05%，表明100元的自有资本及其积累获取了5.05元的收益；资产收益率为4.11%，表明投入100元的资产可以获取4.11元的收益。以上几个指标是与资产和融资相关的获利能力评价指标，高于2015年的行业平均水平（资产收益率4.91%，净资产收益率-14.19%），与2014年相比，各项指标都有较大幅度提高。

综合上述分析，长江化工股份有限责任公司2015年各项获利能力指标与2014年相比都有较大幅度提高，与行业平均水平相比也是比较高的，说明该公司获利能力较强。

实践总结

企业通常使用与收入、资产、融资相关的获利能力指标对企业的获利能力进行评价。

1. 与收入相关的获利能力指标分析

与收入相关的获利能力指标主要包括毛利率、营业利润率和净利率等。很明显，指标值越大，企业获利能力越强；指标值越小，企业获利能力越弱。其中，毛利率表示每

100 元营业收入扣除营业成本后，有多少钱可以用于各项期间费用和形成盈利，毛利率是企业净利率的最初基础，没有足够大的毛利率便不能盈利；营业利润率表示每 100 元营业收入提供的营业利润，反映了在不考虑与企业生产经营活动没有直接关系的营业外收入和营业外支出的情况下，企业管理者通过经营获取利润的能力；净利率表示每 100 元营业收入带来的净利润有多少，这是营业收入的最终收益水平。

2. 与资产、融资相关的获利能力指标分析

与资产、融资相关的获利能力指标主要包括净资产收益率和资产收益率等。很明显，指标值越大，说明获利能力越强；指标值越小，企业获利能力越弱。其中，净资产收益率是评价企业自有资本及其积累获取报酬水平的最具综合性与代表性的指标，反映企业资本运营的综合效益；资产收益率是评价企业全部资产获取报酬的能力，反映企业全部资产运营的综合效益。

子任务二 上市公司获利能力的特殊分析

工作资料 10-7 巨龙公司是一个上市公司，2015 年利润分配和年末股东权益的有关资料如表 10.9 所示。

表 10.9 巨龙公司 2015 年利润分配及年末股东权益资料

万元

净 利 润	1 500
加：年初未分配利润	600
可分配利润	2 100
减：提取法定盈余公积金	225
可供股东分配利润	1 875
减：已分配优先股股利	0
提取任意盈余公积金	75
已分配普通股股利	1 000
年末股东权益：	
未分配利润	800
股本（每股面值 1 元，市价 6 元）	2 500
资本公积	2 600
盈余公积	1 400

要求：利用上市公司特有获利能力指标对巨龙公司获利能力进行评价分析。

分析 根据知识铺垫可知，对上市股份有限责任公司主要运用每股收益、每股股利、市盈率、每股净资产等特殊指标进行获利能力评价。

$$每股收益=\frac{净利润}{普通股的平均股数}=\frac{1\,500}{2\,500}=0.6（元/股）$$

$$每股股利=\frac{\text{普通股股利总额}}{\text{年末普通股股数}}=\frac{1\,000}{2\,500}=0.4（元/股）$$

$$市盈率=\frac{\text{普通股每股市价}}{\text{普通股每股收益}}=\frac{6}{0.6}=10$$

$$每股净资产=\frac{\text{年末股东权益}}{\text{年末普通股总数}}=\frac{7\,300}{2\,500}=2.92（元/股）$$

计算结果分析：从巨龙公司每股收益、每股股利、市盈率、每股净资产几个指标计算结果来看，该公司的盈利能力总体还是比较好的，要分析具体情况，还应该联系历史数据与行业水平做出进一步的分析评价。

实践总结

上市股份有限责任公司运用每股收益、每股股利、市盈率、每股净资产等指标评价企业获利能力有着其特殊的意义。

每股收益作为评价企业获利能力的指标，主要用来衡量企业普通股票的价值，每股盈利越高，获利能力越强，普通股股价就越有上升的余地。

每股股利是上市公司普通股股东从公司实际分得的每股利润，反映上市公司当期利润的积累和分配情况。每股盈利是取得每股股利的基础，但并不代表每股盈利越高，每股股利就越高，因为还取决于上市公司的股利分配政策。

市盈率是反映上市公司获利能力的一个重要指标，投资者对这个比率十分重视。一般来说，市盈率高，说明投资者对该公司的发展前景看好，愿意出较高的价格购买该公司股票，所以一些成长性较好的股票的市盈率通常要高些。但是，也应注意，如果某一种股票的市盈率过高，则也意味着这种股票具有较高的投资风险。

每股净资产从理论上提供了上市公司股票的最低价格，即将该指标与股票市价进行比较，可以用来判断以当前的投资代价换取该股票既定的会计账面价值是否值得。

任务四　企业资金营运能力的分析

思路分析

企业拥有或控制的生产资料表现为各项资产占用，因此，生产资料的运营能力的强弱取决于资产的周转速度、资产运行状况、资产管理水平等多种因素。实际工作中，主要是通过计算企业周转速度的有关指标来分析资金营运能力。影响企业资产周转速度的指标取决于各种经济资源（或资本）的周转速度，所以主要通过资产负债表各项经济资源（或资本）及利润表中相关数据的比率来分析资金运营能力大小。这是相关比率分析法的重要运用之一，资金运营能力大小是影响企业偿债能力和盈利能力大小的主要因素之一。

知识铺垫

资产的周转速度通常用周转率和周转期表示。评价企业资本周转能力的指标，主要是企业各种经济资源（或资本）的周转速度，即各种经济资源（或资本）的周转率或周转期。其计算公式为：

$$周转率（周转次数）=\frac{周转额}{资产平均余额}$$

周转次数越多，表明周转速度越快，资产运营能力越强。这一指标的反指标是周转期（周转天数）。其计算公式为：

$$周转期（周转天数）=\frac{计算期天数}{周转次数}=资产平均余额\times\frac{计算期天数}{周转额}$$

计算期天数通常按年360天计算，周转天数越少，表明周转速度越快，资产运营能力越强。

具体地说，资产运营能力分析可以从几个方面进行：流动资产周转情况分析、固定资产周转情况分析和总资产周转情况分析。

（一）流动资产周转分析指标含义及计算公式

反映流动资产周转指标的主要有应收账款周转率、存货周转率和流动资产周转率。

① 流动资产周转率。这是企业一定时期营业收入（或销售收入）与平均流动资产总额的比值，是评价企业资产利用效率的主要指标之一。其计算公式为：

$$流动资产周转率（次数）=\frac{营业收入}{平均流动资产总额}$$

$$平均流动资产总额=\frac{流动资产总额年初数+流动资产总额年末数}{2}$$

$$流动资产周转期（周转天数）=\frac{360}{流动资产周转率}=\frac{平均流动资产余额\times360}{营业收入}$$

② 存货周转率。这是企业一定时期营业成本（或销售成本）与平均存货余额的比率，是衡量企业生产经营环节中存货运营效率的一个综合指标，是对流动资产周转率的补充说明。其计算公式为：

$$存货周转率（次数）=\frac{营业成本}{平均存货余额}$$

$$平均存货余额=\frac{存货余额年初数+存货余额年末数}{2}$$

$$存货周转期（周转天数）=\frac{360}{存货周转率}=\frac{平均存货余额\times360}{营业成本}$$

③ 应收账款周转率。这是企业一定时期内营业收入与平均应收账款余额的比率，反映企业应收账款变现速度的快慢和管理效率的高低，是对流动资产周转率的补充说明。其计算公式为：

$$应收账款周转率（次数）=\frac{营业收入}{平均应收账款余额}$$

$$平均应收账款余额=\frac{应收账款余额年初数+应收账款余额年末数}{2}$$

$$应收账款周转期（周转天数）=\frac{360}{应收账款周转率}=\frac{平均应收账款余额\times360}{营业收入}$$

（二）固定资产周转分析指标含义及计算公式

反映固定资产周转情况的主要指标是固定资产周转率，它是企业一定时期营业收入与平均固定资产净值的比值，是衡量企业固定资产利用效率的一项指标。其计算公式为：

$$\text{固定资产周转率（次数）}=\frac{\text{营业收入}}{\text{平均固定资产净值}}$$

$$\text{平均固定资产净值}=\frac{\text{固定资产净值年初数}+\text{固定资产净值年末数}}{2}$$

$$\text{固定资产周转期（周转天数）}=\frac{360}{\text{固定资产周转率}}=\frac{\text{平均固定资产净值}\times 360}{\text{营业收入}}$$

（三）总资产周转分析指标含义及计算公式

反映总资产周转情况的主要指标是总资产周转率，它是指企业一定时期营业收入与平均资产总额的比值，是综合评价企业全部资产经营质量和利用效率的重要指标。其计算公式为：

$$\text{总资产周转率（次数）}=\frac{\text{营业收入}}{\text{平均资产总额}}$$

$$\text{平均资产总额}=\frac{\text{资产总额年初数}+\text{资产总额年末数}}{2}$$

$$\text{总资产周转期（周转天数）}=\frac{360}{\text{总资产周转率}}=\frac{\text{平均资产总额}\times 360}{\text{营业收入}}$$

任务实施

工作资料 10-8 见本项目所附长江化工股份有限责任公司 2015 年度会计报表资料。其中，2014 年年初流动资产总额为 6 425 万元，存货为 3 000 万元，应收账款为 1 375 万元，固定资产为 26 175 万元，资产总额为 37 140 万元；2015 年化工行业平均水平：应收账款周转率 42.16，存货周转率 7.44，总资产周转率 0.72%。

要求：根据上述资料简要评价长江化工股份有限责任公司 2015 年资产周转能力。

分析 根据前述知识铺垫可知，资产周转能力分析可以从流动资产周转情况、固定资产周转情况及总资产周转情况等方面进行，主要有应收账款周转率、存货周转率、流动资产周转率、固定资产周转率和总资产周转率等指标。根据上述资料和相关指标计算公式的计算结果如表 10.10 所示（2014 年各项指标详细计算略）。

表 10.10 长江化工股份有限责任公司 2015 年资金周转能力一览

运营能力分析指标	2014 年	2015 年
流动资产周转率（流动资产周转期）	2.01（179 天）	2.55（141 天）①
存货周转率（存货周转期）	3.39（106 天）	4.67（77 天）②
应收账款周转率（应收账款周转期）	10.31（35 天）	12.38（29 天）③

（续表）

运营能力分析指标	2014 年	2015 年
固定资产周转率（固定资产周转期）	0.47（761 天）	0.61（694 天）④
总资产周转率（总资产周转期）	0.34（1 071 天）	0.43（830 天）⑤

注：① $\frac{17\ 400}{(6\ 090+7\ 560)/2}=2.55$；$\frac{360}{17\ 400}\times(6\ 090+7\ 560)/2=141$（天）

② $\frac{12\ 750}{(2\ 580+2\ 880)/2}=4.67$；$\frac{360}{12\ 750}\times(2\ 580+2\ 880)/2=77$（天）

③ $\frac{17\ 400}{(1\ 070+1\ 740)/2}=12.38$；$\frac{360}{17\ 400}\times(1\ 070+1\ 740)/2=29$（天）

④ $\frac{17\ 400}{(27\ 090+30\ 360)/2}=0.61$；$\frac{360}{17\ 400}\times(27\ 090+30\ 360)/2=594$（天）

⑤ $\frac{17\ 400}{(37\ 860+42\ 360)/2}=0.43$；$\frac{360}{17\ 400}\times(37\ 860+42\ 360)/2=830$（天）

计算结果分析：长江化工股份有限责任公司 2015 年与 2014 年相比，反映流动资产周转情况的应收账款周转率、存货周转率都有一定程度的提高，使得流动资产周转率提高 0.54（即 2.55-2.01=0.54），周转期减少 38 天（即 179-141=38），说明流动资产周转速度提高；反映固定资产周转情况指标的固定资产周转率（周转期）2015 年也明显好于 2014 年；由于 2015 年流动资产周转速度和固定资产周转速度都有所提高，最终导致总资产周转率比 2014 年提高了 0.09（即 0.43-0.34=0.09），周转期减少了 241 天（即 1 071-830=241）。因此，总资产利用效率得到了较大幅度提高。

与行业平均水平（应收账款周转率 42.16，存货周转率 7.44，总资产周转率 0.72%）相比，流动资产（包括应收账款、存货等）的周转速度还需要提高，所以应进一步加强对存货、应收账款的管理，加速流动资产的周转，但由于固定资产周转速度比较高，使得总资产周转速度远高于行业水平。

实践总结

企业通过资产周转能力的分析，可查明企业资金的运用是否合理，资金使用是节约还是浪费，从而促进企业不断挖掘内部资金潜力，改善企业内部管理，有效地利用资金，不断提高资金的利用效果。

1. 流动资产周转情况分析

① 流动资产周转率。一般情况下，该指标越高，表明以相同的流动资产完成的周转额就越多，企业流动资产周转速度越快，利用越好。流动资产周转率分析主要揭示了几个问题：流动资产实现销售的能力，即周转额的大小；流动资产投资的节约与浪费情况；加速流动资产周转的基本途径。在较快的周转速度下，流动资产会相对节约，其意义相当于流动资产投入的扩大，在某种程度上增强了企业的盈利能力；在周转速度慢的情况下，需补充流动资金参加周转，形成资金浪费，降低企业盈利能力。流动资产周转速度的快慢主要取决于存货周转速度和应收账款周转速度。

② 存货周转率。该指标是评价企业从取得存货、投入生产到销售收回（包括现金销售和赊销）等各环节管理状况的综合性指标，用于反映存货的周转速度，即存货的流动性及存货资金占用量的合理与否。一般情况下，该指标越高，就表明企业资产由于销售

顺畅而具有较高的流动性，存货转换为现金或应收账款的速度就快，存货占用水平低。存货周转率指标揭示了存货管理中存在的问题，促使企业在保证生产经营连续性的同时，提高资金的使用效率，增强企业的短期偿债能力。存货周转率在反映存货周转速度、存货占用水平的同时，也从一定程度上反映了企业的销售实现的快慢。

③ 应收账款周转率。该指标反映了企业应收账款的流动速度，即企业本年度内应收账款转为现金的平均次数。一般情况下，该指标越高越好，表明收账迅速，资产流动性强，短期偿债能力强。应收账款在流动资产中占较大份额，及时收回应收账款，能够减少营运资金在应收账款上的呆滞占用，从而提高企业的资金利用效率。运用该指标分析的目的在于促进企业通过合理制定赊销政策、严格销货合同管理、及时结算等途径加强应收账款的前后期管理，加快应收账款回收速度，活化企业营运资金。

2. 固定资产周转情况分析

固定资产周转率越高，表明企业固定资产利用越充分，说明企业固定资产投资得当，固定资产结构分布合理，能够较充分地发挥固定资产的使用效率，企业的经营活动有效，闲置的固定资产少；固定资产周转率越低，表明固定资产使用效率不高，提供的生产经营成果不多，企业的营运能力较差。

3. 总资产周转情况

总资产周转率越高，表明企业全部资产的使用效率越高；反之，如果该指标较低，说明企业利用全部资产进行经营的效率较差，最终会影响企业的获利能力。总资产周转率可用于分析企业全部资产的使用效率，用以衡量资产投资规模与销售水平之间的配比情况，综合反映了企业整体资产的营运效率。影响其周转速度取决于流动资产周转速度和固定资产周转速度。

课后自测

基础知识训练

一、单项选择题

1．企业会计核算的最终程序是（　　）。

A．编制记账凭证　　B．登记账簿　　C．成本计算　　D．编制财务报表

2．最关心债权安全的财务信息用户是（　　）。

A．债权人　　B．政府　　C．投资人　　D．经营者

3．影响速动比率的因素有（　　）。

A．存货　　B．应收账款　　C．应付票据　　D．预付账款

4．不能用来分析企业短期偿债能力的是（　　）。

A．流动比率　　B．资产负债率

C．速动比率　　D．现金流动负债比率

5．某企业期初应收账款 230 万元，期末应收账款 250 万元，本期营业收入为 1 200 万

元。本期营业成本为 1 000 万元，则该企业应收账款周转期为（ ）天。

A．90 B．75 C．84 D．72

6．在长期偿债能力的指标计算时，需使用利润表中有关数据的是（ ）。

A．资产负债率 B．产权比率 C．利息保障倍数 D．权益乘数

7．一般情况下，市盈率越高，公司前景（ ）。

A．越好 B．越差 C．不受影响 D．难以确定

8．衡量企业偿还到期债务能力的直接标志是（ ）。

A．有足够的资产 B．有足够的流动资产

C．有足够的存货 D．有足够的现金

9．评价企业全部资产获取报酬的能力指标是（ ）。

A．净利率 B．净资产收益率

C．资产收益率 D．资本收益率

10．衡量上市公司盈利能力最常用的财务指标是（ ）。

A．权益乘数 B．每股账面价值

C．每股收益 D．产权比率

二、多项选择题

1．与企业资产、融资相关的获利能力指标构成要素包括（ ）。

A．销售毛利率 B．净资产收益率 C．资产收益率

D．资本收益率 E．营业利润率

2．流动资产周转率的指标包括（ ）。

A．总资产周转率 B．应收账款周转率 C．存货周转率

D．固定资产周转率 E．流动资产周转率

3．财务分析信息的需求者主要包括（ ）。

A．企业所有者 B．企业债权人 C．企业经营决策者

D．政府 E．内部职工

4．应收账款周转率提高，意味着企业（ ）。

A．流动比率提高 B．短期偿债能力增强 C．坏账损失下降

D．资产流动性大 E．速动比率提高

5．财务分析的方法主要包括（ ）。

A．趋势分析法 B．因素分析法 C．相关比率分析法

D．结构分析法 E．比较分析法

6．财务分析的基本内容包括（ ）。

A．偿债能力分析 B．营运能力分析 C．获利能力分析

D．发展能力分析 E．投资收益能力

7．影响企业偿债能力的因素取决于（ ）。

A．资产的规模与结构 B．负债的规模与结构 C．企业盈利能力

D．费用水平的高低 E．经营现金流量

三、判断题

1．会计报表分析是对已发生的财务状况和结果进行的评价，分析的结果要做到有用、及时。（　　）

2．由于企业的流动资产多，企业的安全性好，所以企业的流动资产越多越好。（　　）

3．对任何企业而言，速动比率应该大于 1 才是正常的。（　　）

4．资产周转次数越多越好，周转天数越短越好。（　　）

5．对债权人而言，企业的资产负债率越高越好。（　　）

6．长期债权人比短期债权人更加关心企业经营的长期稳定性和持续发展性。（　　）

7．每股收益越高，获利能力越强，每股股利越高。（　　）

8．对任何企业而言，流动比率应该大于 2 才是正常的。（　　）

9．流动资产周转率与营业收入总是成正比。（　　）

10．企业所有者较为重视企业获利能力指标，即对企业投资的回报率极度关注。（　　）

实践训练

龙兴机械制造公司 2015 年资产负债表如表 10.11 所示，利润表如表 10.12 所示。

表 10.11　龙兴机械制造公司资产负债表

编制单位：龙兴机械制造公司　　　　2015 年 12 月 31 日　　　　万元

资　产	年初数	年末数	负债及所有者权益	年初数	年末数
流动资产：			流动负债：		
货币资金	250	500	短期借款	1 750	2 000
交易性金融资产	120	140	应付账款	1 950	2 440
应收票据			预收账款	420	490
应收账款	2 100	3 980	其他应付款	180	210
预付账款	110	540	流动负债合计	4 300	5 140
其他应收款	220	120	非流动负债：		
存货	3 300	1 720	长期借款	3 450	4 500
流动资产合计	6 100	7 000	其他非流动负债	250	590
非流动资产：			非流动负债合计	3 700	5 090
持有至到期投资	200	200	负债合计	8 000	10 230
固定资产	9 500	12 120	所有者权益：		
无形资产：	330	300	实收资本	3 000	3 000
非流动资产合计	10 030	12 620	资本公积	2 100	2 440
			盈余公积	900	1 130
			未分配利润	2 130	2 820
			所有者权益合计	8 130	9 390
资产总计	16 130	19 620	负债及所有者权益合计	16 130	19 620

表 10.12　龙兴机械制造公司利润表

编制单位：龙兴机械制造公司　　　　2015 年　　　　万元

项　目	上年累计数	本年累计数
一、营业收入	24 300	28 500
减：营业成本	17 500	20 030
营业税金及附加	560	600
销售费用	1 900	2 400
管理费用	2 050	2 360
财务费用	1 500	1 700
加：投资收益（损失以"-"号填列）	400	240
二、营业利润（损失以"-"号填列）	1 190	1 650
加：营业外收入	100	200
减：营业外支出	60	150
三、利润总额（亏损总额以"-"号填列）	1 230	1 700
减：所得税费用	360	550
四、净利润（净亏损以"-"号填列）	870	1 150

2014 年年初的相关资料：流动资产为 5 600 万元，其中，存货为 2 500 万元，应收账款为 2 250 万元；固定资产为 9 250 万元；所有者权益为 7 434 万元；资产总额为 15 250 万元。

2015 年机械行业平均指标为：

盈利指标　毛利率 27.87%，营业利润率 7.18%，净利率 8.68%，净资产收益率 7.27%，资产收益率 5.88%。

偿债指标　流动比率 2.67，速动比率 2.03，权益乘数 1.84。

资产营运能力指标　应收账款周转率 4.59，存货周转率 2.7，总资产周转率 0.52%。

要求：根据上述资料综合评价龙兴机械制造公司 2014 年的偿债能力、获利能力和资产营运能力情况。

模拟沙盘实训

划分学习小组，以小组为单位选择金蝶软件（中国）有限公司"理财之道——财务管理电子对抗系统"实训软件或类似财务管理实训软件开展沙盘模拟演练。

1．通过实际演练明确会计报表分析在理财工作中的重要性。

2．运用所学知识开展会计报表具体分析。

3．通过会计报表分析数据，综合评价模拟企业财务状况及经营成果，总结并分析原因。

资产负债表

编制单位：长江化工股份有限责任公司　　2015年12月31日　　万元

资　产	上年数	本年数	负债和所有者权益	上年数	本年数
流动资产：			流动负债：		
货币资金	1 960	2 340	短期借款	1 350	1 450
交易性金融资产	—	—	交易性金融负债	—	—
应收票据	—	—	应付票据	—	—
应收账款	1 070	1 740	应付账款	990	1 200
预付款项	390	480	预收款项	120	300
应收利息	—	—	应付职工薪酬	—	—
应收股利	—	—	应交税费	—	—
其他应收款	—	—	应付利息	—	—
存货	2 580	2 880	应付股利	—	—
一年内到期的非流动资产	—	—	其他应付款	90	100
其他流动资产	90	120	一年内到期的非流动负债	—	—
流动资产合计	6 090	7 560	其他流动负债	—	—
非流动资产：			流动负债合计	2 550	3 050
可供出售金融资产	—	—	非流动负债：		
持有至到期投资	600	600	长期借款	3 200	6 045
长期应收款	—	—	应付债券	—	—
长期股权投资	2 400	2 100	长期应付款	—	—
投资性房地产	—	—	专项应付款	—	—
固定资产	27 090	30 360	预计负债	—	—
在建工程	—	—	递延所得税负债	—	—
工程物资	—	—	其他非流动负债	—	—
固定资产清理	—	—	非流动负债合计	3 200	6 045
生产性生物资产	—	—	负债合计	5 750	9 095
油气资产	—	—	所有者权益：		
无形资产	1 500	1 440	实收资本	10 000	10 000
开发支出	—	—	资本公积	13 550	13 550
商誉	—	—	减：库存股	—	—
长期待摊费用	—	—	盈余公积	2 900	3 230
递延所得税资产	—	—	未分配利润	5 660	6 485
其他非流动资产	180	300			
非流动资产合计	31 770	34 800	所有者权益合计	32 110	33 265
资产总计	37 860	42 360	负债和所有者权益总计	37 860	42 360

利润表

编制单位：长江化工股份有限责任公司　　2015 年　　万元

项　目	上年累计数	本年累计数
一、营业收入	12 600	17 400
减：营业成本	9 450	12 750
营业税金及附加	105	135
销售费用	1 050	1 200
管理费用	1 350	1 500
财务费用	255	324
资产减值损失	—	—
加：公允价值变动收益（损失以“-”号填列）	—	—
投资收益（损失以“-”号填列）	210	360
其中：对联营企业和合营企业的投资收益	—	—
二、营业利润（损失以“-”号填列）	600	1 851
加：营业外收入	195	255
减：营业外支出	135	96
其中：非流动资产处置损失		
三、利润总额（亏损总额以“-”号填列)	660	2 010
减：所得税费用	120	360
四、净利润（净亏损以“-”号填列）	540	1 650
五、每股收益	（略）	
（一）基本每股收益		
（二）稀释每股收益		

附录

附表 A　复利终值系数表

期数	1%	2%	3%	4%	5%	6%	7%	8%	9%	10%
1	1.010 0	1.020 0	1.030 0	1.040 0	1.050 0	1.060 0	1.070 0	1.080 0	1.090 0	1.100 0
2	1.020 1	1.040 4	1.060 9	1.081 6	1.102 5	1.123 6	1.144 9	1.166 4	1.188 1	1.210 0
3	1.030 3	1.061 2	1.092 7	1.124 9	1.157 6	1.191 0	1.225 0	1.259 7	1.295 0	1.331 0
4	1.040 6	1.082 4	1.125 5	1.169 9	1.215 5	1.262 5	1.310 8	1.360 5	1.411 6	1.464 1
5	1.051 0	1.104 1	1.159 3	1.216 7	1.276 3	1.338 2	1.402 6	1.469 3	1.538 6	1.610 5
6	1.061 5	1.126 2	1.194 1	1.265 3	1.340 1	1.418 5	1.500 7	1.586 9	1.677 1	1.771 6
7	1.072 1	1.148 7	1.229 9	1.315 9	1.407 1	1.503 6	1.605 8	1.713 8	1.828 0	1.948 7
8	1.082 9	1.171 7	1.266 8	1.368 6	1.477 5	1.593 8	1.718 2	1.850 9	1.992 6	2.143 6
9	1.093 7	1.195 1	1.304 8	1.423 3	1.551 3	1.689 5	1.838 5	1.999 0	2.171 9	2.357 9
10	1.104 6	1.219 0	1.343 9	1.480 2	1.628 9	1.790 8	1.967 2	2.158 9	2.367 4	2.593 7
11	1.115 7	1.243 4	1.384 2	1.539 5	1.710 3	1.898 3	2.104 9	2.331 6	2.580 4	2.853 1
12	1.126 8	1.268 2	1.425 8	1.601 0	1.795 9	2.012 2	2.252 2	2.518 2	2.812 7	3.138 4
13	1.138 1	1.293 6	1.468 5	1.665 1	1.885 6	2.132 9	2.409 8	2.719 6	3.065 8	3.452 3
14	1.149 5	1.319 5	1.512 6	1.731 7	1.979 9	2.260 9	2.578 5	2.937 2	3.341 7	3.797 5
15	1.161 0	1.345 9	1.558 0	1.800 9	2.078 9	2.396 6	2.759 0	3.172 2	3.642 5	4.177 2
16	1.172 6	1.372 8	1.604 7	1.873 0	2.182 9	2.540 4	2.952 2	3.425 9	3.970 3	4.595 0
17	1.184 3	1.400 2	1.652 8	1.947 9	2.292 0	2.692 8	3.158 8	3.700 0	4.327 6	5.054 5
18	1.196 1	1.428 2	1.702 4	2.025 8	2.406 6	2.854 3	3.379 9	3.996 0	4.717 1	5.559 9
19	1.208 1	1.456 8	1.753 5	2.106 8	2.527 0	3.025 6	3.616 5	4.315 7	5.141 7	6.115 9
20	1.220 2	1.485 9	1.806 1	2.191 1	2.653 3	3.207 1	3.869 7	4.661 0	5.604 4	6.727 5
21	1.232 4	1.515 7	1.860 3	2.278 8	2.786 0	3.399 6	4.140 6	5.033 8	6.108 8	7.400 2

（续表）

期数	1%	2%	3%	4%	5%	6%	7%	8%	9%	10%
22	1.244 7	1.546 0	1.916 1	2.369 9	2.925 3	3.603 5	4.430 4	5.436 5	6.658 6	8.140 3
23	1.257 2	1.576 9	1.973 6	2.464 7	3.071 5	3.819 7	4.740 5	5.871 5	7.257 9	8.954 3
24	1.269 7	1.608 4	2.032 8	2.563 3	3.225 1	4.048 9	5.072 4	6.341 2	7.911 1	9.849 7
25	1.282 4	1.640 6	2.093 8	2.665 8	3.386 4	4.291 9	5.427 4	6.848 5	8.623 1	10.835
26	1.295 3	1.673 4	2.156 6	2.772 5	3.555 7	4.549 4	5.807 4	7.396 4	9.399 2	11.918
27	1.308 2	1.706 9	2.221 3	2.883 4	3.733 5	4.822 3	6.213 9	7.988 1	10.245	13.110
28	1.321 3	1.741 0	2.287 9	2.998 7	3.920 1	5.111 7	6.648 8	8.627 1	11.167	14.421
29	1.334 5	1.775 8	2.356 6	3.118 7	4.116 1	5.418 4	7.114 3	9.317 3	12.172	15.863
30	1.347 8	1.811 4	2.427 3	3.243 4	4.321 9	5.743 5	7.612 3	10.063	13.268	17.449
40	1.488 9	2.208 0	3.262 0	4.801 0	7.040 0	10.286	14.794	21.725	31.408	45.259
50	1.644 6	2.691 6	4.383 9	7.106 7	11.467	18.420	29.457	46.902	74.358	117.39
60	1.816 7	3.281 0	5.891 6	10.52 0	18.679	32.988	57.946	101.26	176.03	304.48

期数	12%	14%	15%	16%	18%	20%	24%	28%	32%	36%
1	1.120 0	1.140 0	1.150 0	1.160 0	1.180 0	1.200 0	1.240 0	1.280 0	1.320 0	1.360 0
2	1.254 4	1.299 6	1.322 5	1.345 6	1.392 4	1.440 0	1.537 6	1.638 4	1.742 4	1.849 6
3	1.404 9	1.481 5	1.520 9	1.560 9	1.643 0	1.728 0	1.906 6	2.097 2	2.300 0	2.515 5
4	1.573 5	1.689 0	1.749 0	1.810 6	1.938 8	2.073 6	2.364 2	2.684 4	3.036 0	3.421 0
5	1.762 3	1.925 4	2.011 4	2.100 3	2.287 8	2.488 3	2.931 6	3.436 0	4.007 5	4.652 6
6	1.973 8	2.195 0	2.313 1	2.436 4	2.699 6	2.986 0	3.635 2	4.398 0	5.289 9	6.327 5
7	2.210 7	2.502 3	2.660 0	2.826 2	3.185 5	3.583 2	4.507 7	5.629 5	6.982 6	8.605 4
8	2.476 0	2.852 6	3.059 0	3.278 4	3.758 9	4.299 8	5.589 5	7.205 8	9.217 0	11.703
9	2.773 1	3.251 9	3.517 9	3.803 0	4.435 5	5.159 8	6.931 0	9.223 4	12.166	15.917
10	3.105 8	3.707 2	4.045 6	4.411 4	5.233 8	6.191 7	8.594 4	11.806	16.060	21.647
11	3.478 6	4.226 2	4.652 4	5.117 3	6.175 9	7.430 1	10.657	15.112	21.119	29.439
12	3.896 0	4.817 9	5.350 3	5.936 0	7.287 6	8.916 1	13.215	19.343	27.983	40.037
13	4.363 5	5.492 4	6.152 8	6.885 8	8.599 4	10.699	16.386	24.759	36.937	54.451
14	4.887 1	6.261 3	7.075 7	7.987 5	10.147	12.839	20.319	31.691	48.757	74.053
15	5.473 6	7.137 9	8.137 1	9.265 5	11.974	15.407	25.196	40.565	64.395	100.71
16	6.130 4	8.137 2	9.357 6	10.748	14.129	18.488	31.243	51.923	84.954	136.97
17	6.866 0	9.276 5	10.761	12.468	16.672	22.186	38.741	66.461	112.14	186.28

（续表）

期数	12%	14%	15%	16%	18%	20%	24%	28%	32%	36%
18	7.690 0	10.575	12.376	14.463	19.673	26.623	48.039	85.071	148.02	253.34
19	8.612 8	12.056	14.232	16.777	23.214	31.948	59.568	108.89	195.39	344.54
20	9.646 3	13.744	16.367	19.461	27.393	38.338	73.864	139.38	257.92	468.57
21	10.804	15.668	18.822	22.575	32.324	46.005	91.592	178.41	340.45	637.26
22	12.100	17.861	21.645	26.186	38.142	55.206	113.57	228.36	449.39	866.67
23	13.552	20.362	24.892	30.376	45.008	66.247	140.83	292.30	593.20	1 178.7
24	15.179	23.212	28.625	35.236	53.109	79.497	174.63	374.14	783.02	1 603.0
25	17.000	26.462	32.919	40.874	62.669	95.396	216.54	478.90	1 033.6	2 180.1
26	19.040	30.167	37.857	47.414	73.949	114.48	268.51	613.00	1 364.3	2 964.9
27	21.325	34.390	43.535	55.000	87.260	137.37	332.96	784.64	1 800.9	4 032.3
28	23.884	39.205	50.066	63.800	102.97	164.84	412.86	1 004.3	2 377.2	5 483.9
29	26.750	44.693	57.576	74.009	121.50	197.81	511.95	1 285.6	3 137.9	7 458.1
30	29.960	50.950	66.212	85.850	143.37	237.38	634.82	1 645.5	4 142.1	10 143
40	93.051	188.83	267.86	378.72	750.38	1 469.8	5 455.9	19 427	66 521	*
50	289.00	700.23	1 083.7	1 670.7	3 927.4	9 100.4	46 890	*	*	*
60	897.60	2 595.9	4 384.0	7 370.2	20 555	56 348	*	*	*	*

注：* >99 999

附表 B 复利现值系数表

期数	1%	2%	3%	4%	5%	6%	7%	8%	9%	10%
1	0.990 1	0.980 4	0.970 9	0.961 5	0.952 4	0.943 4	0.934 6	0.925 9	0.917 4	0.909 1
2	0.980 3	0.961 2	0.942 6	0.924 6	0.907 0	0.890 0	0.873 4	0.857 3	0.841 7	0.826 4
3	0.970 6	0.942 3	0.915 1	0.889 0	0.863 8	0.839 6	0.816 3	0.793 8	0.772 2	0.751 3
4	0.961 0	0.923 8	0.888 5	0.854 8	0.822 7	0.792 1	0.762 9	0.735 0	0.708 4	0.683 0
5	0.951 5	0.905 7	0.862 6	0.821 9	0.783 5	0.747 3	0.713 0	0.680 6	0.649 9	0.620 9
6	0.942 0	0.888 0	0.837 5	0.790 3	0.746 2	0.705 0	0.666 3	0.630 2	0.596 3	0.564 5
7	0.932 7	0.870 6	0.813 1	0.759 9	0.710 7	0.665 1	0.622 7	0.583 5	0.547 0	0.513 2
8	0.923 5	0.853 5	0.789 4	0.730 7	0.676 8	0.627 4	0.582 0	0.540 3	0.501 9	0.466 5
9	0.914 3	0.836 8	0.766 4	0.702 6	0.644 6	0.591 9	0.543 9	0.500 2	0.460 4	0.424 1
10	0.905 3	0.820 3	0.744 1	0.675 6	0.613 9	0.558 4	0.508 3	0.463 2	0.422 4	0.385 5

（续表）

期数	1%	2%	3%	4%	5%	6%	7%	8%	9%	10%
11	0.896 3	0.804 3	0.722 4	0.649 6	0.584 7	0.526 8	0.475 1	0.428 9	0.387 5	0.350 5
12	0.887 4	0.788 5	0.701 4	0.624 6	0.556 8	0.497 0	0.444 0	0.397 1	0.355 5	0.318 6
13	0.878 7	0.773 0	0.681 0	0.600 6	0.530 3	0.468 8	0.415	0.367 7	0.326 2	0.289 7
14	0.870 0	0.757 9	0.661 1	0.577 5	0.505 1	0.442 3	0.387 8	0.340 5	0.299 2	0.263 3
15	0.861 3	0.743 0	0.641 9	0.555 3	0.481 0	0.417 3	0.362 4	0.315 2	0.274 5	0.239 4
16	0.852 8	0.728 4	0.623 2	0.533 9	0.458 1	0.393 6	0.338 7	0.291 9	0.251 9	0.217 6
17	0.844 4	0.714 2	0.605 0	0.513 4	0.436 3	0.371 4	0.316 6	0.270 3	0.231 1	0.197 8
18	0.836 0	0.700 2	0.587 4	0.493 6	0.415 5	0.350 3	0.295 9	0.250 2	0.212 0	0.179 9
19	0.827 7	0.686 4	0.570 3	0.474 6	0.395 7	0.330 5	0.276 5	0.231 7	0.194 5	0.163 5
20	0.819 5	0.673 0	0.553 7	0.456 4	0.376 9	0.311 8	0.258 4	0.214 5	0.178 4	0.148 6
21	0.811 4	0.659 8	0.537 5	0.438 8	0.358 9	0.294 2	0.241 5	0.198 7	0.163 7	0.135 1
22	0.803 4	0.646 8	0.521 9	0.422 0	0.341 8	0.277 5	0.225 7	0.183 9	0.150 2	0.122 8
23	0.795 4	0.634 2	0.506 7	0.405 7	0.325 6	0.261 8	0.210 9	0.170 3	0.137 8	0.111 7
24	0.787 6	0.621 7	0.491 9	0.390 1	0.310 1	0.247 0	0.197 1	0.157 7	0.126 4	0.101 5
25	0.779 8	0.609 5	0.477 6	0.375 1	0.295 3	0.233 0	0.184 2	0.146 0	0.116 0	0.092 3
26	0.772 0	0.597 6	0.463 7	0.360 7	0.281 2	0.219 8	0.172 2	0.135 2	0.106 4	0.083 9
27	0.764 4	0.585 9	0.450 2	0.346 8	0.267 8	0.207 4	0.160 9	0.125 2	0.097 6	0.076 3
28	0.756 8	0.574 4	0.437 1	0.333 5	0.255 1	0.195 6	0.150 4	0.115 9	0.089 5	0.069 3
29	0.749 3	0.563 1	0.424 3	0.320 7	0.242 9	0.184 6	0.140 6	0.107 3	0.082 2	0.063 0
30	0.741 9	0.552 1	0.412 0	0.308 3	0.231 4	0.174 1	0.131 4	0.099 4	0.075 4	0.057 3
35	0.705 9	0.500 0	0.355 4	0.253 4	0.181 3	0.130 1	0.093 7	0.676 0	0.049 0	0.035 6
40	0.671 7	0.452 9	0.306 6	0.208 3	0.142 0	0.097 2	0.066 8	0.046 0	0.031 8	0.022 1
45	0.639 1	0.410 2	0.264 4	0.171 2	0.111 3	0.072 7	0.047 6	0.031 3	0.020 7	0.013 7
50	0.608 0	0.371 5	0.228 1	0.140 7	0.087 2	0.054 3	0.033 9	0.021 3	0.013 4	0.008 5
55	0.578 5	0.336 5	0.196 8	0.115 7	0.068 3	0.040 6	0.024 2	0.014 5	0.008 7	0.005 3

期数	12%	14%	15%	16%	18%	20%	24%	28%	32%	36%
1	0.892 9	0.877 2	0.869 6	0.862 1	0.847 5	0.833 3	0.806 5	0.781 3	0.757 6	0.735 3
2	0.797 2	0.769 5	0.756 1	0.743 2	0.718 2	0.694 4	0.650 4	0.610 4	0.573 9	0.540 7
3	0.711 8	0.675 0	0.657 5	0.640 7	0.608 6	0.578 7	0.524 5	0.476 8	0.434 8	0.397 5
4	0.635 5	0.592 1	0.571 8	0.552 3	0.515 8	0.482 3	0.423 0	0.372 5	0.329 4	0.292 3
5	0.567 4	0.519 4	0.497 2	0.476 1	0.437 1	0.401 9	0.341 1	0.291	0.249 5	0.214 9

（续表）

期数	12%	14%	15%	16%	18%	20%	24%	28%	32%	36%
6	0.506 6	0.455 6	0.432 3	0.410 4	0.370 4	0.334 9	0.275 1	0.227 4	0.189 0	0.158 0
7	0.452 3	0.399 6	0.375 9	0.353 8	0.313 9	0.279 1	0.221 8	0.177 6	0.143 2	0.116 2
8	0.403 9	0.350 6	0.326 9	0.305 0	0.266 0	0.232 6	0.178 9	0.138 8	0.108 5	0.085 4
9	0.360 6	0.307 5	0.284 3	0.263	0.225 5	0.193 8	0.144 3	0.108 4	0.082 2	0.062 8
10	0.322	0.269 7	0.247 2	0.226 7	0.191 1	0.161 5	0.116 4	0.084 7	0.062 3	0.046 2
11	0.287 5	0.236 6	0.214 9	0.195 4	0.161 9	0.134 6	0.093 8	0.066 2	0.047 2	0.034 0
12	0.256 7	0.207 6	0.186 9	0.168 5	0.137 2	0.112 2	0.075 7	0.051 7	0.035 7	0.025 0
13	0.229 2	0.182 1	0.162 5	0.145 2	0.116 3	0.093 5	0.061 0	0.040 4	0.027 1	0.018 4
14	0.204 6	0.159 7	0.141 3	0.125 2	0.098 5	0.077 9	0.049 2	0.031 6	0.020 5	0.013 5
15	0.182 7	0.140 1	0.122 9	0.107 9	0.083 5	0.064 9	0.039 7	0.024 7	0.015 5	0.009 9
16	0.163 1	0.122 9	0.106 9	0.093 0	0.070 8	0.054 1	0.032 0	0.019 3	0.011 8	0.007 3
17	0.145 6	0.107 8	0.092 9	0.080 2	0.060 0	0.045 1	0.025 8	0.015 0	0.008 9	0.005 4
18	0.130 0	0.094 6	0.080 8	0.069 1	0.050 8	0.037 6	0.020 8	0.011 8	0.006 8	0.003 9
19	0.116 1	0.082 9	0.070 3	0.059 6	0.043 1	0.031 3	0.016 8	0.009 2	0.005 1	0.002 9
20	0.103 7	0.072 8	0.061 1	0.051 4	0.036 5	0.026 1	0.013 5	0.007 2	0.003 9	0.002 1
21	0.092 6	0.063 8	0.053 1	0.044 3	0.030 9	0.021 7	0.010 9	0.005 6	0.002 9	0.001 6
22	0.082 6	0.056 0	0.046 2	0.038 2	0.026 2	0.018 1	0.008 8	0.004 4	0.002 2	0.001 2
23	0.073 8	0.049 1	0.040 2	0.032 9	0.022 2	0.015 1	0.007 1	0.003 4	0.001 7	0.000 8
24	0.065 9	0.043 1	0.034 9	0.028 4	0.018 8	0.012 6	0.005 7	0.002 7	0.001 3	0.000 6
25	0.058 8	0.037 8	0.030 4	0.024 5	0.016 0	0.010 5	0.004 6	0.002 1	0.001 0	0.000 5
26	0.052 5	0.033 1	0.026 4	0.021 1	0.013 5	0.008 7	0.003 7	0.001 6	0.000 7	0.000 3
27	0.046 9	0.029 1	0.023 0	0.018 2	0.011 5	0.007 3	0.003 0	0.001 3	0.000 6	0.000 2
28	0.041 9	0.025 5	0.020 0	0.015 7	0.009 7	0.006 1	0.002 4	0.001 0	0.000 4	0.000 2
29	0.037 4	0.022 4	0.017 4	0.013 5	0.008 2	0.005 1	0.002	0.000 8	0.000 3	0.000 1
30	0.033 4	0.019 6	0.015 1	0.011 6	0.007	0.004 2	0.001 6	0.000 6	0.000 2	0.000 1
35	0.018 9	0.010 2	0.007 5	0.005 5	0.003 0	0.001 7	0.000 5	0.000 2	0.000 1	*
40	0.010 7	0.005 3	0.003 7	0.002 6	0.001 3	0.000 7	0.000 2	0.000 1	*	*
45	0.006 1	0.002 7	0.001 9	0.001 3	0.000 6	0.000 3	0.000 1	*	*	*
50	0.003 5	0.001 4	0.000 9	0.000 6	0.000 3	0.000 1	*	*	*	*
55	0.002 0	0.000 7	0.000 5	0.000 3	0.000 1	*	*	*	*	*

注：* <0.000 1

附表 C 年金终值系数表

期数	1%	2%	3%	4%	5%	6%	7%	8%	9%	10%
1	1.000 0	1.000 0	1.000 0	1.000 0	1.000 0	1.000 0	1.000 0	1.000 0	1.000 0	1.000 0
2	2.010 0	2.020 0	2.030 0	2.040 0	2.050 0	2.060 0	2.070 0	2.080 0	2.090 0	2.100 0
3	3.030 1	3.060 4	3.090 9	3.121 6	3.152 5	3.183 6	3.214 9	3.246 4	3.278 1	3.310 0
4	4.060 4	4.121 6	4.183 6	4.246 5	4.310 1	4.374 6	4.439 9	4.506 1	4.573 1	4.641 0
5	5.101 0	5.204 0	5.309 1	5.416 3	5.525 6	5.637 1	5.750 7	5.866 6	5.984 7	6.105 1
6	6.152 0	6.308 1	6.468 4	6.633	6.801 9	6.975 3	7.153 3	7.335 9	7.523 3	7.715 6
7	7.213 5	7.434 3	7.662 5	7.898 3	8.142 0	8.393 8	8.654 0	8.922 8	9.200 4	9.487 2
8	8.285 7	8.583	8.892 3	9.214 2	9.549 1	9.897 5	10.260	10.637	11.029	11.436
9	9.368 5	9.754 6	10.159	10.583	11.027	11.491	11.978	12.488	13.021	13.580
10	10.462	10.950	11.464	12.006	12.578	13.181	13.816	14.487	15.193	15.937
11	11.567	12.169	12.808	13.486	14.207	14.972	15.784	16.646	17.560	18.531
12	12.683	13.412	14.192	15.026	15.917	16.870	17.889	18.977	20.141	21.384
13	13.809	14.680	15.618	16.627	17.713	18.882	20.141	21.495	22.953	24.523
14	14.947	15.974	17.086	18.292	19.599	21.015	22.551	24.215	26.019	27.975
15	16.097	17.293	18.599	20.024	21.579	23.276	25.129	27.152	29.361	31.773
16	17.258	18.639	20.157	21.825	23.658	25.673	27.888	30.324	33.003	35.950
17	18.430	20.012	21.762	23.698	25.840	28.213	30.840	33.750	36.974	40.545
18	19.615	21.412	23.414	25.645	28.132	30.906	33.999	37.450	41.301	45.599
19	20.811	22.841	25.117	27.671	30.539	33.760	37.379	41.446	46.019	51.159
20	22.019	24.297	26.870	29.778	33.066	36.786	40.996	45.762	51.160	57.275
21	23.239	25.783	28.677	31.969	35.719	39.993	44.865	50.423	56.765	64.003
22	24.472	27.299	30.537	34.248	38.505	43.392	49.006	55.457	62.873	71.403
23	25.716	28.845	32.453	36.618	41.431	46.996	53.436	60.893	69.532	79.543
24	26.974	30.422	34.427	39.083	44.502	50.816	58.177	66.765	76.790	88.497
25	28.243	32.030	36.459	41.646	47.727	54.865	63.249	73.106	84.701	98.347
26	29.526	33.671	38.553	44.312	51.114	59.156	68.677	79.954	93.324	109.18
27	30.821	35.344	40.710	47.084	54.669	63.706	74.484	87.351	102.72	121.10
28	32.129	37.051	42.931	49.968	58.403	68.528	80.698	95.339	112.97	134.21
29	33.450	38.792	45.219	52.966	62.323	73.640	87.347	103.97	124.14	148.63
30	34.785	40.568	47.575	56.085	66.439	79.058	94.461	113.28	136.31	164.49

（续表）

期数	1%	2%	3%	4%	5%	6%	7%	8%	9%	10%
40	48.886	60.402	75.401	95.026	120.8	154.76	199.64	259.06	337.88	442.59
50	64.463	84.579	112.80	152.67	209.35	290.34	406.53	573.77	815.08	1 163.9
60	81.670	114.05	163.05	237.99	353.58	533.13	813.52	1 253.2	1 944.8	3 034.8
期数	**12%**	**14%**	**15%**	**16%**	**18%**	**20%**	**24%**	**28%**	**32%**	**36%**
1	1.000 0	1.000 0	1.000 0	1.000 0	1.000 0	1.000 0	1.000 0	1.000 0	1.000 0	1.000 0
2	2.120 0	2.140 0	2.150 0	2.160 0	2.180 0	2.200 0	2.240 0	2.280 0	2.320 0	2.360 0
3	3.374 4	3.439 6	3.472 5	3.505 6	3.572 4	3.640 0	3.777 6	3.918 4	3.062 4	3.209 6
4	4.779 3	4.921 1	4.993 4	5.066 5	5.215 4	5.368 0	5.684 2	6.015 6	6.362 4	6.725 1
5	6.352 8	6.610 1	6.742 4	6.877 1	7.154 2	7.441 6	8.048 4	8.699 9	9.398 3	10.146
6	8.115 2	8.535 5	8.753 7	8.977 5	9.442 0	9.929 9	10.980	12.136	13.406	14.799
7	10.089	10.731	11.067	11.414	12.142	12.916	14.615	16.534	18.696	21.126
8	12.300	13.233	13.727	14.240	15.327	16.499	19.123	22.163	25.678	29.732
9	14.776	16.085	16.786	17.519	19.086	20.799	24.713	29.369	34.895	41.435
10	17.549	19.337	20.304	21.322	23.521	25.959	31.643	38.593	47.062	57.352
11	20.655	23.045	24.349	25.733	28.755	32.150	40.238	50.399	63.122	78.988
12	24.133	27.271	29.002	30.850	34.931	39.581	50.895	65.510	84.320	108.44
13	28.029	32.089	34.352	36.786	42.219	48.497	64.110	84.853	112.30	148.47
14	32.393	37.581	40.505	43.672	50.818	59.196	80.496	109.61	149.24	202.93
15	37.280	43.842	47.580	51.660	60.965	72.035	100.82	141.30	198.00	276.98
16	42.753	50.980	55.718	60.925	72.939	87.442	126.01	181.87	262.36	377.69
17	48.884	59.118	65.075	71.673	87.068	105.93	157.25	233.79	347.31	514.66
18	55.750	68.394	75.836	84.141	103.74	128.12	195.99	300.25	459.45	770.94
19	63.440	78.969	88.212	98.603	123.41	154.74	244.03	385.32	607.47	954.28
20	72.052	91.025	102.44	115.38	146.63	186.69	303.60	494.21	802.86	1 298.8
21	81.699	104.77	118.81	134.84	174.02	225.03	377.46	633.59	1 060.8	1 767.4
22	92.503	120.44	137.63	157.42	206.34	271.03	469.06	812.00	1 401.2	2 404.7
23	104.60	138.30	159.28	183.60	244.49	326.24	582.63	1 040.4	1 850.6	3 271.3
24	118.16	158.66	184.17	213.98	289.49	392.48	723.46	1 332.7	2 443.8	4 450.0
25	133.33	181.87	212.79	249.21	342.60	471.98	898.09	1 706.8	3 226.8	6 053.0

（续表）

期数	12%	14%	15%	16%	18%	20%	24%	28%	32%	36%
26	150.33	208.33	245.71	290.09	405.27	567.38	1 114.6	2 185.7	4 260.4	8 233.1
27	169.37	238.50	283.57	337.50	479.22	681.85	1 383.1	2 798.7	5 624.8	11 198
28	190.70	272.89	327.10	392.50	566.48	819.22	1 716.1	3 583.3	7 425.7	15 230
29	214.58	312.09	377.17	456.30	669.45	984.07	2 129.0	4 587.7	9 802.9	20 714
30	241.33	356.79	434.75	530.31	790.95	1181.9	2 640.9	5 873.2	12 941	28 172
40	767.09	1 342.0	1 779.1	2 360.8	4 163.2	7343.2	27 290	69 377	*	*
50	2 400.0	4 994.5	7 217.7	10 436	21 813	45 497	*	*	*	*
60	7 471.6	18 535	29 220	46 058	*	*	*	*	*	*

注： * >99 999

附表 D　年金现值系数表

期数	1%	2%	3%	4%	5%	6%	7%	8%	9%	10%
1	0.990 1	0.980 4	0.970 9	0.961 5	0.952 4	0.943 4	0.934 6	0.925 9	0.917 4	0.909 1
2	1.970 4	1.941 6	1.913 5	1.886 1	1.859 4	1.833 4	1.808 0	1.783 3	1.759 1	1.735 5
3	2.941 0	2.883 9	2.828 6	2.775 1	2.723 2	2.673 0	2.624 3	2.577 1	2.531 3	2.486 9
4	3.902 0	3.807 7	3.717 1	3.629 9	3.546	3.465 1	3.387 2	3.312 1	3.239 7	3.169 9
5	4.853 4	4.713 5	4.579 7	4.451 8	4.329 5	4.212 4	4.100 2	3.992 7	3.889 7	3.790 8
6	5.795 5	5.601 4	5.417 2	5.242 1	5.075 7	4.917 3	4.766 5	4.622 9	4.485 9	4.355 3
7	6.728 2	6.472 0	6.230 3	6.002 1	5.786 4	5.582 4	5.389 3	5.206 4	5.033 0	4.868 4
8	7.651 7	7.325 5	7.019 7	6.732 7	6.463 2	6.209 8	5.971 3	5.746 6	5.534 8	5.334 9
9	8.566 0	8.162 2	7.786 1	7.435 3	7.107 8	6.801 7	6.515 2	6.246 9	5.995 2	5.759 0
10	9.471 3	8.982 6	8.530 2	8.110 9	7.721 7	7.360 1	7.023 6	6.710 1	6.417 7	6.144 6
11	10.368	9.786 8	9.252 6	8.760 5	8.306 4	7.886 9	7.498 7	7.139	6.805 2	6.495 1
12	11.255	10.575	9.954	9.385 1	8.863 3	8.383 8	7.942 7	7.536 1	7.160 7	6.813 7
13	12.134	11.348	10.635	9.985 6	9.393 6	8.852 7	8.357 7	7.903 8	7.486 9	7.103 4
14	13.004	12.106	11.296	10.563	9.898 6	9.295 0	8.745 5	8.244 2	7.786 2	7.366 7
15	13.865	12.849	11.938	11.118	10.380	9.712 2	9.107 9	8.559 5	8.060 7	7.606 1
16	14.718	13.578	12.561	11.652	10.838	10.106	9.446 6	8.851 4	8.312 6	7.823 7
17	15.562	14.292	13.166	12.166	11.274	10.477	9.763 2	9.121 6	8.543 6	8.021 6
18	16.398	14.992	13.754	12.659	11.690	10.828	10.059	9.371 9	8.755 6	8.201 4
19	17.226	15.679	14.324	13.134	12.085	11.158	10.336	9.603 6	8.950 1	8.364 9

（续表）

期数	1%	2%	3%	4%	5%	6%	7%	8%	9%	10%
20	18.046	16.351	14.878	13.590	12.462	11.470	10.594	9.818 1	9.128 5	8.513 6
21	18.857	17.011	15.415	14.029	12.821	11.764	10.836	10.017	9.292 2	8.648 7
22	19.660	17.658	15.937	14.451	13.163	12.042	11.061	10.201	9.442 4	8.771 5
23	20.456	18.292	16.444	14.857	13.489	12.303	11.272	10.371	9.580 2	8.883 2
24	21.243	18.914	16.936	15.247	13.799	12.550	11.469	10.529	9.706 6	8.984 7
25	22.023	19.524	17.413	15.622	14.094	12.783	11.654	10.675	9.822 6	9.077 0
26	22.795	20.121	17.877	15.983	14.375	13.003	11.826	10.810	9.929	9.160 9
27	23.560	20.707	18.327	16.330	14.643	13.211	11.987	10.935	10.027	9.237 2
28	24.316	21.281	18.764	16.663	14.898	13.406	12.137	11.051	10.116	9.306 6
29	25.066	21.844	19.189	16.984	15.141	13.591	12.278	11.158	10.198	9.369 6
30	25.808	22.397	19.600	17.292	15.373	13.765	12.409	11.258	10.274	9.426 9
35	29.409	24.999	21.487	18.665	16.374	14.498	12.948	11.655	10.567	9.644 2
40	32.835	27.356	23.115	19.793	17.159	15.046	13.332	11.925	10.757	9.779 1
45	36.095	29.490	24.519	20.720	17.774	15.456	13.606	12.108	10.881	9.862 8
50	39.196	31.424	25.730	21.482	18.256	15.762	13.801	12.234	10.962	9.914 8
55	42.147	33.175	26.774	22.109	18.634	15.991	13.940	12.319	11.014	9.947 1
期数	12%	14%	15%	16%	18%	20%	24%	28%	32%	36%
1	0.892 9	0.877 2	0.869 6	0.862 1	0.847 5	0.833 3	0.806 5	0.781 3	0.757 6	
2	1.690 1	1.646 7	1.625 7	1.605 2	1.565 6	1.527 8	1.456 8	1.391 6	1.331 5	
3	2.401 8	2.321 6	2.283 2	2.245 9	2.174 3	2.106 5	1.981 3	1.868 4	1.766 3	
4	3.037 3	2.913 7	2.855 0	2.798 2	2.690 1	2.588 7	2.404 3	2.241 0	2.095 7	
5	3.604 8	3.433 1	3.352 2	3.274 3	3.127 2	2.990 6	2.745 4	2.532 0	2.345 2	
6	4.111 4	3.888 7	3.784 5	3.684 7	3.497 6	3.325 5	3.020 5	2.759 4	2.534 2	
7	4.563 8	4.288 3	4.160 4	4.038 6	3.811 5	3.604 6	3.242 3	2.937 0	2.677 5	
8	4.967 6	4.638 9	4.487 3	4.343 6	4.077 6	3.837 2	3.421 2	3.075 8	2.786	
9	5.328 2	4.946 4	4.771 6	4.606 5	4.303 0	4.031 0	3.565 5	3.184 2	2.868 1	
10	5.650 2	5.216 1	5.018 8	4.833 2	4.494 1	4.192 5	3.681 9	3.268 9	2.930 4	
11	5.937 7	5.452 7	5.233 7	5.028 6	4.656	4.327 1	3.775 7	3.335 1	2.977 6	
12	6.194 4	5.660 3	5.420 6	5.197 1	4.793 2	4.439 2	3.851 4	3.386 8	3.013 3	
13	6.423 5	5.842 4	5.583 1	5.342 3	4.909 5	4.532 7	3.912 4	3.427 2	3.040 4	

（续表）

期数	12%	14%	15%	16%	18%	20%	24%	28%	32%	36%
14	6.628 2	6.002 1	5.724 5	5.467 5	5.008 1	4.610 6	3.961 6	3.458 7	3.060 9	
15	6.810 9	6.142 2	5.847 4	5.575 5	5.091 6	4.675 5	4.001 3	3.483 4	3.076 4	
16	6.974 0	6.265 1	5.954 2	5.668 5	5.162 4	4.729 6	4.033 3	3.502 6	3.088 2	
17	7.119 6	6.372 9	6.047 2	5.748 7	5.222 3	4.774 6	4.059 1	3.517 7	3.097 1	
18	7.249 7	6.467 4	6.128 0	5.817 8	5.273 2	4.812 2	4.079 9	3.529 4	3.103 9	
19	7.365 8	6.550 4	6.198 2	5.877 5	5.316 2	4.843 5	4.096 7	3.538 6	3.109 0	
20	7.469 4	6.623 1	6.259 3	5.928 8	5.352 7	4.869 6	4.110 3	3.545 8	3.112 9	
21	7.562 0	6.687 0	6.312 5	5.973 1	5.383 7	4.891 3	4.121 2	3.551 4	3.115 8	
22	7.644 6	6.742 9	6.358 7	6.011 3	5.409 9	4.909 4	4.130 0	3.555 8	3.118 0	
23	7.718 4	6.792 1	6.398 8	6.044 2	5.432 1	4.924 5	4.137 1	3.559 2	3.119 7	
24	7.784 3	6.835 1	6.433 8	6.072 6	5.450 9	4.937 1	4.142 8	3.561 9	3.121 0	
25	7.843 1	6.872 9	6.464 1	6.097 1	5.466 9	4.947 6	4.147 4	3.564 0	3.122 0	
26	7.895 7	6.906 1	6.490 6	6.118 2	5.480 4	4.956 3	4.151 1	3.565 6	3.122 7	
27	7.942 6	6.935 2	6.513 5	6.136 4	5.491 9	4.963 6	4.154 2	3.566 9	3.123 3	
28	7.984 4	6.960 7	6.533 5	6.152 0	5.501 6	4.969 7	4.156 6	3.567 9	3.123 7	
29	8.021 8	6.983 0	6.550 9	6.165 6	5.509 8	4.974 7	4.158 5	3.568 7	3.124 0	
30	8.055 2	7.002 7	6.566	6.177 2	5.516 8	4.978 9	4.160 1	3.569 3	3.124 2	
35	8.175 5	7.070	6.616 6	6.215 3	5.538 6	4.991 5	1.164 4	3.570 8	3.124 8	
40	8.243 8	7.105 0	6.641 8	6.233 5	5.548 2	4.165 9	4.165 9	3.571 2	3.125 0	
45	8.282 5	7.123 2	6.654 3	6.242 1	5.552 3	4.998 6	4.166 4	3.571 4	3.125 0	
50	8.304 5	7.132 7	6.660 5	6.246 3	5.554 1	4.999 5	4.166 6	3.571 4	3.125 0	
55	8.317 0	7.137 6	6.663 6	6.248 2	5.554 9	4.999 8	4.166 6	3.571 4	3.125 0	

参 考 文 献

[1] 邹俊霞，王静．财务管理实务[M]．北京：电子工业出版社，2011．
[2] 财政部会计资格评价中心．财务管理[M]．北京：中国财政经济出版社，2014．
[3] 邵敬浩．管理会计．第三版[M]．北京：高等教育出版社，2014．
[4] 金静红，蒲文燕．成本管理会计[M]．西安：西安交通大学出版社，2015．
[5] 刘云丽．财务管理[M]．北京：机械工业出版社，2008．
[6] 孔德兰．财务管理实务[M]．北京：高等教育出版社，2008．
[7] 季光伟．财务管理教程[M]．北京：科学出版社，2008．
[8] 郭涛．财务管理[M]．北京：机械工业出版社，2008．
[9] 王顺金，邹俊霞．财务管理[M]．北京：北京理工大学出版社，2009．
[10] 闫华红．中级财务管理[M]．北京：经济科学出版社，2009．
[11] 阳葵兰．财务管理[M]．北京：清华大学出版社，2010．
[12] 杜晓光．会计报表分析[M]．北京：高等教育出版社，2008．

《财务管理实务（第2版）》读者意见反馈表

尊敬的读者：

感谢您购买本书。为了能为您提供更优秀的教材，请您抽出宝贵的时间，将您的意见以下表的方式（可从 http://www.hxedu.com.cn 下载本调查表）及时告知我们，以改进我们的服务。对采用您的意见进行修订的教材，我们将在该书的前言中进行说明并赠送您样书。

姓名：________________ 电话：____________________

职业：________________ E-mail：____________________

邮编：________________ 通信地址：____________________

1．您对本书的总体看法是：

□很满意 □比较满意 □尚可 □不太满意 □不满意

2．您对本书的结构（章节）：□满意 □不满意 改进意见________________

____

____

3．您对本书的例题： □满意 □不满意 改进意见________________

____

____

4．您对本书的习题： □满意 □不满意 改进意见________________

____

____

5．您对本书的实训： □满意 □不满意 改进意见________________

____

____

6．您对本书其他的改进意见：

____

____

____

____

7．您感兴趣或希望增加的教材选题是：

____

____

____

请寄：100036 北京市万寿路173信箱高职教育分社 收

电话：010-88254019 E-mail：jrm@phei.com.cn

反侵权盗版声明

举报电话：（010）88254396；（010）88258888

传　　真：（010）88254397

E-mail：　　dbqq@phei.com.cn

通信地址：北京市万寿路173信箱

　　　　　电子工业出版社总编办公室

邮　　编：100036